CTRD0025/CTRD0026

MICROSOFT EXCEL 2019

CTRD0025/CTRD0026

MICROSOFT EXCEL 2019

Mariano Gallego

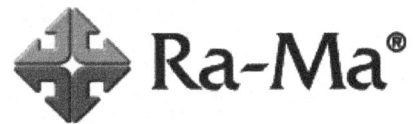

La ley prohíbe
fotocopiar este libro

CTRD0025/CTRD0026 - MICROSOFT EXCEL 2019
© Mariano Gallego
© De la edición: Ra-Ma 2025

Editado por:
RA-MA Editorial
Calle Jarama, 3A, Polígono Industrial Igarsa
28860 PARACUELLOS DE JARAMA, Madrid
Teléfono: 91 658 42 80
Fax: 91 662 81 39
Correo electrónico: *editorial@ra-ma.com*
Internet: *www.ra-ma.es* y *www.ra-ma.com*
ISBN: 979-13-8764-221-1
Depósito legal: M-2730-2025
Maquetación: Antonio García Tomé
Diseño de portada: Antonio García Tomé
Filmación e impresión: Safekat
Impreso en España en enero de 2025

A mi familia.

Muchas gracias a Olga Escorial Lebrusán.

ÍNDICE

1

NOVEDADES DE LAS VERSIONES EXCEL 2019 Y EXCEL 365

Excel es una potente hoja de cálculo, vamos a describir las novedades aparecidas en la versión 2019 (versión de pago único) y la versión 365 (versión de suscripción).

Destacan las novedades relativas al análisis de datos, funciones nuevas, gráficos nuevos y la opción *Ideas* incorporada en la versión de suscripción de Excel 365.

Lo primero que debemos tener en cuenta es que no todas las novedades están disponibles en las dos versiones.

1.1 NOVEDADES EN LA INTERFAZ DE USUARIO

La forma de relacionarnos con el entorno de Excel incluye un nuevo Backstage (Excel 2019 y 365) dedicado a todas las opciones referidas a los libros de Excel (nuevo, abrir, guardar, guardar como, exportar, cerrar, etc.). Se han cambiado el aspecto y la pantalla de bienvenida:

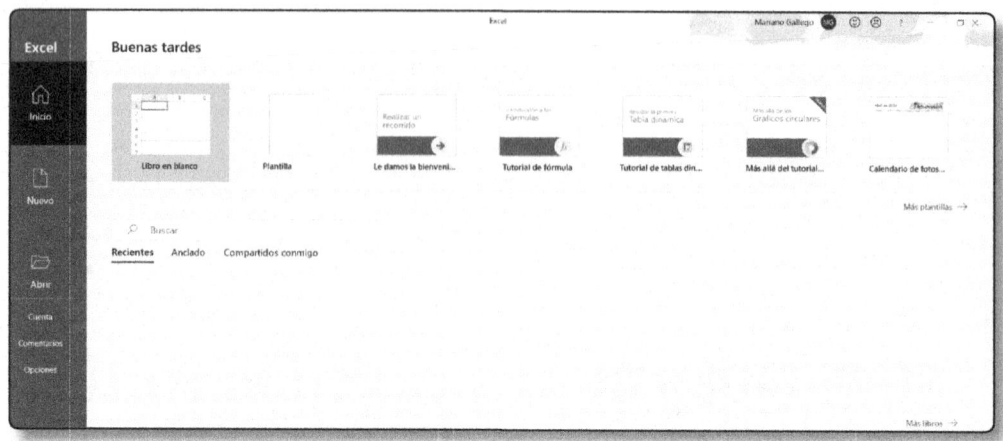

1.2 ELIMINACIÓN DE LAS PESTAÑAS

En la versión 365 de escritorio desaparecen las pestañas que veíamos en la cinta de opciones, ahora la ficha activa tiene un subrayado que aparece en el nombre de la ficha. En la versión online de 365 y la versión 2019 siguen apareciendo las pestañas.

1.3 NUEVO TEMA

En la versión 2019 y 365 disponemos de un nuevo tema llamado **Negro**, que tiene dos objetivos: el menor consumo de batería en portátiles y hacer que la vista se canse menos. Para activarlo vamos a **Archivo – Cuenta:**

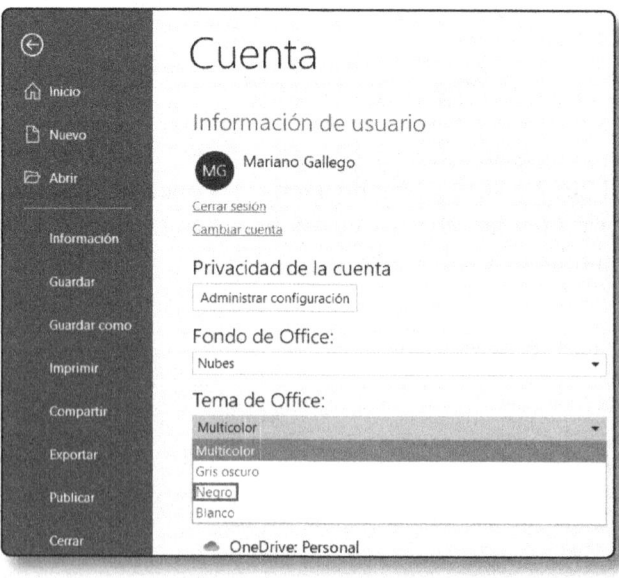

La interfaz con la hoja es la siguiente:

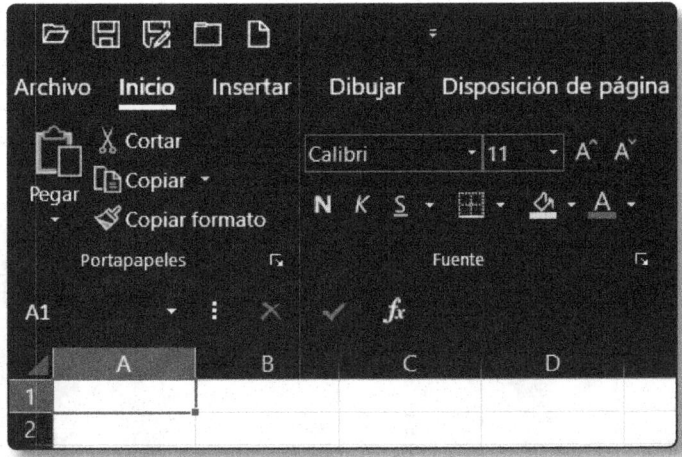

1.4 NOVEDADES GRÁFICAS

En las versiones 2019 y 365 disponemos de las siguientes novedades gráficas:

1.4.1 Iconos

Se trata de una galería gratuita que incluye multitud de iconos clasificados por categorías. Desde **Insertar – Ilustraciones – Iconos**, accedemos al cuadro de diálogo:

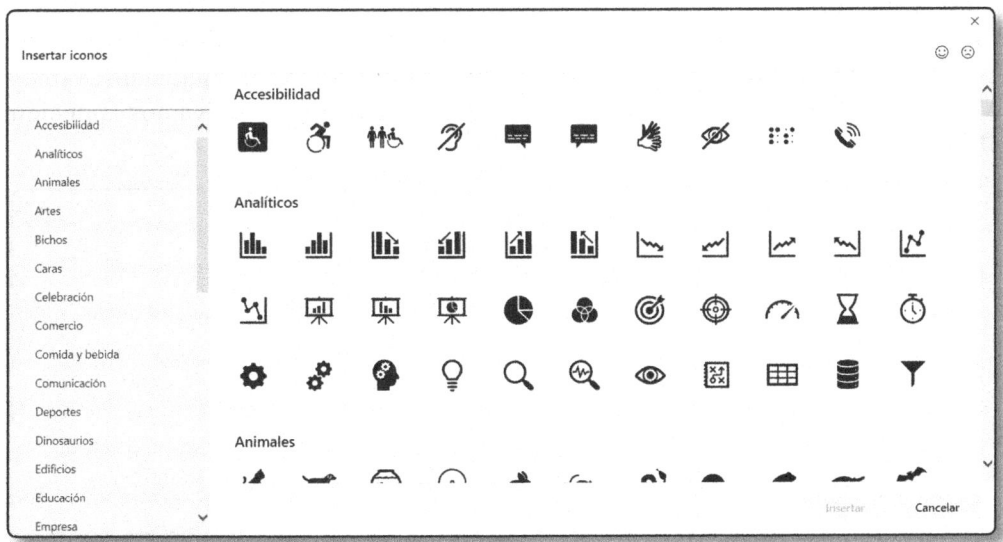

1.4.2 Imágenes en 3D

Se trata de una galería que incluye multitud de imágenes también clasificadas por categorías. Desde **Insertar – Ilustraciones – Modelos 3D – Desde orígenes en línea**, accedemos al cuadro de diálogo:

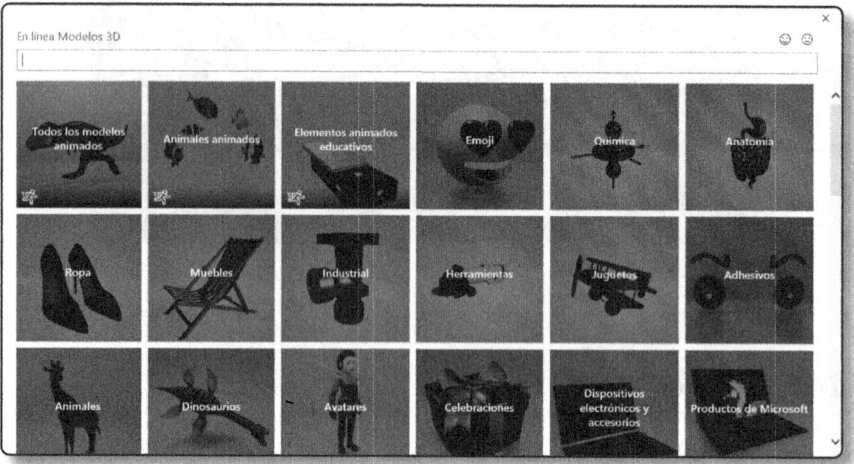

1.4.3 Gráficos

Se han incluido dos nuevos tipos de gráficos: **Embudo** y **Mapas 2D**. Desde **Insertar – Grupo gráficos**, podemos acceder a estos nuevos tipos de gráficos.

1.5 FICHA DIBUJAR

Disponemos de una ficha llamada **Dibujar** con comandos mejorados. Vamos a **Archivo – Opciones – Personalizar la cinta de opciones** y activamos la opción **Dibujar**:

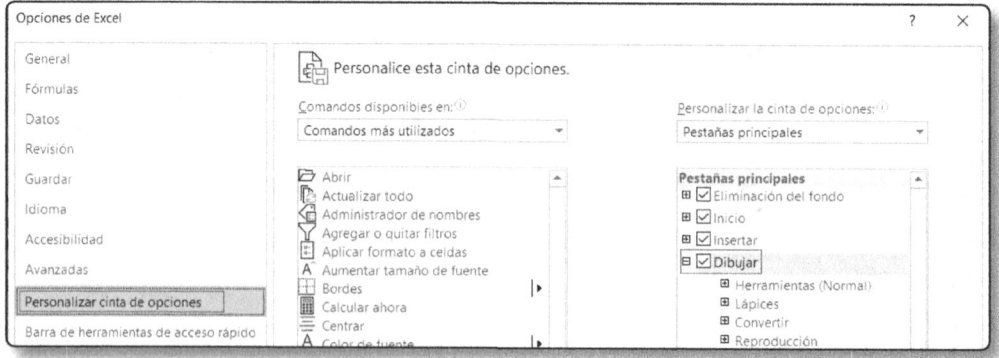

La ficha dibujar con sus grupos y herramientas:

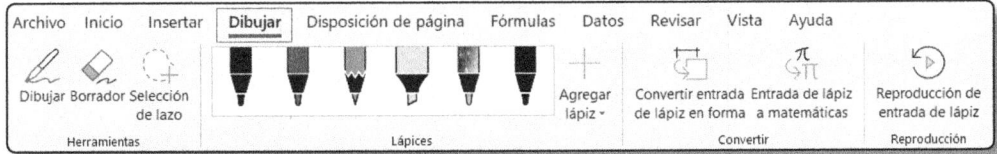

Los comandos mejorados son:

- **Selección del lazo**: sirve para seleccionar todos los elementos que vamos dibujando a mano alzada.

- **Convertir entrada de lápiz en forma**: permite dibujar a mano alzada cualquier figura geométrica con ciertas imperfecciones y la transforma y corrige.

- **Entrada de lápiz a matemáticas**: convierte números y ecuaciones a mano alzada a números digitales y ecuaciones perfectas.

- **Reproducción de entrada de lápiz**: reproduce una animación de cómo hemos ido introduciendo texto o números.

1.6 IDEAS

Esta novedad corresponde únicamente a la versión 365, se trata de una herramienta que analiza los datos de forma automática y nos devuelve estadísticas sobre dichos datos. Por ejemplo, sobre la siguiente tabla de datos:

	A	B	C	D	E	F	G
	Fecha	**Comercial**	**Provincia**	**Artículos**	**Unidades**	**Precio unidad**	**Total**
2	01/03/2018	Ana	Málaga	Pasta de dientes	22	3,04 €	66,88 €
3	12/02/2018	Antonio	Málaga	Pasta de dientes	13	3,04 €	39,52 €
4	08/05/2018	Eva	Madrid	Gel	65	4,56 €	296,40 €
5	02/11/2017	Jorge	Madrid	Pasta de dientes	97	3,04 €	294,88 €
6	06/12/2017	Jorge	Málaga	Pasta de dientes	60	3,04 €	182,40 €
7	09/01/2018	Jorge	Valencia	Pasta de dientes	85	3,04 €	258,40 €
8	23/12/2017	Jose	Barcelona	Colonia	95	21,74 €	2.065,30 €
9	04/04/2018	Julián	Madrid	Gel	45	4,56 €	205,20 €
10	26/01/2018	Julián	Madrid	Gel	54	4,56 €	246,24 €
11	19/11/2017	María	Barcelona	Gel	77	4,56 €	351,12 €
12	25/05/2018	Pablo	Madrid	Gel	97	4,56 €	442,32 €
13	18/03/2018	Rodrigo	Valencia	Pasta de dientes	45	3,04 €	136,80 €
14	21/04/2018	Rosa	Málaga	Pasta de dientes	83	3,04 €	252,32 €

Nos posicionamos en cualquier celda y vamos a: **Inicio – Ideas**:

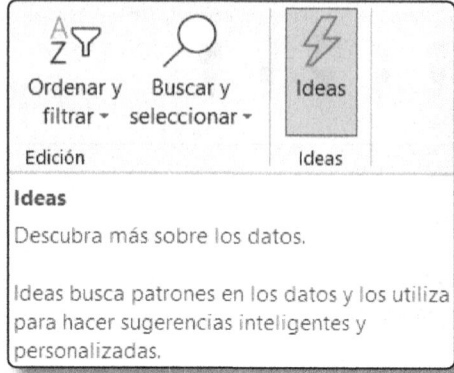

El resultado es el siguiente:

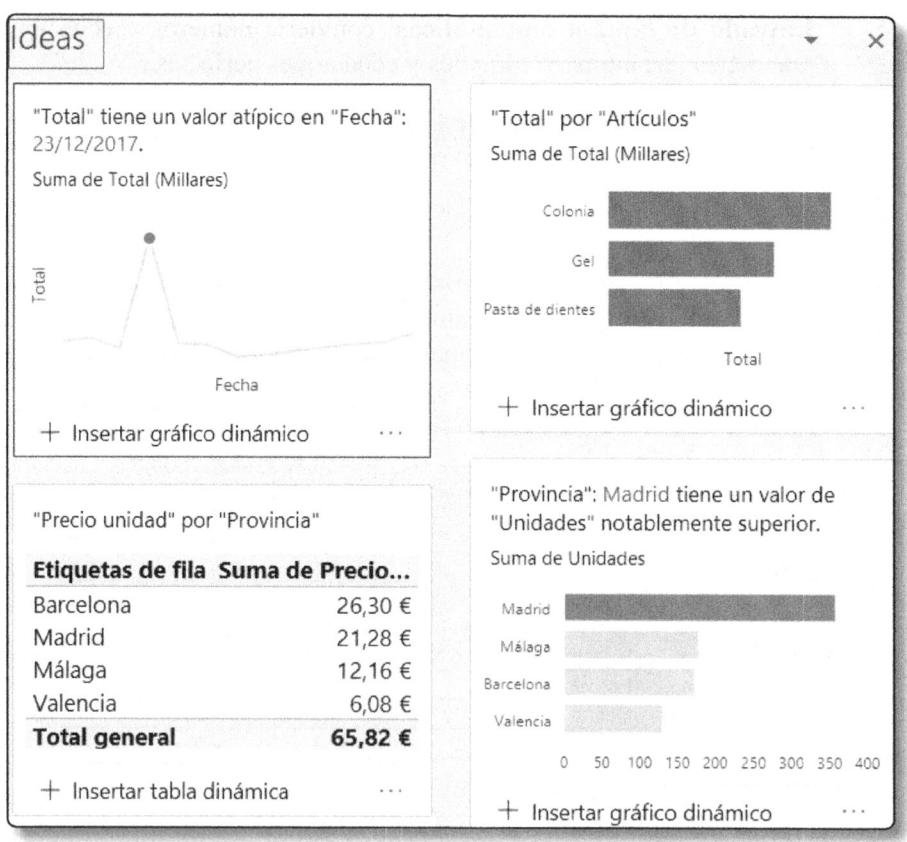

1.7 NUEVAS FUNCIONES

Las nuevas funciones incorporadas en las versiones 2019 y 365 son: CONCAT, UNIRCADENAS, CAMBIAR, SI.CONJUNTO, MAX.SI.CONJUNTO y MIN.SI.CONJUNTO.

En la versión 365 Online encontramos un grupo de funciones nuevas llamadas funciones de Matriz, son las funciones Filtrar, Ordenar, Ordenar por, Únicos, Secuencia y Matrizaleat.

1.8 COAUTORÍA DE LIBROS

En la versión Excel 365 se puede trabajar compartiendo un libro en tiempo real. Dos usuarios pueden estar trabajando en el mismo libro y los cambios se realizan de forma instantánea. El libro debe de estar almacenado en OneDrive o SharePoint. También se añade un chat para poder intercambiar mensajes entre los usuarios.

2

NOMBRE DE RANGO DE CELDAS

Los nombres de Rango en Excel se utilizan para designar celdas o rangos dentro de la hoja de cálculo, y así poder identificar los datos de esas celdas o rangos a través de su nombre.

Podremos aplicar el nombre atribuido a la celda o rango dentro de las fórmulas y las funciones de Excel, así como en todos los cuadros de diálogo donde sea necesario indicar una celda o bien un rango con el que interactuar, por ejemplo, en filtros avanzados, validación de datos, tablas dinámicas, etc.

Es mucho más sencillo y práctico hacer referencia al contenido de una celda que contiene el dato 21%, a través de su nombre (IVA_21), que la dirección de la celda si es E2. Una fórmula podría quedar definida así: =PRECIO*IVA_21, en lugar de =D2*E2.

Los nombres deben estar relacionados con los contenidos a los que apuntan y deben asignarse antes de realizar cualquier operación en una fórmula sencilla o con función.

Los nombres de rango no pueden tener caracteres en blanco o empezar por un número, tampoco admiten operadores (*,+,-,/) ni símbolos del sistema (@,#,&,%,?,etc.) y no se pueden nombrar por la referencia de celda (IVA, TIA, MAS, etc.).

2.1 CREAR NOMBRES DE RANGO

Los nombres deben estar relacionados con los contenidos a los que apuntan y deben asignarse antes de realizar cualquier operación en una fórmula sencilla o con función. Los nombres de los rangos no distinguen entre mayúsculas y minúsculas.

2.1.1 Crear nombres de rango desde Asignar nombre

Para crear un nombre de rango, seleccionar el rango al que se le asignará el nombre, por ejemplo, seleccionamos G2:G7 y accedemos a la **ficha Fórmulas – grupo Nombres definidos – Asignar nombre**.

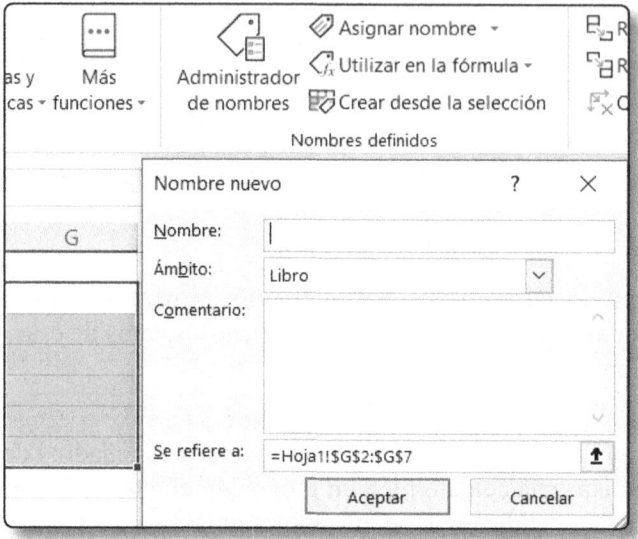

Por defecto los nombres de rango pertenecen (**Ámbito**) a todo el libro, y no se pueden repetir en ninguna otra hoja del libro. Para poder utilizar el mismo nombre en varias hojas, hay que definirlo dentro del **Ámbito** la hoja deseada (Hoja1, Hoja2, etc.).

2.1.2 Crear nombre de rango desde el indicador de celda activa

Seleccionar el rango al que se le asignará un nombre, por ejemplo, A2:A4. Introducir el nombre (**Ingresos**) en el **Cuadro de nombres** y pulsar **Intro**.

Desde el mismo indicador de celda se pueden visualizar en cualquier momento todos los nombres de rango creados anteriormente y seleccionando cualquiera de ellos nos marcará el rango o celda al que apunta.

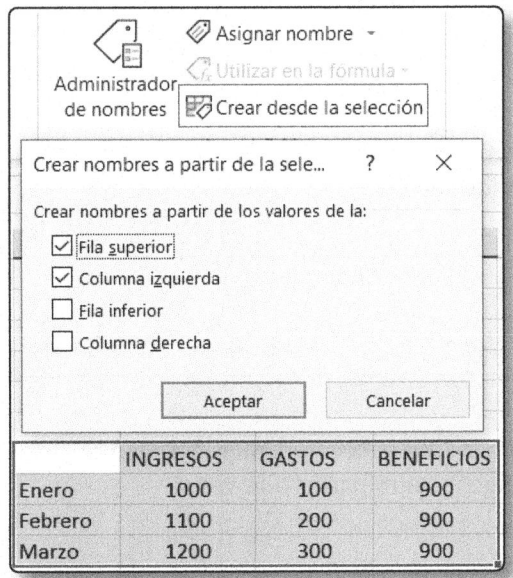

2.1.3 Crear nombres de rango desde la selección

Si se quieren utilizar textos escritos en filas y/o columnas contiguas a los datos, es muy rápido asignar nombres de rango con la opción "**Crear desde la selección**". Excel asigna de forma automática asigna todos los nombres de rango utilizando como nombres los textos escritos en las columnas y/o filas según las opciones seleccionadas en el cuadro de diálogo.

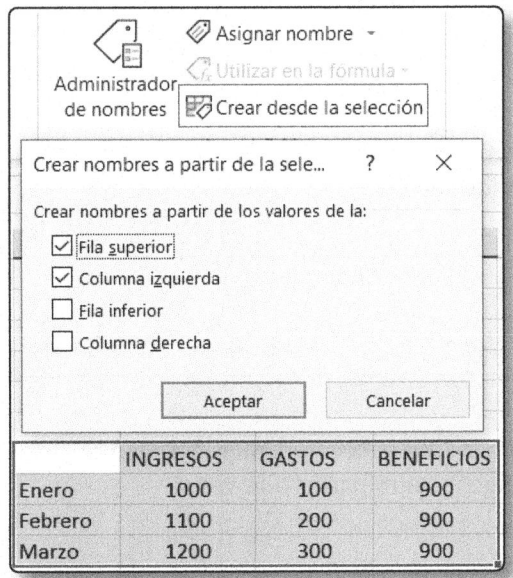

2.2 ADMINISTRAR NOMBRES DE RANGO

Con el **Administrador de nombres** de rango, se visualizan todos los nombres de rango creados, también desde aquí podemos definir uno nuevo, editarlo o eliminarlo. Además, podemos ver dónde apuntan y el contenido de dichos rangos.

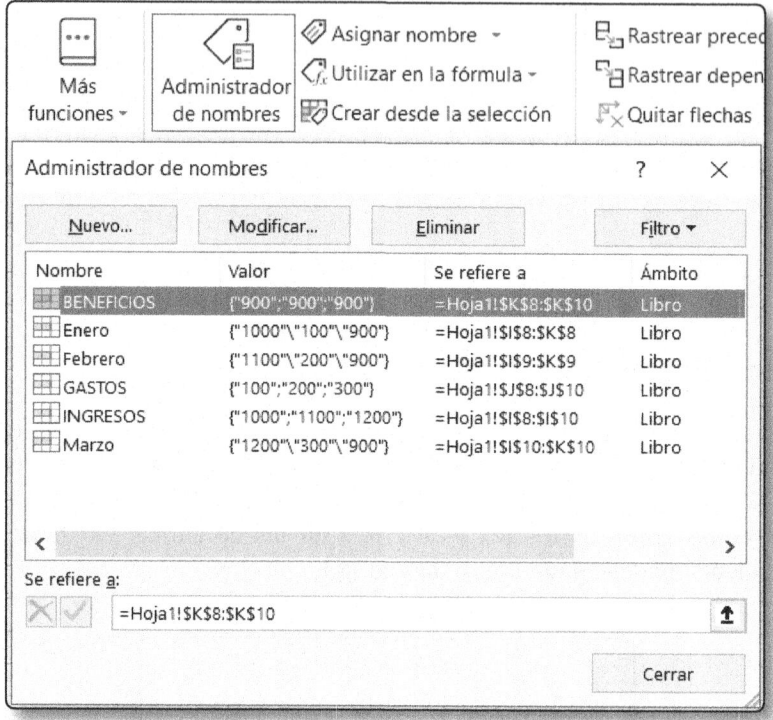

Para definir un nuevo nombre, pulsar el botón **Nuevo**…, aparecerá el cuadro de diálogo visto anteriormente.

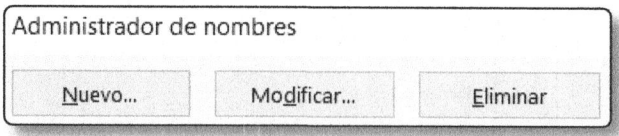

Se puede utilizar **Ctrl** (selección alterna) y **Mayús** (selección continua) para seleccionar varios rangos y eliminarlos a la vez.

2.3 UTILIZAR LOS NOMBRES DE RANGO EN FÓRMULAS Y FUNCIONES

Una vez definidos nombres de rango, por ejemplo, los utilizamos en una fórmula sencilla como se ve en el siguiente ejemplo:

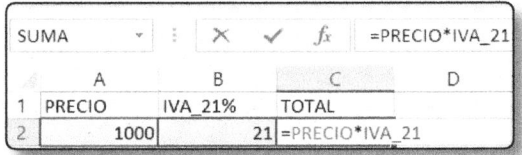

También se pueden utilizar en los cuadros de diálogo de Excel, donde se tenga que referenciar una celda o un rango de celdas, por ejemplo, en el cuadro de diálogo de Filtros avanzados, en el origen de una Lista de Validación de Datos, en el origen de datos de una Tabla Dinámica, etc.

Únicamente tenemos que escribir el nombre del rango o bien pulsar **F3** para visualizar el cuadro de diálogo "**Pegar nombre**" y seleccionar el nombre de rango a utilizar:

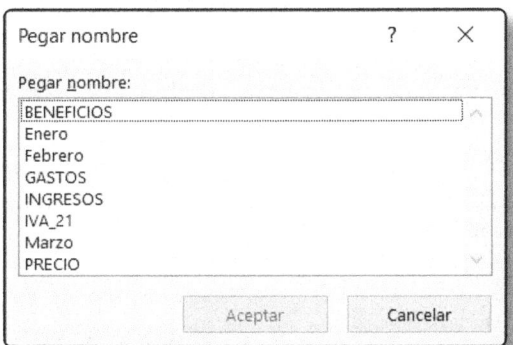

Utilización del nombre "Precio" en los Filtros avanzados:

Utilización del nombre "Precio" en el origen de datos de una lista de Validación de datos:

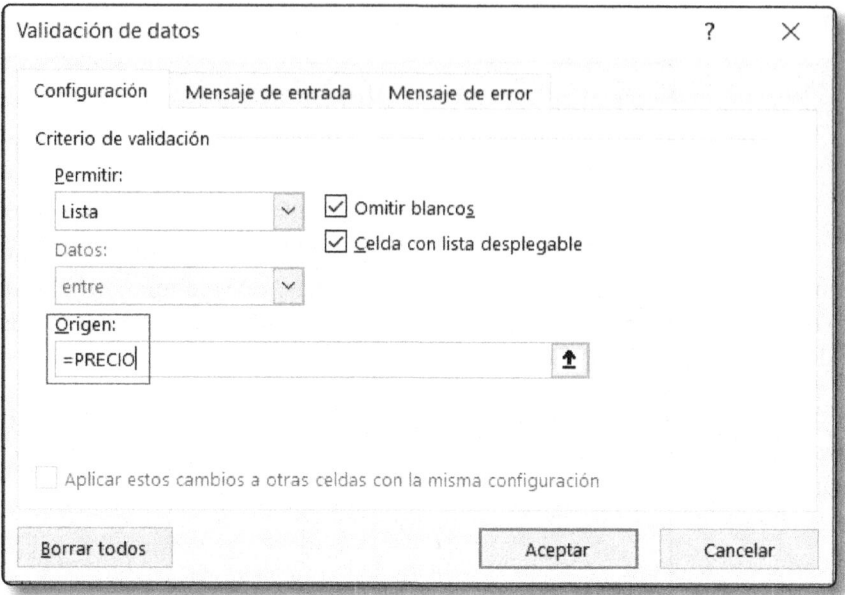

Utilización del nombre "Artículos" en un Rango de una tabla dinámica:

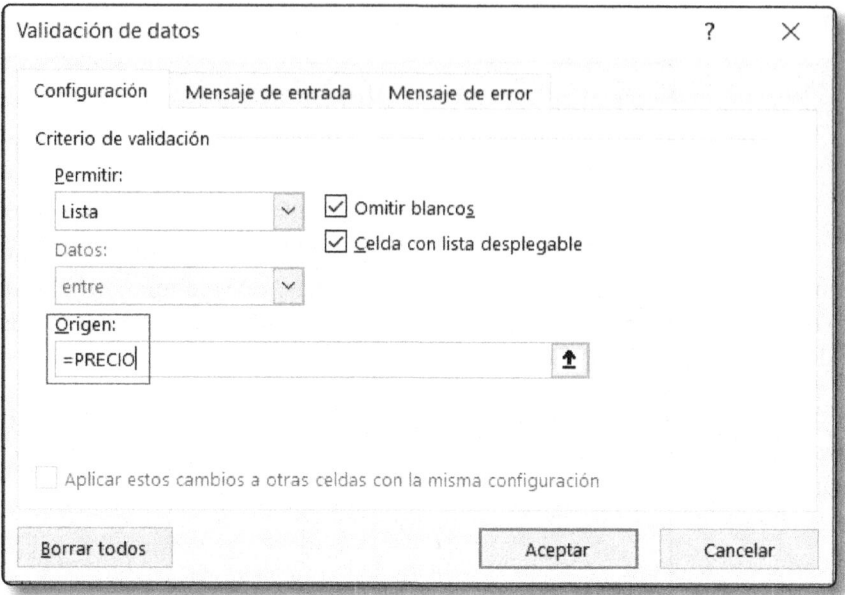

Así mismo se pueden utilizar los nombres de rango en aquellas funciones en las que referencien celdas o rangos de celda en cualquiera de sus argumentos:

▶ **=SUMA(Ingresos)**

Esta función suma todos los valores del rango Ingresos.

▶ **=SUMA(Enero ; Febrero ; Marzo)**

Esta función suma todos los valores de los rangos Enero, Febrero y Marzo.

▶ **=BUSCARV (Cod_Cliente ; Ingresos;3;FALSO)**

Esta función busca un Código de cliente en la matriz o rango Ingresos, devolviendo el valor de la columna número 3 y buscando un valor exacto (Falso).

Los nombres de rango sólo se pueden utilizar en las hojas del libro activo. No se pueden utilizar nombres de rango definidos en otros libros de Excel, salvo si el otro libro está abierto e incluimos tanto el nombre del libro como el de la hoja y el rango:

▶ **=BUSCARV (Cod_Cliente ; [Libro1.xlsx]Hoja1!Ingresos;3;FALSO)**

Si la dirección del rango cambia en cualquier momento según las necesidades que tengamos al trabajar con los datos de la hoja, bastaría con editar el nombre del rango y cambiar la dirección a la que apunta. Todas las fórmulas que utilicen el nombre del rango se actualizarán automáticamente. Es otra de las ventajas que tenemos al utilizar los nombres de rango.

3

FORMATO CONDICIONAL

Los formatos condicionales en Excel sirven para atribuir de forma automática formatos a las celdas de un rango que cumplan una o varias condiciones, según nuestras necesidades. Por ejemplo, todas las celdas que superen un valor, ya esté escrito o por escribir, aparecerá con fondo de color amarillo y el texto en color rojo.

Desde la ficha **Inicio** desplegamos la opción **Formato Condicional**. Las dos primeras opciones sirven para establecer las condiciones básicas que nos interesen y las tres restantes incluirán en las celdas iconos y símbolos gráficos, según también las condiciones establecidas.

Al final nos encontramos con las opciones: **Nueva regla**, para definir una desde cero, **Borrar reglas...** para poder eliminarlas si ya no nos hacen falta y **Administrar reglas...** para poder ver las que hemos definido y también gestionarlas desde el cuadro de diálogo que aparece. Esta sería la opción más completa para configurar un formato condicional complejo.

Los formatos condicionales se pueden aplicar en función del valor de las propias celdas, utilizando todas las opciones comentadas anteriormente, pero también en función del valor de otras celdas, en este caso, sólo lo podemos hacer con la opción **Administrar reglas**.

3.1 REGLAS PARA RESALTAR CELDAS

Primeramente, seleccionamos un rango con valores numéricos, por ejemplo (H2:H6):

H
Cantidad
75
50
25
100

Seleccionamos la opción "**Es mayor que…**":

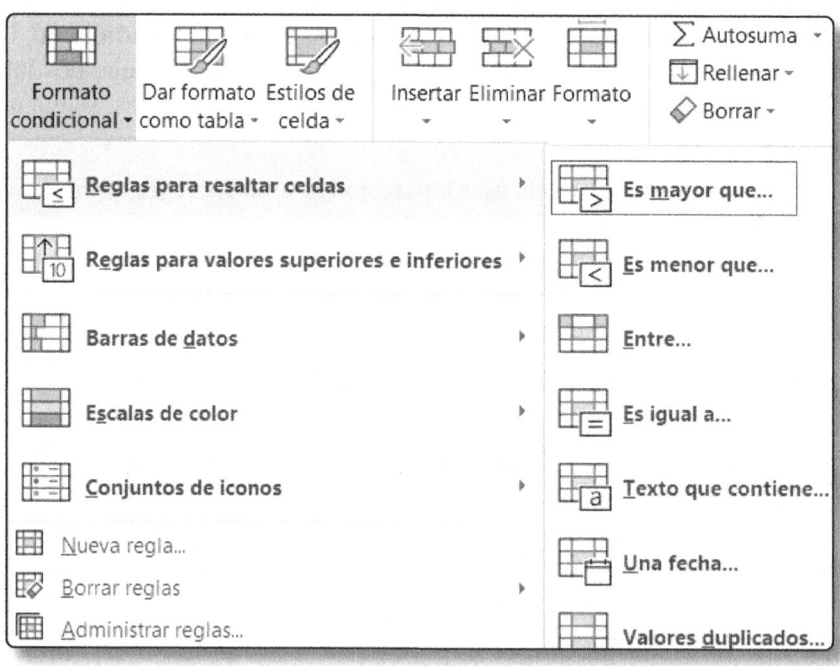

Escribimos un valor o elegimos el sugerido por Excel y aplicamos el formato para las celdas del rango, en este caso "**Relleno rojo claro con texto rojo oscuro**". En la lista desplegable podemos seleccionar otros formatos predeterminados. También se pueden personalizar utilizando otros tipos de formatos.

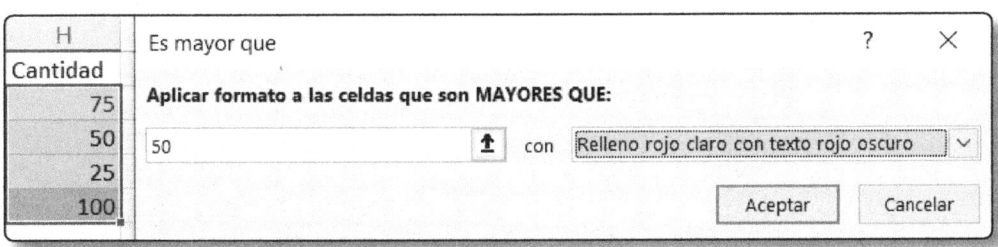

3.1.1 Reglas para valores superiores e inferiores

En este caso vamos a introducir valores en el rango H2:H16 comprendidos entre 50 y 100. Después de seleccionar el rango, accedemos a: **Reglas para valores superiores e inferiores** y "**10 superiores…**".

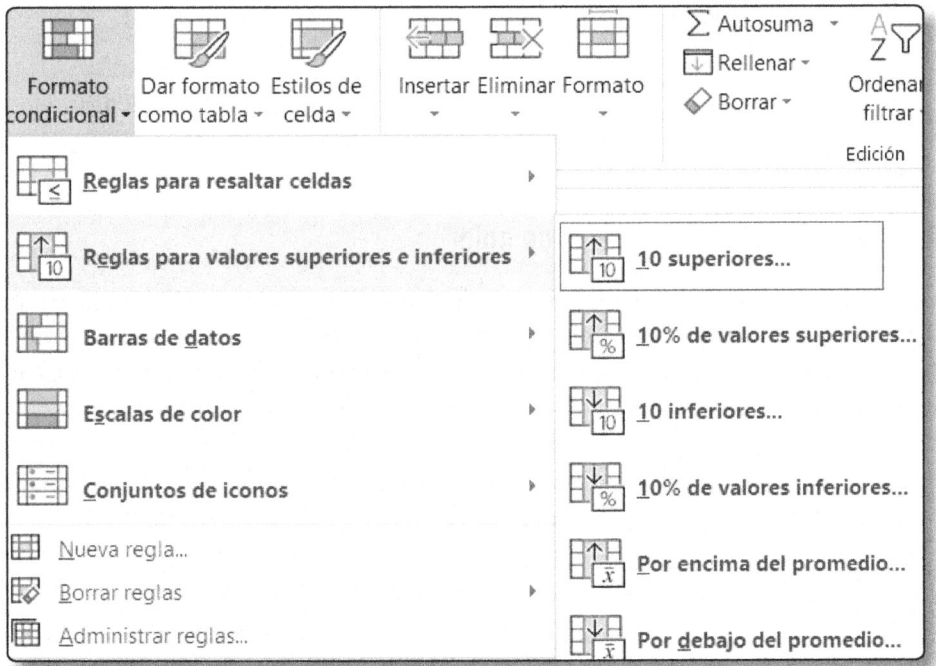

Se aplicará el formato "**Relleno verde con texto verde oscuro**" a todas las celdas (10 en total) cuyo valor sea superior. Podemos incrementar o decrementar el número de celdas según nos interese.

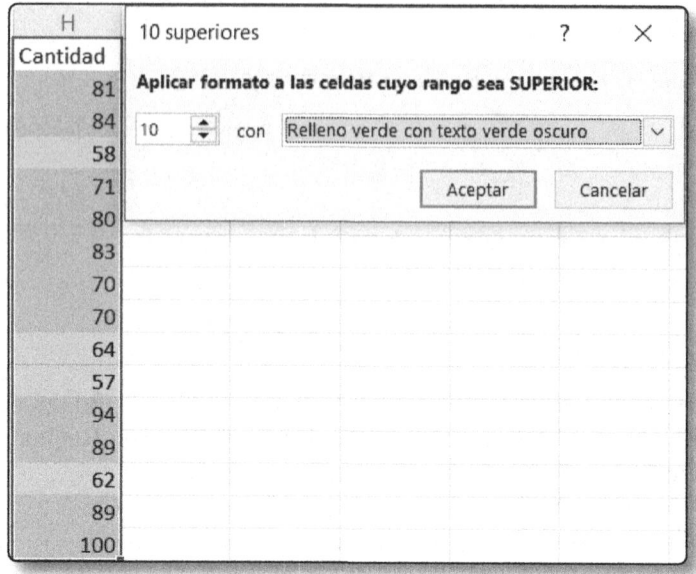

El resto de las opciones: "10 inferiores", "Por encima del promedio", etc., se configuran siguiendo los mismos pasos.

3.1.2 Barras de datos y Escalas de color

El formato condicional de barras de datos dibujará en las celdas unas barras, que mostrarán la proporción que supone ese valor respecto al valor más alto del rango. Seleccionar el rango H2:H5 y aplicar el formato de "**Barra de datos azul**".

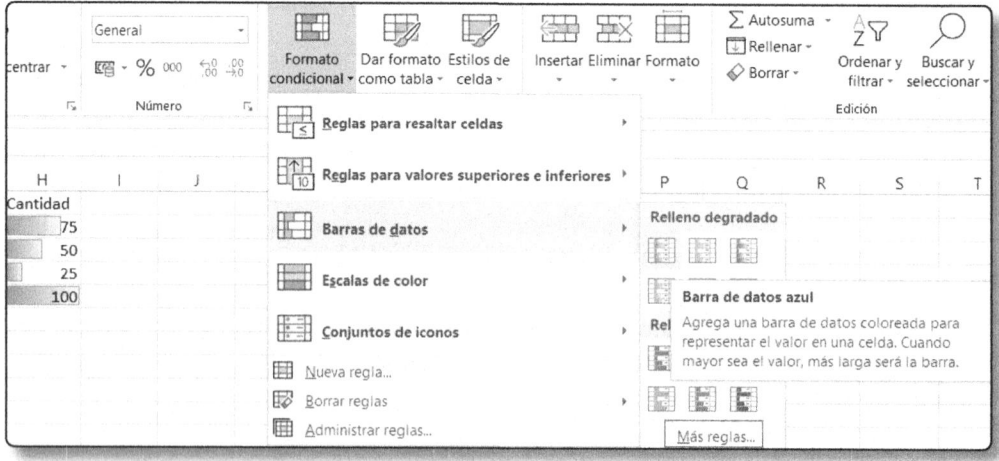

Desde la opción "**Más reglas...**" tenemos la posibilidad de definir los valores que tendrá en cuenta el formato condicional. Si accedemos a esta opción se muestra el siguiente cuadro de diálogo:

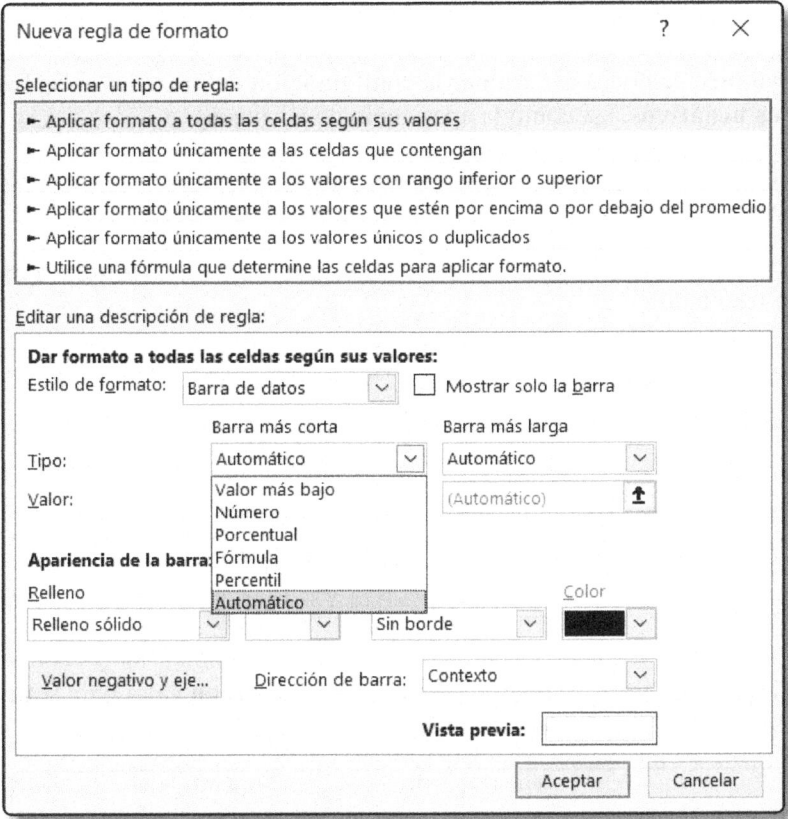

Se deberá determinar el **Tipo** de información del valor de referencia en la **Barra más corta** y la **Barra más larga**, siendo los más habituales:

▶ **Valor más bajo o valor más alto:** Excel tomará como referencia estos valores para la longitud de las barras.

▶ **Número**: escribir el valor que se quiera validar.

▶ **Porcentual**: escribir el porcentaje de referencia.

▶ **Fórmula**: escribir la fórmula, cuyo resultado será el valor de referencia que determinará la longitud de cada barra.

▼ **Percentil**: indica la posición de un valor en referencia a los otros valores del rango.

▼ **Automático**: partiendo de los valores de las celdas, Excel determina la longitud de las barras.

También se podrá determinar la configuración del trazado de las barras para los **Valores negativos**, así como la apariencia de las barras.

Si activamos la opción "**Mostrar solo la barra**" no se visualizarán las cantidades en las celdas.

En el siguiente ejemplo, se muestra con los valores **Automáticos** de cada barra y su resultado:

H
Cantidad
1.036.379,00 €
2.045.420,00 €
2.906.311,00 €
2.752.299,00 €
1.823.386,00 €

Si seleccionamos como tipo la opción **Número**, con valor para la **Barra más corta** de 900.000, y 3.000.000 para la **Barra más larga**:

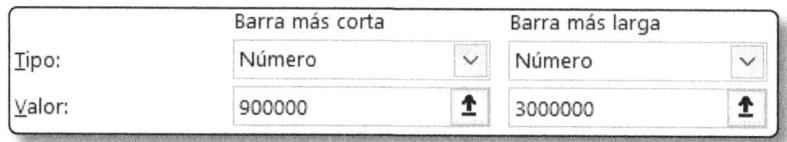

	Barra más corta		Barra más larga	
Tipo:	Número	∨	Número	∨
Valor:	900000	⬆	3000000	⬆

El resultado será el siguiente:

H
Cantidad
1.036.379,00 €
2.045.420,00 €
2.906.311,00 €
2.752.299,00 €
1.823.386,00 €

3.1.3 Conjunto de Iconos

Los formatos condicionales con iconos solo se pueden establecer para formatos que dependen del propio valor de la celda. Se selecciona el rango para aplicar los formatos y accedemos a "**Conjunto de iconos**":

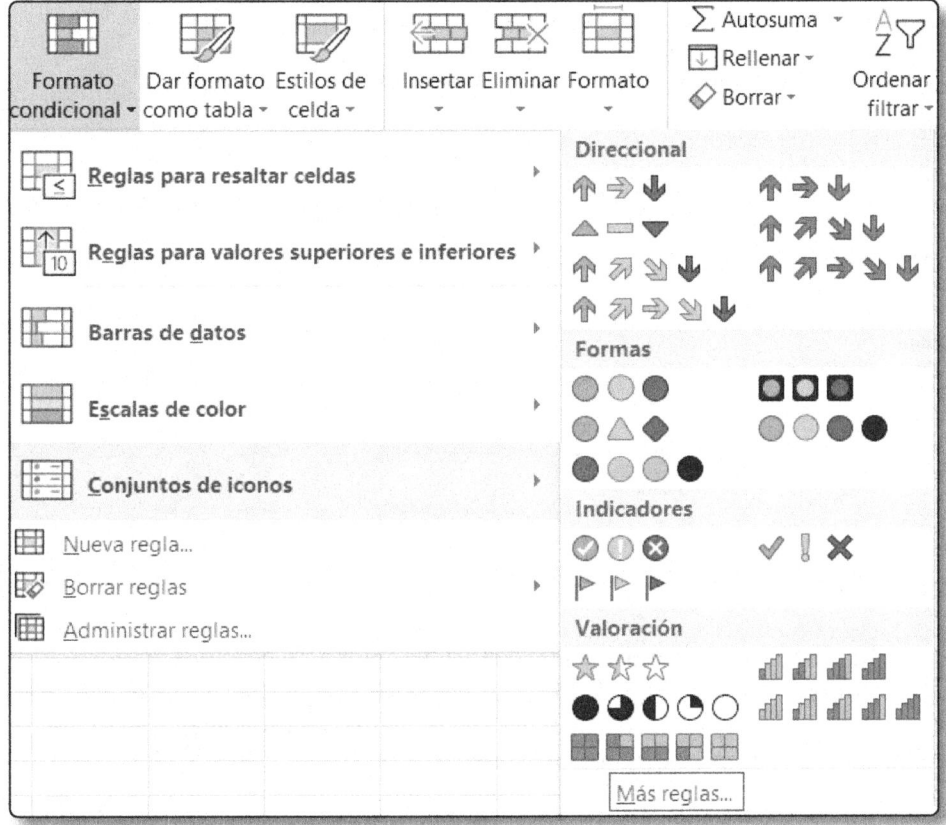

Excel aplicará automáticamente el formato condicional, con el tipo de iconos seleccionado, y con unas reglas lógicas predeterminadas.

Si queremos cambiar estas reglas para adecuarlas a nuestras necesidades, seleccionamos en la parte inferior **Más reglas**, o bien directamente desde **Administrar reglas**, e insertar una **Nueva regla**.

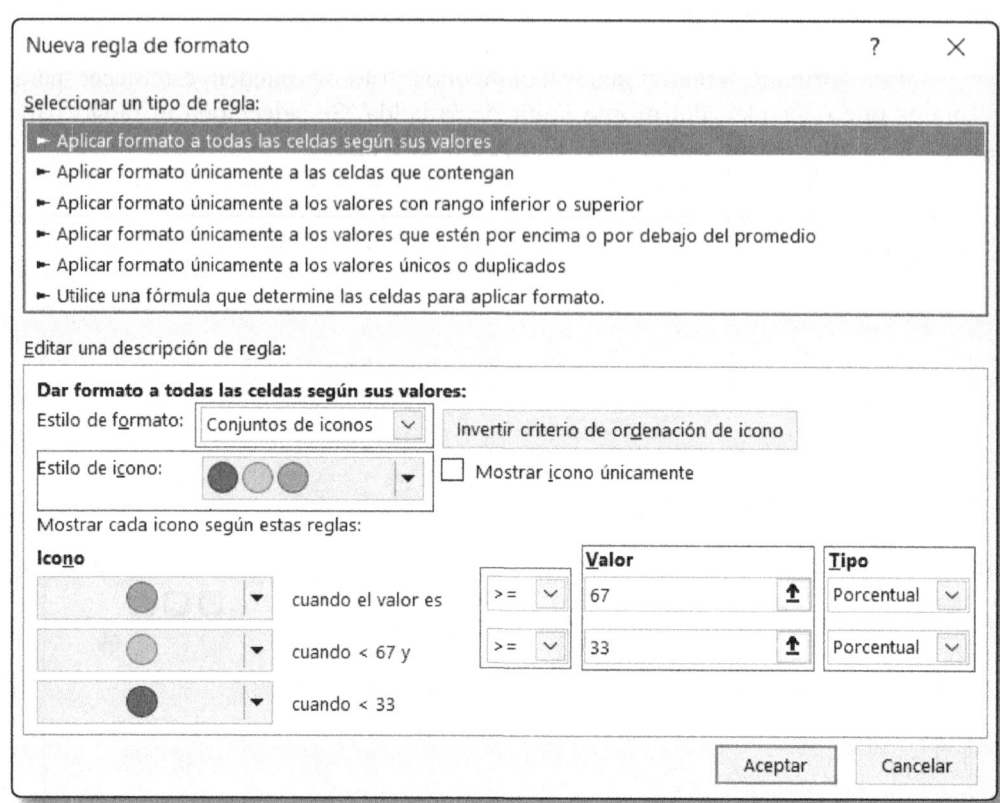

En **Estilo de formato** estará activa la opción "Conjuntos de iconos". Se podrá cambiar el tipo de icono desde el desplegable que hay justo debajo **Estilo de icono**, cada icono se puede personalizar y así elegir diferentes tipos para cada condición. Las vamos a establecer más abajo.

En el desplegable **Tipo**, seleccionar el tipo de información para aplicar el formato condicional.

Seleccionar **Porcentual,** si se quiere evaluar el valor porcentual de las celdas, **Fórmula**, si se quiere evaluar el resultado de la fórmula de cada celda o **Percentil** para la posición de un valor respecto a otro.

En el siguiente ejemplo, se ha optado por iconos de **Flechas**, y el tipo de información **Número**, ya que se quiere aplicar el formato condicional en función del valor de cada celda del rango inicialmente seleccionado.

Las **condiciones** para tener en cuenta son:

▼ Valores menores de 10 **(<10)**: flecha hacia abajo en color rojo.

▼ Valores entre 10 **(>=10)** y 20 **(<=20):** flecha en horizontal en color gris.

▼ Valores mayores o igual que 20 **(>=20)**, flecha hacia arriba en color gris.

▼ En los cuadros **Valor**, escribir los valores de control adecuados en cada caso, y si fuera necesario cambiar el sentido de los operadores lógicos que están en sus listas desplegables.

Los cambios quedarían así:

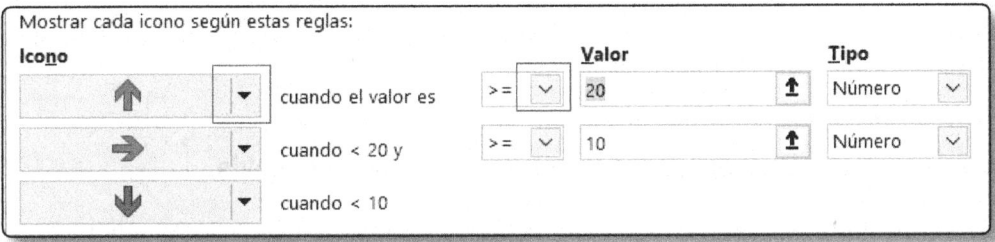

El resultado sería:

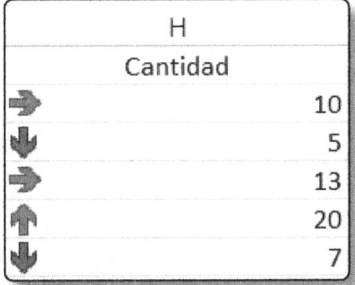

Desde la ficha de **Inicio - Formato Condicional y Administrar Reglas** podríamos verla:

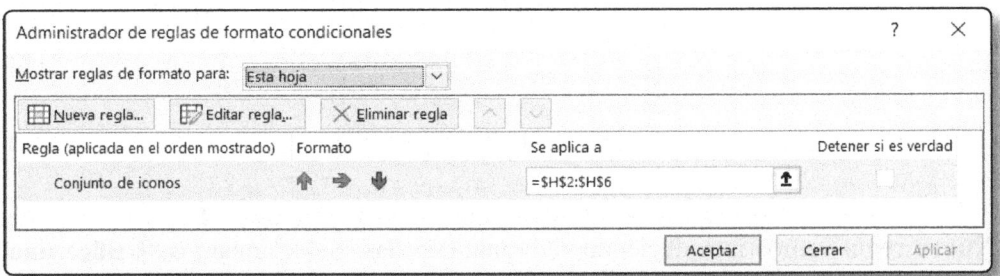

3.2 ADMINISTRAR REGLAS...

Para poder establecer condiciones más dinámicas y complejas utilizaremos la opción **Administrar reglas...** Desde aquí podemos utilizar fórmulas lógicas y funciones.

Podemos dar un formato condicional a un conjunto de celdas en función de cada celda a formatear o también en función de valores de otras celdas diferentes de las seleccionadas que tienen el formato condicional.

Tenemos que ir a la ficha **Inicio - Formato Condicional** y hacemos clic en Nueva **regla…,** en el cuadro que aparece seleccionamos "Utilice una fórmula que determine las celdas para aplicar formato".

3.2.1 El formato condicional según los valores de cada celda

Vamos a realizar un ejemplo, para que se apliquen formatos condicionales, a los días que quedan para que venza el pago que nos tiene que hacer un cliente (columna J):

- ▼ Días vencimiento <= 25 (Formato celdas relleno rojo).
- ▼ Días vencimiento <= 50 (Formato celdas relleno amarillo).
- ▼ Días vencimiento <= 100 (Formato celdas relleno verde).

Seleccionamos toda la columna J (también se puede seleccionar un rango específico).

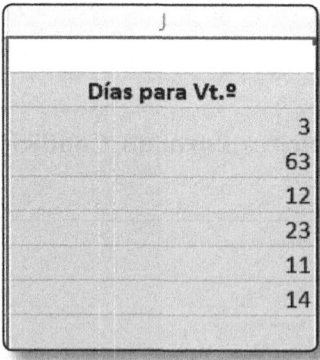

Entramos en **Formato condicional** y **Administrador Reglas…** Desde **Nueva regla** vamos introduciendo cada una de ellas. Seleccionamos "**Utilice una fórmula que determine las celdas para aplicar formato**".

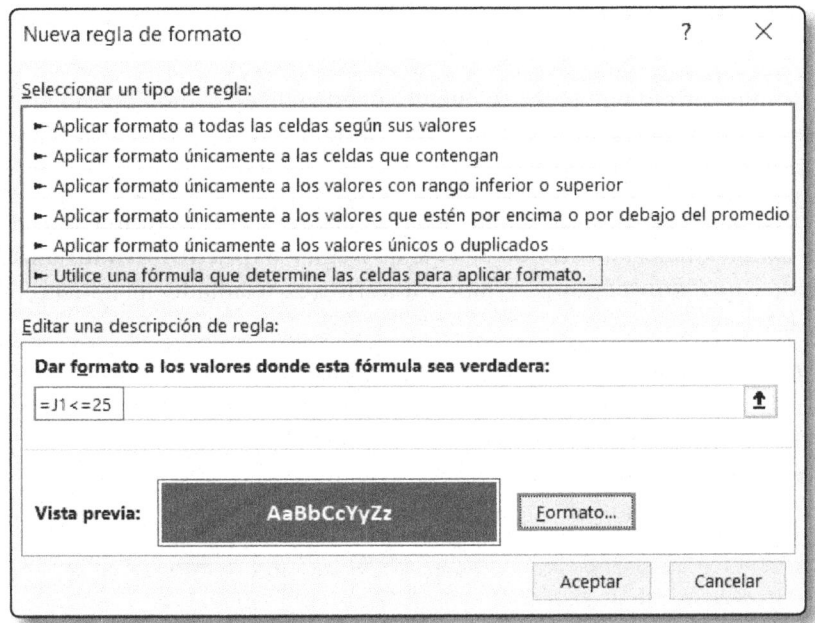

En la fórmula **(=J1<=25)** se pone siempre la primera celda del rango o bien la primera celda de la columna seleccionada, en nuestro ejemplo "J1" y sin fijar la columna y la fila. Si utilizamos referencias absolutas todas las celdas visualizarían el formato condicional en función únicamente de la celda J1.

Si introducimos el resto de las condiciones quedaría así:

Hemos añadido una regla más, con la fórmula **=J1=""**, para indicar a Excel que las celdas vacías no aparezcan con ningún formato (**Sin formato establecido**), y para que no se aplique ningún formato más de los que aparecen a continuación, hay que activar la opción **"Detener si es verdad"**.

Es muy importante tener en cuenta el orden de ejecución de cada regla, para ello tenemos los botones subir y bajar (recuadrados en rojo) para cambiar el orden de ejecución.

Este ejemplo lo podríamos haber resuelto de otra forma aplicando los formatos condicionales, utilizando el Tipo de Regla: **"Aplicar formato únicamente a las celdas que contengan:"**. Vamos a verlo (el resultado lo aplicaremos a la columna K):

Para la condición del valor de la celda entre 0 y 25:

Para la condición del valor de la celda entre 26 y 50:

Para la condición del valor de la celda entre 51 y 100:

Para no aplicar formatos condicionales a celdas vacías:

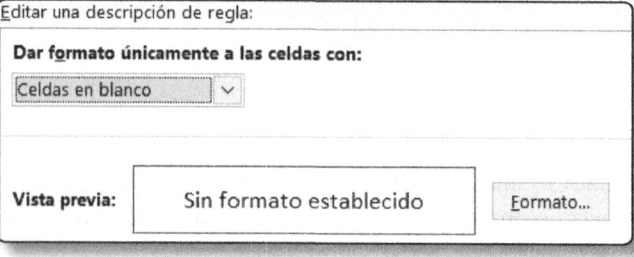

De esta forma no sería necesario establecer un orden específico para la aplicación de las reglas, aunque si debemos tener en cuenta que en el caso de celdas vacías tenemos que seguir activando la opción: **"Detener si es verdad"**.

El resultado es:

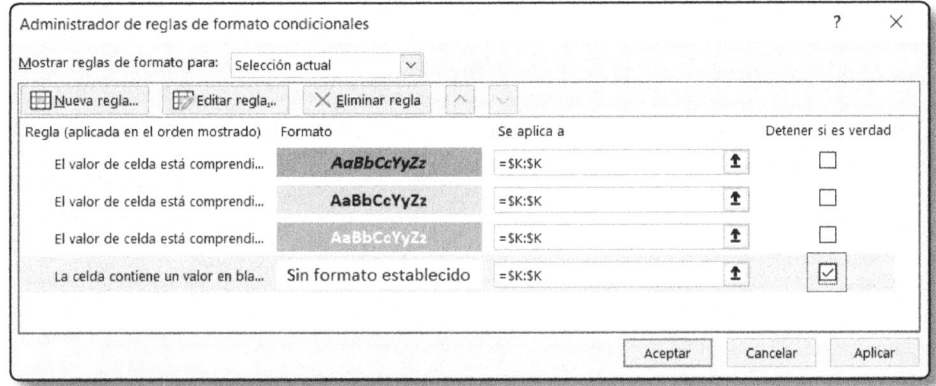

3.2.2 El formato condicional según los valores de otras celdas

Este tipo de formato solo se puede aplicar a través del tipo de regla: **"Utilice una fórmula que determine las celdas para aplicar formato"**. Y lo que vamos a conseguir, es dar formatos a conjuntos de celdas dependiendo de los valores de las celdas de otro rango. Vamos a ver un ejemplo:

Aplicaremos formatos condicionales a las **columnas H e I**, en función de los valores de la **columna J**. Las referencias a las celdas serán mixtas, haciendo fija la **columna J** también en la referencia de la celda. Si no tenemos esto en cuenta, la **columna H** sería formateada en función de los valores de la **columna J** y la **columna I** en función de la siguiente columna a la derecha, que sería la **K**.

Vemos el resultado:

4

GRÁFICOS

La utilización de gráficos en Excel es muy importante, porque nos ayudan a entender mejor los datos de las hojas de cálculo. De una forma gráfica representamos y analizamos mejor los datos.

4.1 CONCEPTOS

Entre los datos a representar en los gráficos hay distintos conceptos básicos que pasamos a describir:

- ▶ Datos de tipo **Categoría**: son los conceptos o rótulos de los que se representan una serie de valores.

- ▶ Datos de tipo **Series**: son los valores que se representan de cada una de las categorías.

- ▶ **Eje Horizontal primario**: también conocido como eje X, muestra etiquetas de texto en lugar de intervalos numéricos.

- ▶ **Eje Vertical primario**: también conocido como eje Y, muestra la representación de los valores numéricos.

- ▶ **Leyenda**: para ayudar a los lectores a comprender los datos representados.

Excel dispone de un catálogo de tipos de gráficos, al que se accede, haciendo clic en la esquina inferior derecha del grupo **Gráficos**. El tipo del gráfico se elige en el momento de insertarlo, pero también podemos cambiarlo una vez creado.

4.2 INSERTAR UN GRÁFICO

Para insertar un gráfico, primero seleccionamos el rango de datos, en la cinta de opciones vamos a Insertar, y en el grupo Gráficos pulsamos en **Gráficos recomendados** o bien elegimos el tipo de gráfico pulsando en el icono representativo de cada modelo.

Cuadro de diálogo **Insertar gráfico**, con Gráficos recomendados:

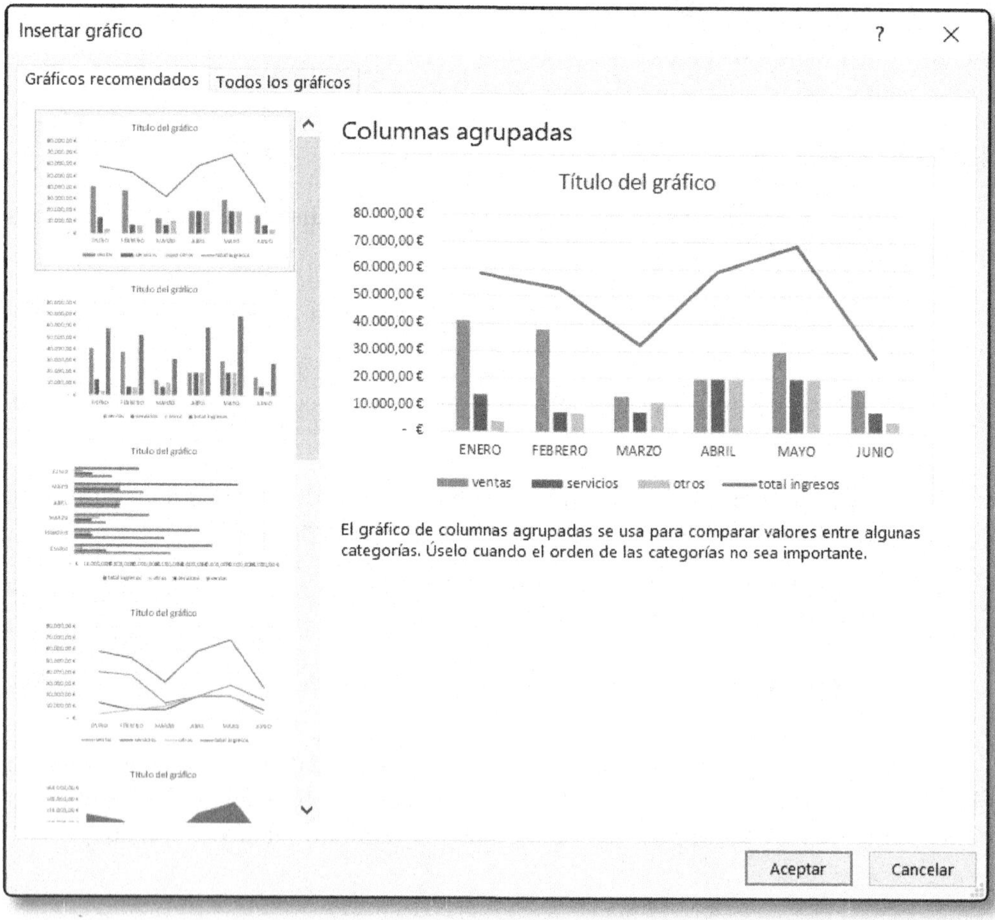

Cuadro de diálogo **Insertar gráfico**, con Todos los gráficos:

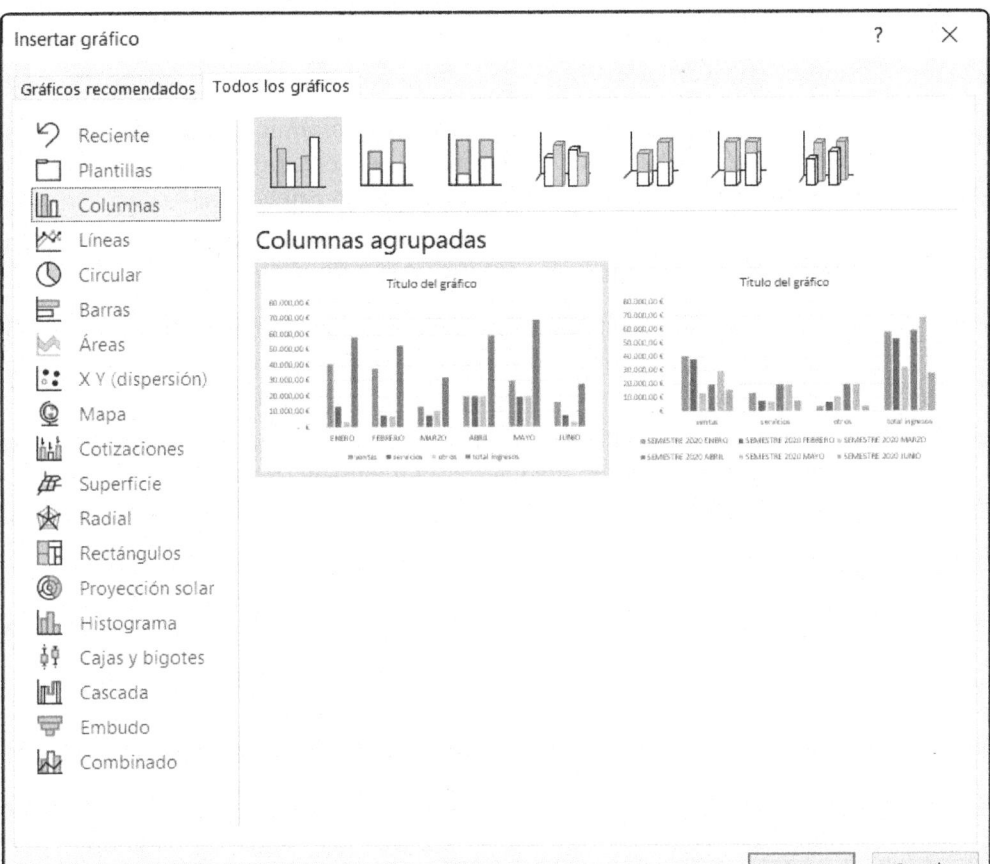

4.3 TIPOS DE GRÁFICOS

Excel admite muchos tipos de gráfico para mostrar los datos de forma comprensible. Cuando creamos un gráfico o cambiamos el tipo de uno existente, podemos seleccionar algunos de los siguientes los tipos (veremos los más comunes):

4.3.1 Gráficos de Columnas

En un gráfico de columnas se pueden trazar datos que se organizan en columnas o filas de una hoja de cálculo. Este tipo de gráfico es útil para mostrar cambios de datos en un período de tiempo o para ilustrar comparaciones entre los elementos.

Veamos los subtipos de gráficos de columnas más destacados:

- **Columnas agrupadas:** Los gráficos de columnas agrupadas comparan valores entre categorías.

- **Columnas apiladas:** Los gráficos de columnas apiladas muestran la relación de elementos individuales con el conjunto, comparando la contribución de cada valor con un total entre categorías.

  Se utilizan para representar valores totales, apilándose uno tras otro cada valor individual. Representa valores absolutos.

- **Columnas 100% apiladas:** Los gráficos de columnas apiladas muestran la relación de elementos individuales con el conjunto, comparando la contribución de cada valor con un total entre categorías.

  Se utilizan para representar valores totales, apilándose uno tras otro cada valor individual. Representa valores porcentuales respecto del 100% total.

  Las variantes en formato 3D de los tipos anteriores tienen las mismas características.

- **Columnas 3D:** Los gráficos de columnas 3D utilizan tres ejes que se pueden modificar (un eje horizontal, un eje vertical y un eje de profundidad) y comparan puntos de datos en los ejes horizontal y de profundidad.

  Podemos utilizar un gráfico de columnas 3D cuando queremos comparar datos entre categorías y entre series, ya que este tipo de gráfico muestra categorías a lo largo de los ejes horizontal y de profundidad, mientras que el eje vertical muestra los valores.

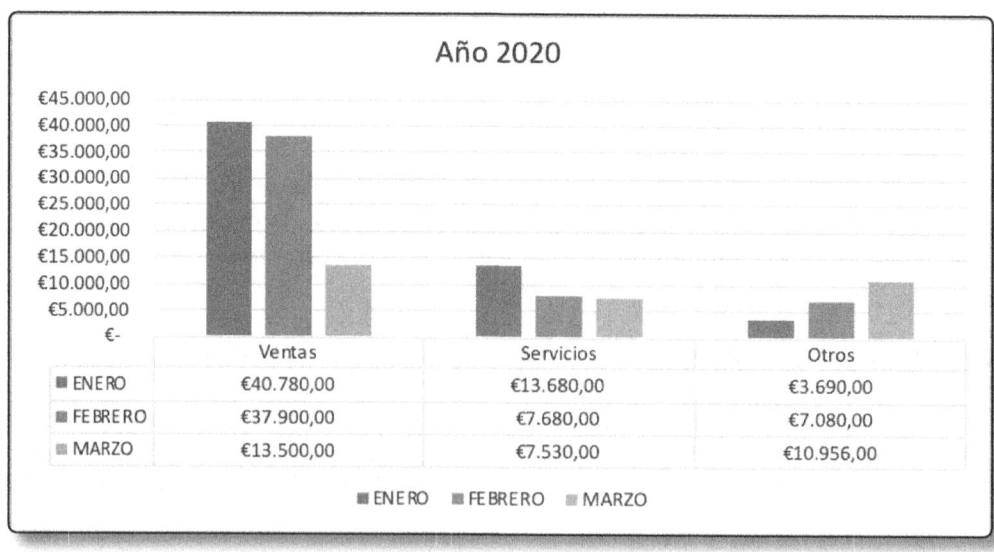

4.3.2 Gráficos de Barras

En un gráfico de barras podemos representar datos que se organicen en columnas o filas en la hoja de cálculo. Estos gráficos sirven para hacer comparaciones entre elementos individuales.

Los gráficos de barras tienen los siguientes subtipos:

▶ **Barras agrupadas:** Estos comparan valores entre categorías. En un gráfico de barras agrupadas, las categorías se suelen organizar a lo largo del eje vertical, mientras que los valores lo hacen a lo largo del horizontal. La variante de gráfico de barras agrupadas en 3D muestra rectángulos horizontales en formato 3D y no presenta los datos en tres ejes.

▶ **Barras apiladas:** Estos muestran la relación de elementos individuales con el conjunto. La variante de gráfico de barras apiladas en 3D muestra rectángulos horizontales en formato 3D y no presenta los datos en tres ejes.

▶ **Barras 100% apiladas:** Este tipo compara el porcentaje con que cada valor contribuye a un total entre categorías. La variante de gráfico de barras 100% apiladas en 3D muestra rectángulos horizontales en formato 3D y no presenta los datos en tres ejes.

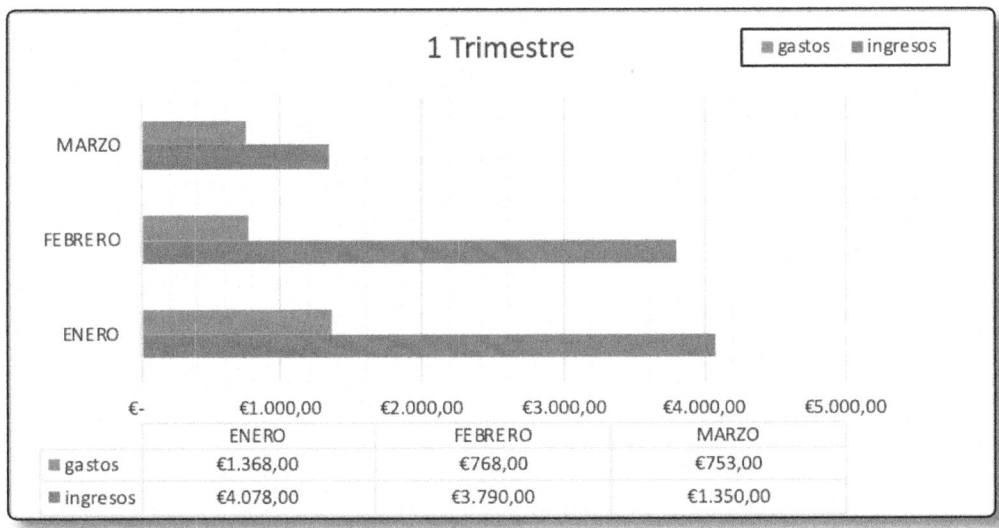

	ENERO	FEBRERO	MARZO
■ gastos	€1.368,00	€768,00	€753,00
■ ingresos	€4.078,00	€3.790,00	€1.350,00

4.3.3 Gráficos de Líneas

En los gráficos de líneas se representan datos que se organizan en columnas o filas de la hoja de cálculo. Estos gráficos muestran datos continuos en el tiempo, establecidos frente a una escala común, y vienen muy bien para mostrar las tendencias de los datos respecto a los intervalos.

Los gráficos de líneas tienen los siguientes subtipos:

▶ **Líneas y línea con marcadores**: Los gráficos de líneas son útiles para mostrar tendencias en el tiempo o categorías ordenadas, especialmente cuando hay muchos puntos de datos y el orden en que se presentan es importante. Se pueden mostrar con marcadores, para indicar valores de datos individuales o sin ellos.

▶ **Línea apilada y línea apilada con marcadores:** Los gráficos de líneas apiladas permiten mostrar la tendencia de la contribución que hace cada valor a lo largo del tiempo o categorías ordenadas. Los gráficos de líneas apiladas suman los datos y muestran valores absolutos.

▶ **Líneas 100% apiladas y línea 100% apilada con marcadores:** Los gráficos de líneas 100% apiladas son útiles para mostrar la tendencia del porcentaje con que cada valor contribuye en el tiempo o categorías ordenadas. Si se quiere ver mejor la representación de los datos, podemos utilizar un gráfico de áreas 100% apiladas.

▶ **Líneas 3D:** Estos muestran cada fila o columna de datos como una cinta de opciones 3D. Un gráfico de líneas 3D tiene ejes horizontales, verticales y de profundidad.

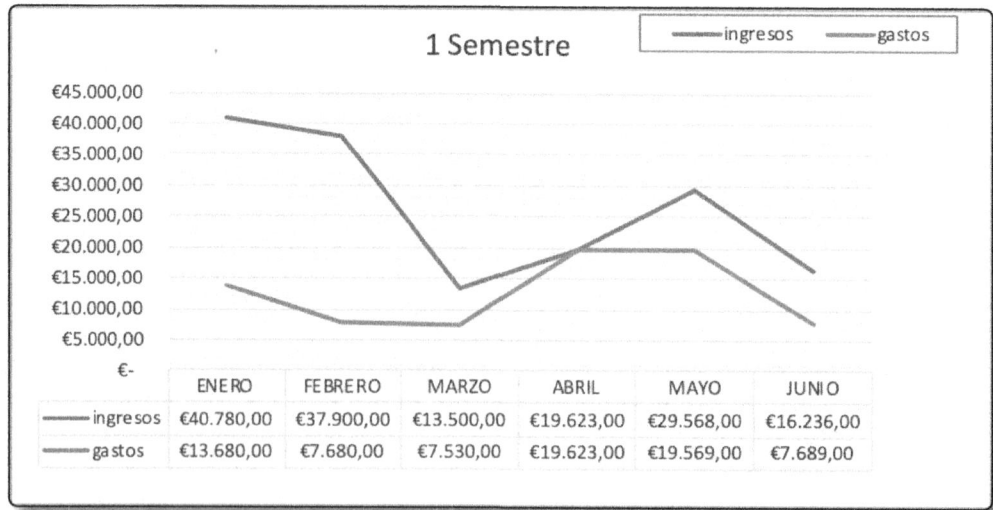

	ENERO	FEBRERO	MARZO	ABRIL	MAYO	JUNIO
ingresos	€40.780,00	€37.900,00	€13.500,00	€19.623,00	€29.568,00	€16.236,00
gastos	€13.680,00	€7.680,00	€7.530,00	€19.623,00	€19.569,00	€7.689,00

4.3.4 Gráficos Circulares

Los gráficos Circulares o de Sectores representan datos únicamente de una columna o una fila de la hoja de cálculo. El objetivo de este tipo de gráficos es mostrar las proporciones de cada una de las partes respecto del total. Es decir, la suma de todas las partes sería considerada el 100% y a partir de aquí conoceremos el porcentaje correspondiente a cada parte.

Los gráficos circulares tienen los siguientes subtipos:

- ▶ **Circular y circular en 3D**: Los gráficos circulares muestran la contribución de cada valor a un total con formato 2D o 3D.

- ▶ **Circular con subgráfico circular y circular con subgráfico de barras**: Son gráficos circulares con valores definidos por el usuario que se extraen del gráfico circular principal y se combinan en un gráfico secundario, con el objetivo de ampliar el detalle de los sectores más pequeños.

- ▶ **Anillos**: Permiten mostrar los datos como un porcentaje del total y enfocar nuestra atención en el tamaño de cada sección del anillo.

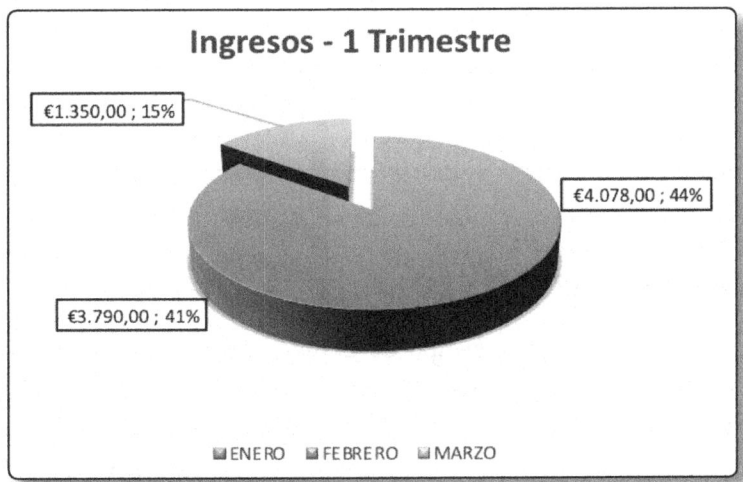

Se pueden extraer los sectores del gráfico.

- ▶ Para extraer todos los sectores: hacer un clic en cualquiera de ellos, comprobar que todos estén seleccionados, y arrastrar hacia afuera cualquiera de los sectores. Para unirlos seleccionar cualquiera de ellos y arrastrarlos hacia adentro.

- ▶ Para extraer un solo sector: seleccionar todos y hacer un otro clic sobre el que se quiere extraer y arrastrarle hacia afuera.

4.4 CAMBIAR LA UBICACIÓN DEL GRÁFICO

Al insertar un gráfico en Excel, aparece por defecto en la hoja activa. Podemos cambiar su ubicación a otra hoja o bien como hoja "individual", en este último caso el gráfico ocupa toda la hoja y no se puede cambiar el tamaño.

Si queremos cambiar la ubicación del gráfico, lo seleccionamos, vamos a la ficha **Diseño – Grupo Ubicación** y hacemos clic en el botón **Mover gráfico**. Indicamos la hoja donde lo queremos colocar desde "Objeto en:" o lo movemos a "**Hoja nueva**" e indicamos el nombre de la hoja. También podemos dejar el nombre que nos ofrece por defecto.

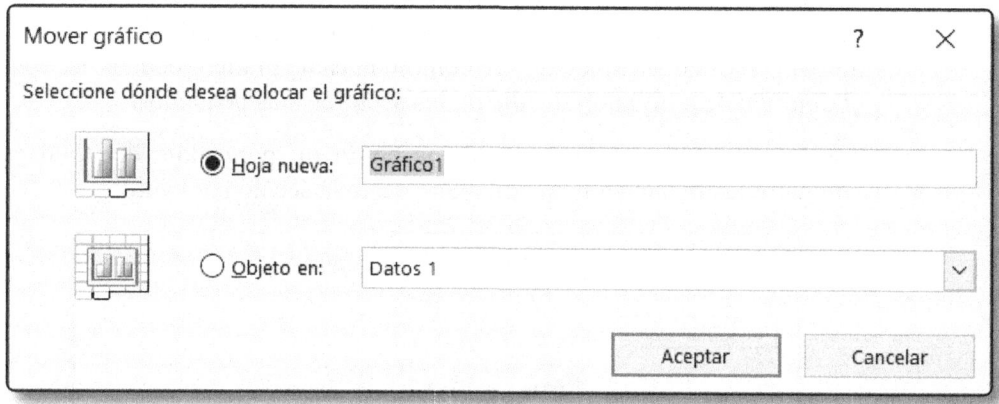

4.5 CAMBIAR EL TIPO DEL GRÁFICO

Podemos cambiar el tipo de gráfico según nuestras necesidades. Hay que tener en cuenta el nuevo modelo que elijamos. Por ejemplo, podemos perder datos si lo cambiamos de barras a circular, ya que este último solo representa una categoría.

Para hacerlo, vamos a la ficha Diseño y elegimos la opción "**Cambiar tipo de gráfico**":

4.6 ELEMENTOS DEL GRÁFICO

Un gráfico está compuesto por diferentes elementos. Algunos de esos elementos son fijos como el Área de trazado, el Área del gráfico, Ejes, Leyenda Título del gráfico y Series. Otros elementos variarán según el tipo de gráfico.

Si queremos aplicar un formato a un elemento concreto, seleccionamos la opción correspondiente de la lista y se activan sus propiedades.

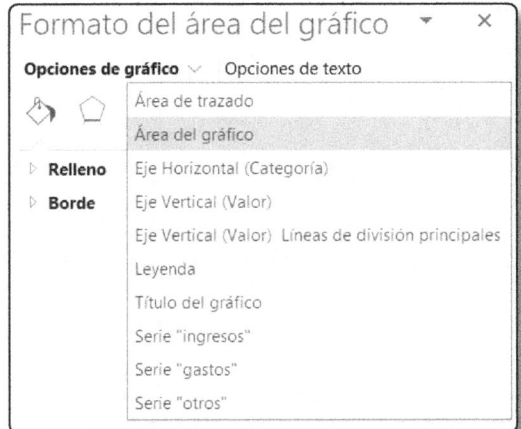
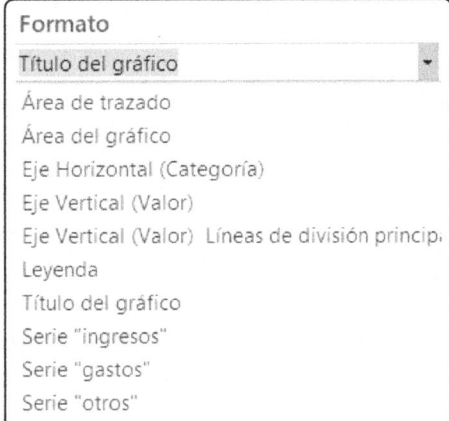

En este caso hemos seleccionado el **Área del gráfico**:

Cada elemento del gráfico tendrá sus propios formatos. Dada la gran variedad de tipos de gráficos y de elementos que lo pueden componer, a continuación, solo se muestran algunos ejemplos de los más comunes, como son los ejes, y las series de datos:

▸ **Formatos de Ejes**

En los elementos como Ejes, los valores toman el formato numérico de las celdas del rango que representan. Se puede cambiar su formato desde la opción **Número**.

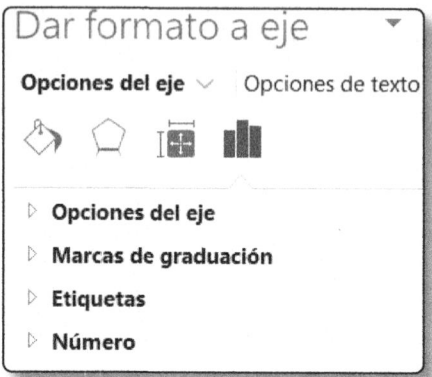

▸ **Formatos de Serie de datos**

Con las Opciones de serie, se puede determinar la **Superposición de series**, que es el grado en que las columnas de cada serie se separarán o se juntarán. El Ancho del rango, que es el espacio entre las columnas de las diferentes categorías. Cuanto mayor sea este espacio, más estrechas serán las columnas de cada serie, y viceversa.

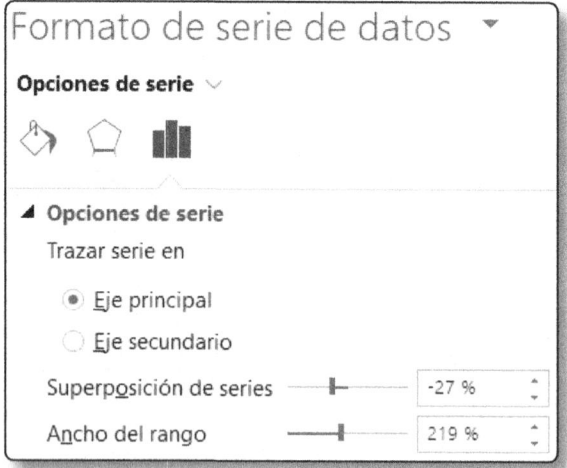

4.7 AGREGAR ELEMENTOS AL GRÁFICO

Desde el grupo de opciones Diseños de Gráfico, de la ficha Diseño, podemos acceder a la opción "**Agregar elemento de gráfico**". Aquí añadimos al gráfico diferentes elementos aclaratorios sobre el contenido de este, o bien los desactivamos, según nuestras necesidades.

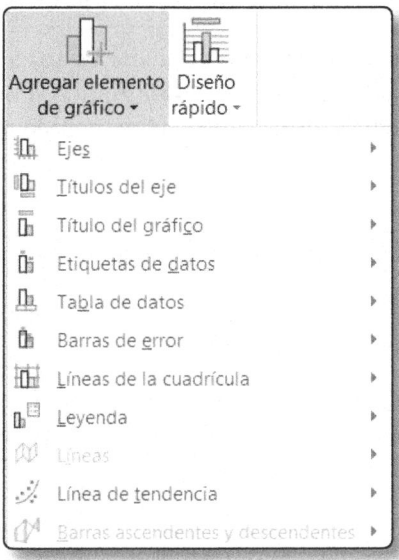

Algunos de los elementos más importantes y sus acciones:

- **Ejes:** para activar o desactivar el Eje Horizontal primario (eje de categorías o X) y el Eje Vertical primario (eje de series o Y).

- **Títulos del eje:** para escribir un título para el Eje Horizontal primario y el Eje Vertical primario.

- **Título del gráfico:** para indicar el título. Posteriormente podemos cambiarlo de sitio arrastrándolo o bien cambiar su tamaño (el tamaño de la fuente se ajusta automáticamente).

- **Etiquetas de datos:** contienen la información de las series. Se puede insertar el valor, el porcentaje, el nombre de la serie y el nombre de la categoría. También podemos posicionarla en otro lugar arrastrándola e incluso cambiar la alineación.

- **Tabla de Datos:** sirve para visualizar los datos que estamos representando en el gráfico. Es fija y no se puede mover ni cambiar su tamaño.

> ◤ **Leyenda**: es la caja que identifica los patrones o colores asignados a las series de datos o categorías del gráfico. Se puede elegir su posición, aunque tras insertarla se puede seleccionar y arrastrar a cualquier otra posición, e incluso cambiar de tamaño y disposición de los textos.

4.8 INTRODUCIR EN ETIQUETAS DEL GRÁFICO CONTENIDOS DE LAS CELDAS

El contenido de una celda (normalmente texto) se puede introducir en las etiquetas descriptivas que aparecen dentro del gráfico. Por ejemplo, si editamos la etiqueta del Título y queremos que aparezca el contenido de la celda A1, en la barra de fórmulas pondríamos: ='Nombre de la Hoja'!$A$1.

4.9 AÑADIR O QUITAR SERIES A LOS GRÁFICOS

Una vez diseñado el gráfico, podemos añadir series de datos o bien desactivar algunas de las series que estén representadas.

Vamos a la ficha Diseño y dentro del grupo Datos, activamos la opción "**Seleccionar Datos**":

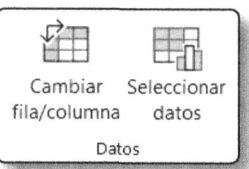

En el cuadro de diálogo que aparece podemos desactivar o bien activar los datos a representar. Y desde "**Rango de datos del gráfico**", modificar el rango representado.

Seleccionar origen de datos	? ×
_R_ango de datos del gráfico: =Hoja!$A$2:$D$5	⬆

Cambiar fila/columna

Entradas de leyenda (Series)	Etiquetas del eje _h_orizontal (categoría)
⊞Agregar　⧉_M_odificar　✕ _Q_uitar　∧ ∨	⊞ E_d_itar
☑ ingresos	☑ ENERO
☑ gastos	☑ FEBRERO
☑ otros	☑ MARZO

| Celdas ocultas y _v_acías | Aceptar | Cancelar |

5

BÚSQUEDA DE DATOS

La búsqueda de datos en Excel es muy práctica, por ejemplo, supongamos que queremos buscar en una hoja donde tenemos datos sobre nuestros clientes el teléfono de uno de ellos. Disponemos de diferentes funciones que nos ayudarán en este tipo de tareas.

5.1 LA FUNCIÓN BUSCARV

Esta función de Excel busca en la primera columna de una tabla o rango de celdas y devuelve el valor de cualquier celda de la misma fila del rango, según la columna que indiquemos dónde esté el dato que nos interese encontrar.

La sintaxis de la función es la siguiente:

BUSCARV(valor_buscado;matriz_tabla;indicador_columnas;[rango])

▶ **Valor_buscado**: es el valor buscado en la primera columna de la tabla y puede ser un valor, referencia o una cadena de texto.

▶ **Matriz_tabla**: puede ser una referencia a un rango o un nombre de rango.

▶ **Indicador_columnas**: número de la columna de la matriz, desde la cual debe devolverse el valor que coincida. La primera columna de valores en la tabla es la columna 1.

▶ **Rango**: es un valor lógico, que indica si la función buscará una coincidencia exacta o aproximada. Determina el tipo de búsqueda:

▶ Si **Rango** se omite, por defecto es **1** o **VERDADERO**. Se devuelve una coincidencia exacta o aproximada. Si no encuentra la coincidencia exacta, devuelve el siguiente valor más alto inferior al Valor_buscado, o bien el texto más parecido si buscamos una cadena de caracteres. Los valores de la primera columna deben de estar ordenados ascendentemente.

▶ Si **Rango** es **0** o **FALSO**, sólo busca coincidencias exactas y en caso de no encontrar el dato, se devuelve el valor **#N/A** (no encontrado). En este caso no es necesario ordenar los valores de la primera columna.

Veamos un ejemplo: en la siguiente tabla vamos a localizar el teléfono del cliente que tiene el código 5.

	Código cliente	Nombre	Apellidos	Teléfono
	1	Juan	Sánchez Abad	917847378
	2	María	Rodríguez Pérez	913881621
	3	Ana	López González	918762966
	4	Luis	Martínez Gómez	912264966
	5	Alberto	Fernández López	915146353
	6	Andrés	Ruiz Moreno	915905939
	7	Eva	Romero Alonso	915546669
	8	Raquel	Gutiérrez Sanz	912271589
	9	Marta	Ramos López	911943848
	10	Pedro	Gil Pérez	914920412

La función es la siguiente: **=BUSCARV(5;C4:F14;4;FALSO)**. El resultado devuelto es: 915146353.

5.2 LA FUNCIÓN BUSCARH

Esta función de Excel busca en la primera fila de una tabla o rango de celdas y devuelve el valor de cualquier celda de la misma columna del rango, según la fila que indiquemos dónde esté el dato que nos interese encontrar.

La sintaxis de la función es la siguiente:

BUSCARH(valor_buscado;matriz_tabla;indicador_filas;[rango])

▶ **Valor_buscado**: es el valor buscado en la primera fila de la tabla y puede ser un valor, referencia o una cadena de texto.

▶ **Matriz_tabla**: puede ser una referencia a un rango o un nombre de rango.

▶ **Indicador_filas**: número de la fila de la matriz, desde la cual debe devolverse el valor que coincida. La primera fila de valores en la tabla es la fila 1.

▶ **Rango**: es un valor lógico, que indica si la función buscará una coincidencia exacta o aproximada. Determina el tipo de búsqueda:

▶ Si **Rango** se omite, por defecto es **1** o **VERDADERO**. Se devuelve una coincidencia exacta o aproximada. Si no encuentra la coincidencia exacta, devuelve el siguiente valor más alto inferior al Valor_buscado, o bien el texto más parecido si buscamos una cadena de caracteres. Los valores de la primera fila deben de estar ordenados ascendentemente.

▶ Si **Rango** es **0** o **FALSO**, sólo busca coincidencias exactas y en caso de no encontrar el dato, se devuelve el valor **#N/A** (no encontrado). En este caso no es necesario ordenar los valores de la primera fila.

Veamos un ejemplo: en la siguiente tabla vamos a localizar el teléfono del cliente que tiene el código 3.

	H	I	J	K	L
Código cliente	1	2	3	4
Nombre	Juan	María	Ana	Luis
DNI	1254687	3416879	1687932	158679
Teléfono	917847378	913881621	918762966	912264966

La función es la siguiente: **=BUSCARH(3;H2:L5;4;FALSO)**. El resultado devuelto es: **918761966**.

5.3 LA FUNCIÓN BUSCAR

Esta función de Excel busca valores de un rango de una columna o una fila o desde una matriz. La sintaxis de esta función tiene dos variantes.

La primera sintaxis de la función es la siguiente:

BUSCAR(valor_buscado;vector de comparación;[vector resultado])

▶ **Valor_buscado**: valor que se busca en **vector_de_comparación** y puede ser un número, texto, un valor lógico o un nombre o referencia a un valor.

▶ **Vector de comparación**: es un rango que solo contiene una columna o una fila de texto, números o valores lógicos en orden ascendente.

▶ **Vector resultado**: es un rango que solo contiene una columna o una fila, del mismo tamaño que **vector_de_comparación**.

Veamos un ejemplo: en la siguiente tabla vamos a localizar el ingreso del cliente que tiene el código 5.

	A	B	C	D	E	F
1	Cód.Cliente	Cuota	Ciudad	Ingresos	Gastos	Total
2	1	55,00 €	Madrid	1.184,00 €	328,00 €	856,00 €
3	2	65,00 €	Barcelona	1.883,00 €	432,00 €	1.451,00 €
4	3	55,00 €	Sevilla	1.777,00 €	154,00 €	1.623,00 €
5	4	80,00 €	Madrid	1.741,00 €	289,00 €	1.452,00 €
6	5	65,00 €	Valencia	1.654,00 €	328,35 €	1.325,65 €

La función es la siguiente: **=BUSCAR(5;A2:A6;D2:D6)**. El resultado devuelto es: **1.654,00**.

La segunda sintaxis de la función es la siguiente:

BUSCAR(valor_buscado;matriz)

▸ **Valor_buscado**: valor que se busca en **matriz** y puede ser un número, texto, un valor lógico o un nombre o referencia a un valor.

▸ **Matriz**: es un rango de celdas que contiene el texto, los números o los valores lógicos que se desean comparar con **valor_buscado**.

Veamos un ejemplo: en la siguiente tabla vamos a localizar la cuota que tiene asignada el cliente que tiene el código 2.

	A	B
1	Cód.Cliente	Cuota
2	1	55,00 €
3	2	65,00 €
4	3	55,00 €
5	4	80,00 €
6	5	65,00 €

La función es la siguiente: **=BUSCAR(2;A2:B6)**. El resultado devuelto es: **65,00 €**.

6

CONDICIONALES

Las funciones condicionales o lógicas de Excel son una serie de funciones que nos ayudan a tomar decisiones sobre los datos de la hoja, y en función de los resultados, realizar unas operaciones u otras, según nuestras necesidades.

6.1 FUNCIÓN SI

La función SI evalúa una prueba lógica o condición, y devuelve **VERDADERO** O **FALSO**.

La sintaxis de la función es la siguiente:

SI (prueba_lógica;valor_si_verdadero;valor_si_falso)

▶ **Prueba_lógica**: Cualquier valor o expresión que pueda evaluarse como VERDADERO o FALSO. Este argumento puede utilizar cualquier operador de comparación.

▶ **Valor_si_verdadero**: El valor que devuelve, si prueba_lógica es VERDADERO.

▶ **Valor_si_falso**: El valor que devuelve si prueba_lógica es FALSO.

En el siguiente ejemplo tenemos un listado de notas de alumnos y queremos poner la calificación **Apto** a todos los que tengan una nota de 5 o superior, a los que tengan una nota inferior a 5 les pondremos la calificación: **No Apto**.

	A	B	C
1	**Alumno**	**Nota**	**Calificación**
2	Juan	7	Apto
3	María	4	No Apto
4	Ana	6	Apto
5	Alberto	3	No Apto

En C2 introducimos la función **=SI(B2>=5;"Apto";"No Apto")** y luego rellenamos hacia abajo.

6.2 FUNCIÓN SUMAR.SI

La función **Sumar.SI** suma el contenido de las celdas que cumplen determinado criterio o condición.

La sintaxis de la función sería la siguiente:

Sumar.SI (rango;criterio;[rango suma])

- **Rango**: Es el rango para evaluar.
- **Criterio**: En este argumento determinamos que celdas deben sumarse. Podemos poner números, textos o expresiones. Ejemplos de expresiones: ">1000", "<> Sevilla" (distinto de), "<150", etc.
- **[Rango suma]**: Es un argumento opcional, que nos permite sumar otro rango distinto al rango que se quiere evaluar.

En el siguiente ejemplo vamos a sumar todas las cuotas que sean de 65 €. En este caso no vamos a utilizar el tercer argumento de la función.

B
Cuota Mensual
55,00 €
65,00 €
55,00 €
80,00 €
65,00 €
80,00 €

La función es: =**Sumar.SI (B2:B7;65).** El resultado es 130€.

En el siguiente ejemplo vamos a sumar todos los importes cuya ciudad sea "Madrid". En este caso vamos a utilizar el tercer argumento de la función.

D	E
Ciudad	**Importes**
Madrid	55,00 €
Barcelona	65,00 €
Sevilla	55,00 €
Madrid	80,00 €
Madrid	65,00 €
Sevilla	80,00 €

La función es: =**Sumar.SI (D2:D7;"Madrid";E2:E7).** El resultado es 200.

En el argumento **criterio** de esta función podemos utilizar expresiones del tipo; ">1000", "<> Sevilla","<50", etc.

6.3 FUNCIÓN CONTAR.SI

La función Contar.SI cuenta el número de celdas que cumplen determinado criterio o condición.

La sintaxis de la función es la siguiente:

Contar.SI (rango;criterio)

▼ **Rango**: Es el rango para evaluar.

▼ **Criterio**: Es la condición en forma de número, expresión o texto, que determina que celdas deben contarse.

En el siguiente ejemplo vamos a contar todas las cuotas que sean de 65 €. En este caso no vamos a utilizar el tercer argumento de la función.

B
Cuota Mensual
55,00 €
65,00 €
55,00 €
80,00 €
65,00 €
80,00 €

La función es: =**Contar.SI (B2:B7;65).** El resultado es 2.

6.4 FUNCIÓN PROMEDIO.SI

La función Promedio.SI realiza el promedio (media aritmética) de celdas que cumplen determinado criterio o condición.

La sintaxis de la función es la siguiente:

Promedio.SI (rango;criterio;[rango_promedio])

▶ **Rango**: Es el rango para evaluar.

▶ **Criterio**: Es la condición en forma de número, expresión o texto, que determina que celdas se buscarán para obtener el promedio.

▶ **[Rango_promedio]**: Es un argumento opcional, que nos permite realizar el promedio de otro rango distinto al rango que se quiere evaluar.

En el siguiente ejemplo vamos a promediar los ingresos que hemos tenido en la empresa, pero únicamente de aquellos que superen los 1.500 €. En este caso no vamos a utilizar el tercer argumento de la función.

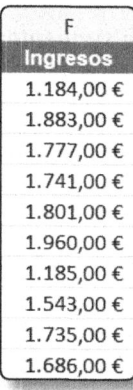

F
Ingresos
1.184,00 €
1.883,00 €
1.777,00 €
1.741,00 €
1.801,00 €
1.960,00 €
1.185,00 €
1.543,00 €
1.735,00 €
1.686,00 €

La función es: **=Promedio.SI (F2:F11;">1500").** El resultado es 1.765,75 €.

En el siguiente ejemplo vamos a promediar los ingresos que hemos tenido en la empresa, pero únicamente de aquellos que sean de la ciudad de "Madrid". En este caso vamos a utilizar el tercer argumento de la función.

E	F
Ciudad	**Ingresos**
Madrid	1.184,00 €
Barcelona	1.883,00 €
Sevilla	1.777,00 €
Madrid	1.741,00 €
Madrid	1.801,00 €
Sevilla	1.960,00 €
Madrid	1.185,00 €
Barcelona	1.543,00 €
Sevilla	1.735,00 €
Barcelona	1.686,00 €

La función es: **=Promedio.SI(E2:E11;"Madrid";F2:F11).** El resultado: 1.477,75 €.

6.5 LA FUNCIÓN SI.ERROR

Esta función de Excel nos permite evitar la visualización de errores en las celdas.

La sintaxis de la función es la siguiente:

=SI.ERROR(Valor;Valor_si_error)

▼ **Valor**: es cualquier valor, expresión o referencia.

▼ **Valor_si_error**: Devuelve valor_si_error si el contenido de Valor es un error.

Veamos un ejemplo, en la siguiente tabla aparece el error **#¡DIV/0!**, debido a que aún no tenemos la cantidad de artículos del cliente número dos. La fórmula (B3/C3) introducida en D4 muestra el mensaje de error.

Cód.Cliente	Total Ventas	CANTIDAD	PRECIO ARTÍCULO
1	1.500,00 €	18	83,33 €
2	500,00 €		#¡DIV/0!
3	350,00 €	10	35,00 €
4	2.100,00 €	51	41,18 €
5	700,00 €	12	58,33 €

Para evitar la visualización del error utilizando la siguiente fórmula:

=SI.ERROR(B3/C3;"Falta la cantidad")

El resultado es el siguiente:

	A	B	C	D
1	Cód.Cliente	Total Ventas	CANTIDAD	PRECIO ARTÍCULO
2	1	1.500,00 €	18	83,33 €
3	2	500,00 €		Falta la cantidad
4	3	350,00 €	10	35,00 €
5	4	2.100,00 €	51	41,18 €
6	5	700,00 €	12	58,33 €

Esta función la podemos utilizar cuando no se encuentre un valor con las funciones de búsqueda. En la siguiente tabla falta el código de un cliente:

	A	B	C	D	E	F
1	Cód.Cliente	Cuota	Ciudad	Ingresos	Gastos	Total
2		55,00 €	Madrid	1.184,00 €	328,00 €	856,00 €
3	2	65,00 €	Barcelona	1.883,00 €	432,00 €	1.451,00 €
4	3	55,00 €	Sevilla	1.777,00 €	154,00 €	1.623,00 €
5	4	80,00 €	Madrid	1.741,00 €	289,00 €	1.452,00 €
6	5	65,00 €	Valencia	1.654,00 €	328,35 €	1.325,65 €

En la celda H2 introducimos la función:

=SI.ERROR(BUSCAR(1;A2:A6;D2:D6);"FALTA CÓD.CLIENTE")

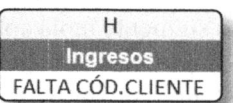

H
Ingresos
FALTA CÓD.CLIENTE

Al buscar el código 1 en **valor_buscado (A2:A6)**, para devolver el ingreso que le corresponde obtendríamos el error **#N/D**, ya que el código 1 no existe. En lugar de mostrar el error la función muestra el mensaje: **"Falta Cód. Cliente"**.

GESTIONAR DATOS DE LAS TABLAS

Para facilitar la gestión de los datos y el análisis de estos, podemos convertir un rango de datos en una **Tabla de Excel**. Esto también nos va a permitir modificar o insertar datos en la tabla y que esos asuman de forma automática los formatos y completen con fórmulas los rangos.

7.1 CONVERTIR UN RANGO EN UNA TABLA

Para crear la Tabla:

▼ Nos posicionamos en una celda con datos, y desde la ficha **Inicio** vamos a **Dar formato como tabla**.

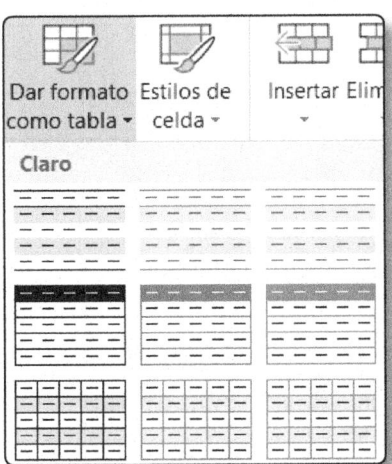

▼ Elegimos un **Estilo** para la tabla. Los estilos están agrupados por Claros, Medios y Oscuros.

▼ En el cuadro de diálogo **Dar formato como tabla**, podemos cambiar el rango al que hace referencia por defecto la tabla y también indicar si la tabla tiene encabezados.

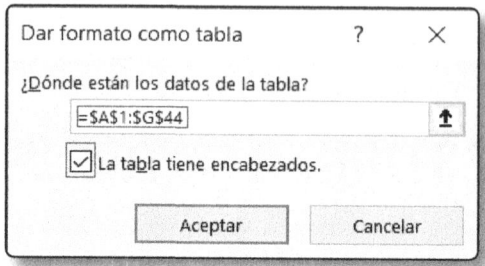

▼ También podemos crear la tabla desde la Ficha **Insertar** y la opción **Tabla** del grupo Tablas.

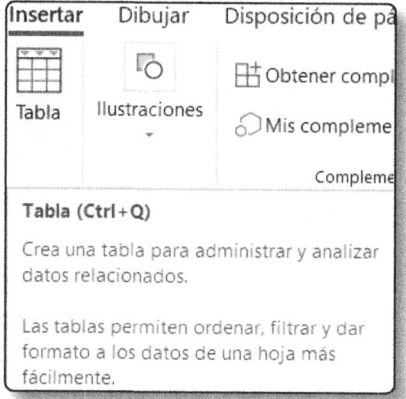

El resultado es el siguiente:

Fecha	Comercial	Provincia	Artículos	Unidades	Precio unidad	Total
23/12/2017	Jose	Barcelona	Colonia	95	21,74 €	2.065,30 €
11/11/2018	Jose	Barcelona	Gel	51	4,56 €	232,56 €
10/03/2019	Jose	Barcelona	Pasta de dientes	14	3,04 €	42,56 €
27/03/2019	Jose	Barcelona	Gel	75	4,56 €	342,00 €
07/07/2019	Jose	Barcelona	Pasta de dientes	98	3,04 €	297,92 €
19/11/2017	María	Barcelona	Gel	77	4,56 €	351,12 €
21/09/2018	María	Barcelona	Champú	3	5,75 €	17,25 €

7.2 CONVERTIR UNA TABLA EN RANGO

Si queremos que nuestros datos dejen de tener formato de tabla y vuelvan a ser un rango de datos, nos posicionamos en cualquier celda de la tabla y con el botón derecho del ratón vamos a la opción Convertir en rango.

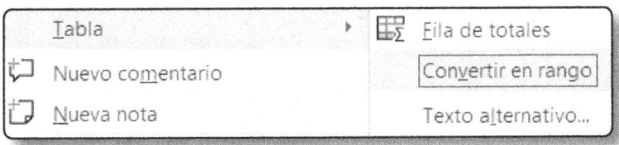

En el cuadro de diálogo que aparece contestamos que Si:

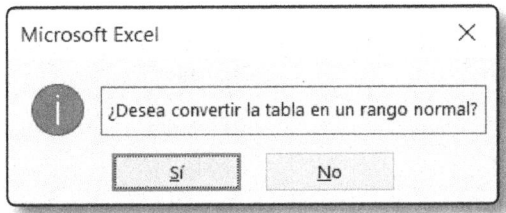

7.3 TRABAJAR CON LOS DATOS DE LA TABLA

La ventaja principal de trabajar con el formato de tabla es que al introducir nuevos registros al final de la tabla se aplicarán automáticamente los formatos y lo más importante, se van copiando las fórmulas que tengan las celdas de la tabla.

7.4 UTILIZAR LA SEGMENTACIÓN DE DATOS

Esta utilidad nos va a permitir trabajar cómodamente con los datos de la tabla a la hora de visualizar aquellos que nos interesen:

Vamos a la ficha **Diseño** e **Insertar segmentación de datos**. Elegimos el campo o campos para la segmentación. En este caso marcamos **Comercial** y **Artículos**.

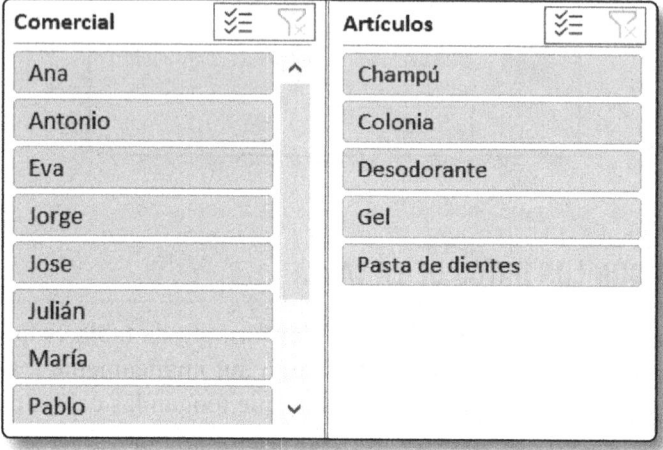

El resultado sería el siguiente:

Cuando pulsamos en el nombre de cualquier **Comercial** la tabla se filtrará por él. Si queremos filtrar varios podemos utilizar la tecla **CTRL** a la vez que pulsamos en el Comercial o bien pulsar el icono **Selección Múltiple** (primer icono de la esquina superior derecha de la ventana). Para anular los filtros establecidos hacemos clic en el icono **Borrar filtro** (segundo icono de la esquina superior derecha).

Seleccionando la segmentación y haciendo clic en el botón derecho del ratón, obtenemos el menú contextual y la opción **Quitar "Campo"** de la segmentación activa.

TABLAS DINÁMICAS

Una tabla dinámica es una herramienta avanzada de Excel para calcular, resumir y analizar datos. Además, de forma dinámica, permite cambiar fácilmente la visualización del resultado simplemente arrastrando datos de un sitio a otro.

8.1 INFORMES DE TABLAS DINÁMICAS

Un informe de tabla dinámica es una forma interactiva de combinar rápidamente grandes cantidades de datos y poder compararlos. El diseño de un informe de tabla dinámica nos ayudará a:

- Incluir subtotales, utilizando las funciones (Suma, Promedio, etc.)
- Resumir los datos por categorías y subcategorías.
- Realizar cálculos nuevos con los datos.
- Expandir y contraer los datos para ver más detalladamente los datos.
- Cambiar los datos entre filas y columnas para ver diferentes resultados.
- Filtrar y ordenar los datos según nuestras necesidades.
- Comparar totales sobre los resultados obtenidos.

8.2 CREAR UNA TABLA DINÁMICA

Nos situamos en cualquier celda de la tabla o rango a partir del cual queremos crear la tabla dinámica. Vamos a la ficha **Insertar** y hacemos clic en Tabla **dinámica**.

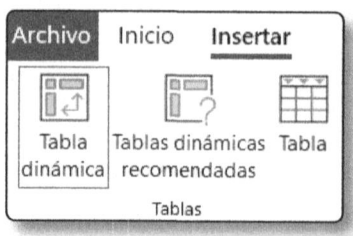

Fecha	Comercial	Provincia	Artículos	Unidades	Precio unidad	Total
23/12/2017	Jose	Barcelona	Colonia	95	21,74 €	2.065,30 €
11/11/2018	Jose					232,56 €
10/03/2019	Jose					42,56 €
27/03/2019	Jose					342,00 €
07/07/2019	Jose					297,92 €
19/11/2017	María					351,12 €
21/09/2018	María					17,25 €
13/04/2019	María					57,50 €
03/06/2019	María					397,66 €
28/06/2018	Ana					373,75 €
08/10/2018	Ana					88,16 €
28/11/2018	Ana					50,16 €
08/05/2018	Eva					296,40 €
21/02/2019	Eva					2.087,04 €
02/11/2017	Jorge					294,88 €
26/01/2018	Julián					246,24 €
04/04/2018	Julián					205,20 €
11/06/2018	Julián					182,40 €
15/07/2018	Julián					80,88 €
18/08/2018	Julián	Madrid	Colonia	22	21,74 €	478,28 €

Crear tabla dinámica   ?   ×

Seleccione los datos que desea analizar

◉ Seleccione una tabla o rango

Tabla o rango: Ventas!$A$1:$G$44

○ Utilice una fuente de datos externa

Elegir conexión...

Nombre de conexión:

○ Usar el modelo de datos de este libro

Elija dónde desea colocar el informe de tabla dinámica

◉ Nueva hoja de cálculo

○ Hoja de cálculo existente

Ubicación:

Elija si quiere analizar varias tablas

☐ Agregar estos datos al Modelo de datos

Aceptar   Cancelar

Excel detecta automáticamente el rango de toda la lista y lo indicará en la caja "**Tabla o rango**". Podríamos indicar una fuente de datos externa, se refiere a que los datos estuvieran en una hoja de otro libro.

Por defecto la tabla dinámica se colocará en una **Nueva hoja de cálculo**, pero también podríamos ubicarla en una hoja ya existente indicando el nombre de la hoja.

En la nueva hoja de cálculo que se crea aparecerá el panel "**Tabla Dinámica 1**", donde iremos viendo el resultado de nuestra tabla dinámica y otro panel llamado "**Campos de tabla dinámica**", que utilizaremos para el diseño de la tabla.

En la cinta aparecerán dos nuevas fichas llamadas "**Analizar**" y "**Diseño**". Para que estén activas siempre deberemos estar situados en el área de la Tabla Dinámica.

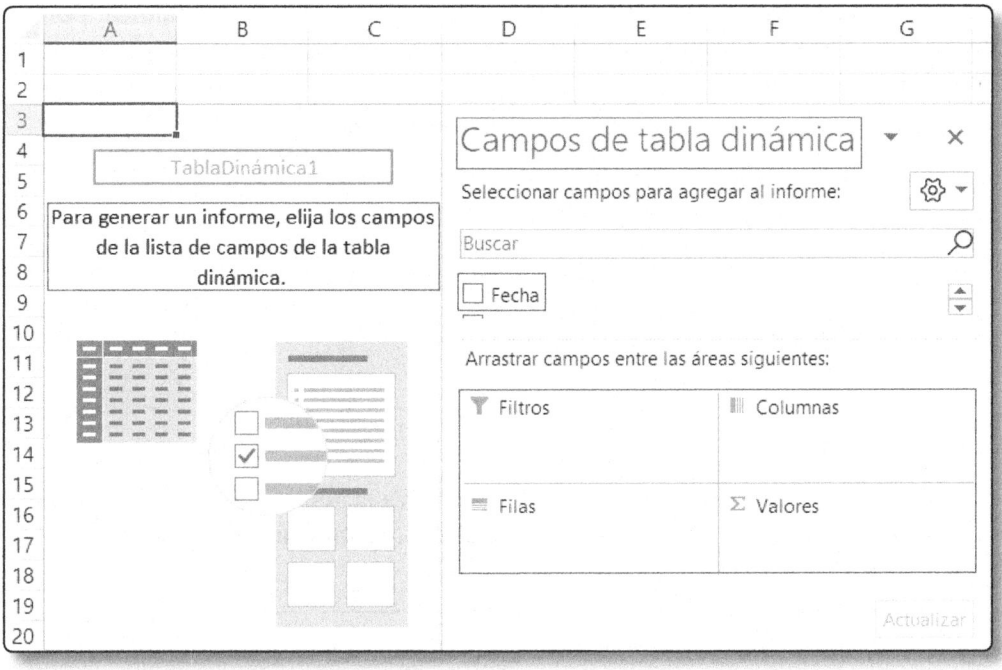

En el panel **Campos de tabla dinámica** tenemos los campos que debemos colocar en las cuatro áreas que hay justo debajo:

- ▶ **Filtros**: Campos para filtrar la tabla dinámica.
- ▶ **Columnas**: Campos para la cabecera de columnas.
- ▶ **Filas**: Campos para la cabecera de filas.
- ▶ **Valores**: Campos de los que se quiere realizar los datos estadísticos. Si colocamos un campo numérico, Excel utilizará la función suma para resumir los datos del campo. Si colocamos un campo de tipo texto, Excel hará el resumen contado los datos.

Lo más importante es determinar el diseño más correcto y que se adapte a nuestras necesidades según los datos que queramos representar. Para ello vamos a insertar, mover, eliminar y filtrar los campos de la tabla.

8.3 EL DISEÑO DE TABLA DINÁMICA CLÁSICA

Esta opción nos permitirá arrastrar los campos en la propia tabla dinámica, con la vista de diseño actual no lo podríamos hacer.

Para ello tenemos que cambiar la configuración de la tabla dinámica. Dentro de la ficha **Analizar**, vamos al desplegable de Tabla dinámica y hacemos clic en "**Opciones**".

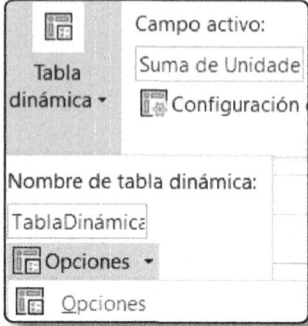

En el cuadro de diálogo que aparece vamos a la ficha "**Mostrar**" y activamos la opción "**Diseño de tabla dinámica clásica** (permite arrastrar campos en la cuadrícula)".

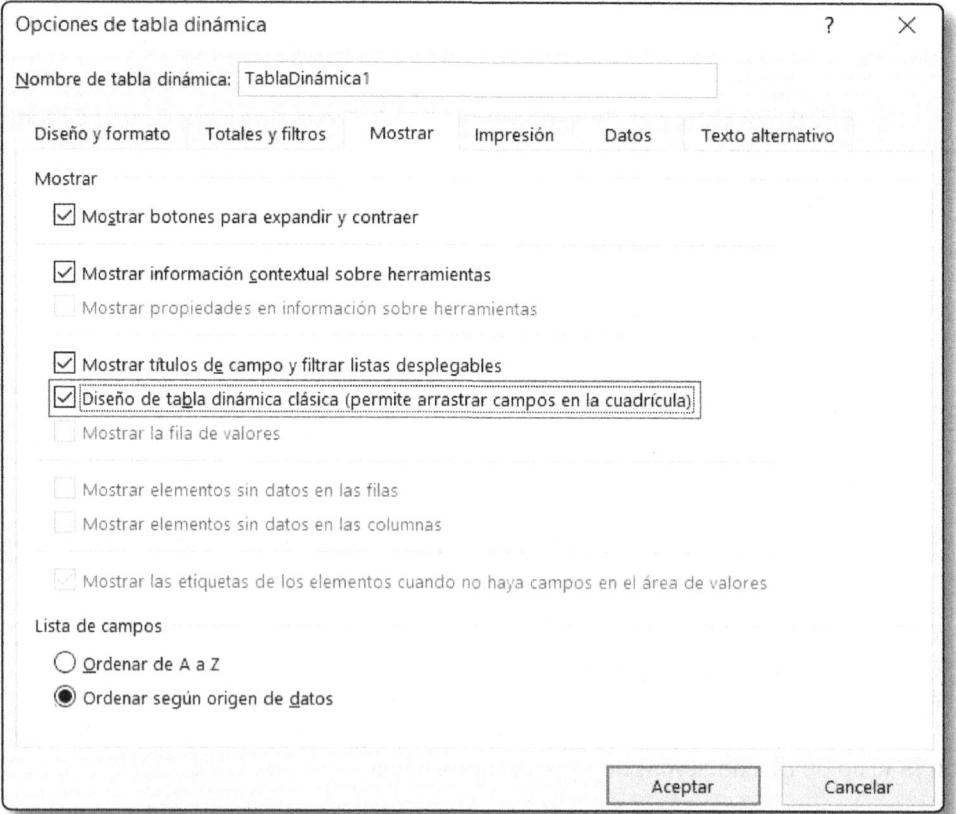

Ahora el área de diseño se verá así:

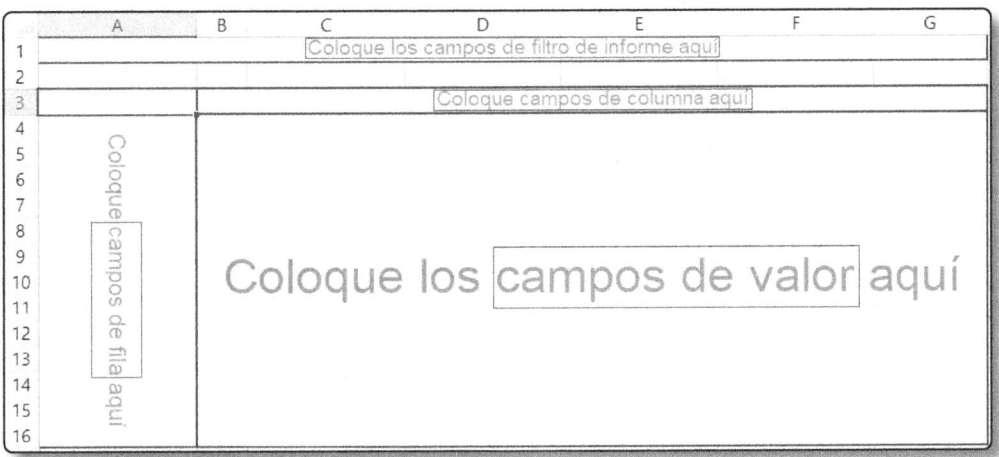

8.4 INSERTAR LOS CAMPOS EN LA TABLA DINÁMICA

Para insertar los campos de la tabla:

- Seleccionamos el campo haciendo clic en su casilla de verificación, por defecto aparecerá siempre en el área "**Filas**".

- Arrastramos el campo con el ratón y soltamos en el área que queramos (Filtros, Columnas, Filas o Valores)

- Arrastramos el campo al área del diseño de la tabla dinámica.

Vamos a realizar un ejemplo. Se trata de sumar la cantidad de artículos de papelería vendidos por nuestros comerciales en distintas provincias.

Los campos representados en la tabla dinámica serían: Provincia (**Área Filtros**) Comercial (**Área Filas**), Artículos (**Área Columnas**) y Unidades (**Área Valores**). Y quedarían distribuidos de la siguiente forma:

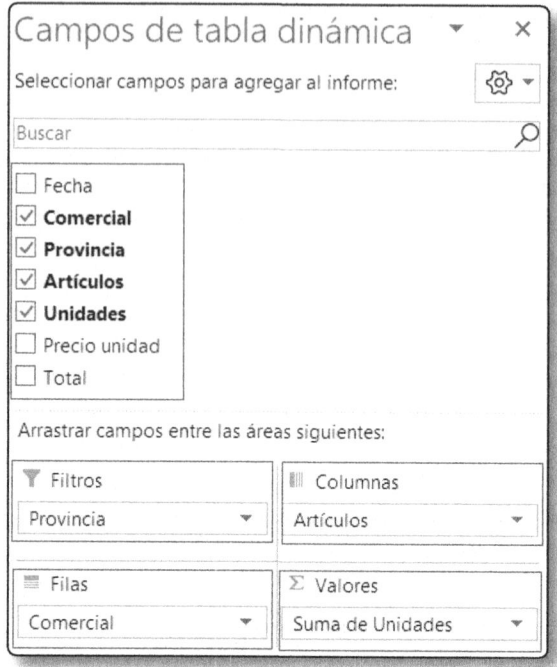

El resultado en nuestra tabla dinámica es el siguiente:

Suma de Unidades	Etiquetas de columna					
Etiquetas de fila	Champú	Colonia	Desodorante	Gel	Pasta de dientes	Total general
Ana	79		65	205	51	400
Antonio				61	125	186
Eva	48	96		139		283
Jorge		10	61	39	242	352
Jose		95		126	112	333
Julián	12	22		99	60	193
María	62		10	77		149
Pablo	26	41		97		164
Rodrigo				8	45	53
Rosa	2			83	83	168
Total general	229	264	136	934	718	2281

8.5 MOVER LOS CAMPOS DE LA TABLA DINÁMICA

Si queremos modificar el diseño anterior para adecuarlo a nuestras necesidades, podemos mover los campos entre las diferentes áreas de la ventana de la lista de campos, o arrastrándolos dentro de la propia tabla dinámica.

Para mover un campo desde la propia tabla dinámica; situar el cursor sobre el campo, por ejemplo, sobre "**Comercial**" (el puntero del ratón cambia de aspecto), en ese momento lo arrastramos al área de columnas donde está el campo "**Artículos**" y soltamos. Podemos hacer los mismos pasos con Artículos y ubicarlo donde estaba Comercial.

En la celda "**Suma de Unidades**", tecleamos un espacio en blanco y así lo sustituimos por la cadena que introduce Excel por defecto. En la celda Etiquetas de columna escribimos **Comercial** y en la celda Etiquetas de fila **Artículos**.

El resultado es el siguiente:

Artículos	Comercial Ana	Antonio	Eva	Jorge	Jose	Julián	María	Pablo	Rodrigo	Rosa	Total general
Champú	79		48			12	62	26		2	229
Colonia		96	10	95	22			41			264
Desodorante	65			61			10				136
Gel	205	61	139	39	126	99	77	97	8	83	934
Pasta de dientes	51	125		242	112	60			45	83	718
Total general	**400**	**186**	**283**	**352**	**333**	**193**	**149**	**164**	**53**	**168**	**2281**

Este dinamismo a la hora de colocar los campos nos permite obtener diferentes presentaciones y hacer distintos análisis de los datos.

8.6 AÑADIR MÁS CAMPOS A NUESTRA TABLA DINÁMICA

Podemos añadir más campos en las áreas del diseño, en el siguiente ejemplo vemos agrupados en **Filas** los **Comerciales** junto con los **Artículos** que han vendido. En **Valores**, hemos añadido el campo **Precio de Unidad** dos veces, para mostrar el número de unidades vendidas junto con la suma del precio.

Arrastrar campos entre las áreas siguientes:	
▼ Filtros	▥ Columnas
	Σ Valores ▼
≡ Filas	Σ Valores
Comercial ▼	Cuenta de Precio unidad ▼
Artículos ▼	Suma de Precio unidad2 ▼

El resultado es:

Artículos	Cuenta de Precio unidad	Suma de Precio unidad2
⊟ Ana		
Champú	1	6,74
Desodorante	1	5,75
Gel	3	13,68
Pasta de dientes	2	6,08
Total Ana	**7**	**32,25**
⊟ Antonio		
Gel	1	4,56
Pasta de dientes	3	9,12
Total Antonio	**4**	**13,68**
⊟ Eva		
Champú	1	6,74
Colonia	1	21,74
Gel	2	9,12
Total Eva	**4**	**37,6**

En todos los campos podemos hacer cambios en su configuración, para ello utilizamos el desplegable del campo y hacemos clic en la opción **Configuración de campo de valor...**

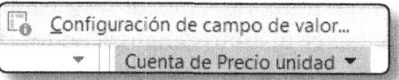

En el cuadro de diálogo que aparece, para el campo **Precio unidad** en la opción "**Nombre personalizado**" ponemos **Unidades Vendidas** y en la ficha "**Resumir valores por**", utilizamos la función **Recuento**.

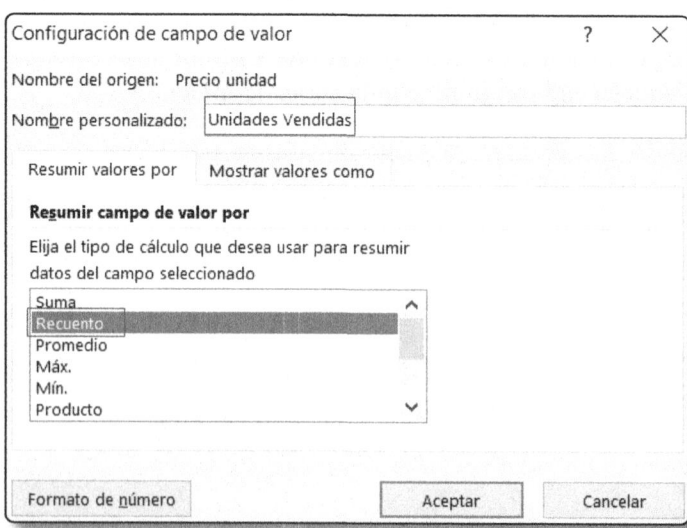

El resultado es el siguiente:

Artículos	Unidades Vendidas	Suma de Precio unidad
⊟ Ana		
Champú	1	6,74
Desodorante	1	5,75
Gel	3	13,68
Pasta de dientes	2	6,08
Total Ana	**7**	**32,25**
⊟ Antonio		
Gel	1	4,56
Pasta de dientes	3	9,12
Total Antonio	**4**	**13,68**
⊟ Eva		
Champú	1	6,74
Colonia	1	21,74
Gel	2	9,12
Total Eva	**4**	**37,6**

8.7 QUITAR LOS CAMPOS DE LA TABLA DINÁMICA

Para dejar de utilizar los campos en la tabla dinámica podemos:

- Desactivar la casilla de verificación del campo en el panel "Campos de tabla dinámica".
- Arrastrar el campo fuera del área Filtros, Columnas, Filas o Valores, y soltar en la zona de la hoja de cálculo o en la parte superior.
- En la lista desplegable del campo en la opción "Quitar campo".

8.8 ORDENAR LOS DATOS DE LA TABLA DINÁMICA

Una tabla dinámica se puede ordenar por cualquiera de sus campos de etiqueta, de fila o de columna, o por los elementos de los campos.

8.8.1 Ordenar por un campo de etiqueta

Nos situamos en el desplegable del campo (fila o columna), en este caso **Artículos** y seleccionamos **Ordenar de A a Z (Ascendente)** o bien **Ordenar de Z a A (Descendente).**

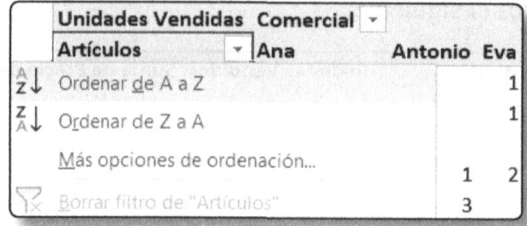

8.8.2 Ordenar por un campo de valores

Nos situamos en la celda que tiene el valor (9,78 €) y procedemos igual que lo explicado en el apartado anterior o bien lo hacemos desde la ficha **Datos** y las opciones del grupo **Ordenar y filtrar,** con los botones AZ y ZA como se ve en la ilustración:

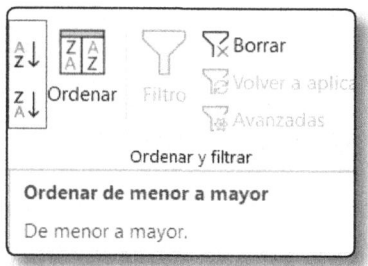

En el siguiente ejemplo hemos dejado ordenado las **Unidades** de menor a mayor:

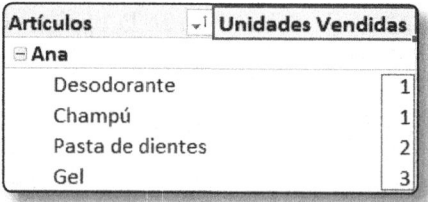

8.9 FILTRAR LOS DATOS DE LA TABLA DINÁMICA

En una tabla dinámica se puede filtrar por cualquiera de sus campos de etiqueta, con el objetivo de analizar mejor los datos y ver únicamente los que nos interesen.

Seleccionar el campo a filtrar y pulsar en el desplegable. En el ejemplo, queremos filtrar aquellos registros que correspondan a las provincias de Madrid y de Valencia. Dejamos activas únicamente las casillas de verificación de estas dos ciudades.

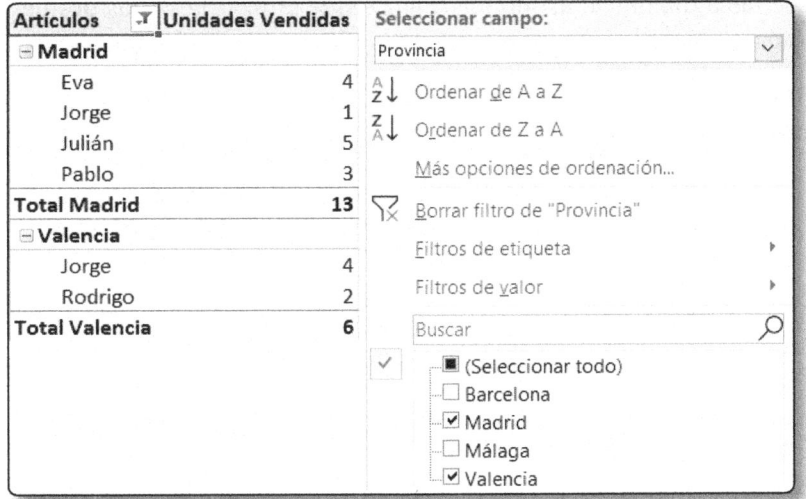

8.10 LOS FILTROS DE INFORME

Se corresponden con el campo o campos que situemos en el área de **Filtros** del panel del diseño de la tabla dinámica. Aparecen representados en la parte superior separados por una o varias filas en blando del resto de la tabla.

En el siguiente ejemplo hemos desplegado **Artículos** y seleccionado "**Colonia**" y "**Gel**" para filtrar por estos artículos.

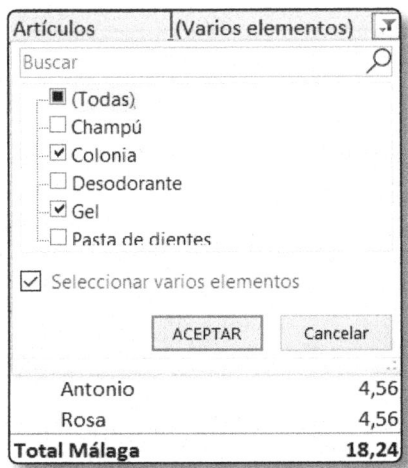

8.11 LA SEGMENTACIÓN DE DATOS

La segmentación de datos sirve para filtrar datos de forma interactiva. Se crean unas ventanas con un conjunto de botones que permiten filtrar los datos de un informe de tabla dinámica, así no tendríamos que utilizar las listas desplegables de los filtros para buscar los datos, como hemos visto en apartados anteriores.

Desde la ficha **Analizar** y en el grupo **Filtrar** hacemos clic en **Insertar Segmentación de datos**.

Aparece el siguiente cuadro de diálogo, donde podemos seleccionar los campos para nuestra segmentación, en este caso **Comercial** y **Artículos**:

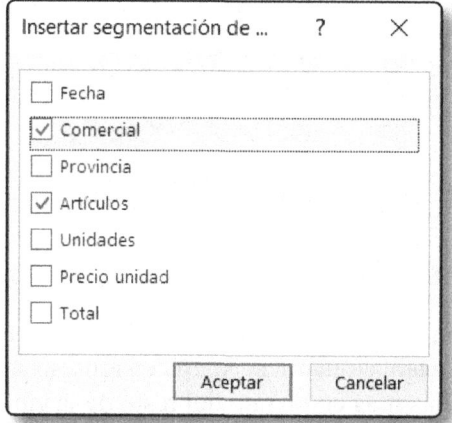

El resultado es el siguiente:

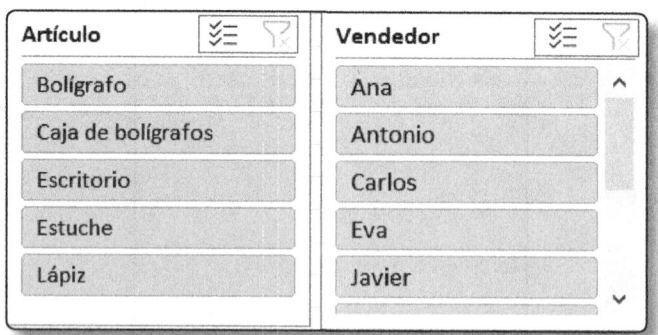

Cuando pulsamos en cualquier **Artículo** se filtrará por él. Si queremos filtrar varios podemos utilizar la tecla **CTRL** a la vez que pulsamos en el Artículo o bien pulsar el icono **Selección Múltiple** (primer icono de la esquina superior derecha de la ventana). Para anular los filtros establecidos hacemos clic en l icono **Borrar filtro** (segundo icono de la esquina superior derecha).

8.12 LA SEGMENTACIÓN DE DATOS DE TIPO FECHA

La segmentación se puede utilizar en campos con datos de tipo fecha y filtrarlos de una forma muy cómoda.

Desde la ficha **Analizar** y en el grupo **Filtrar** hacemos clic en Insertar **Escala de tiempo**.

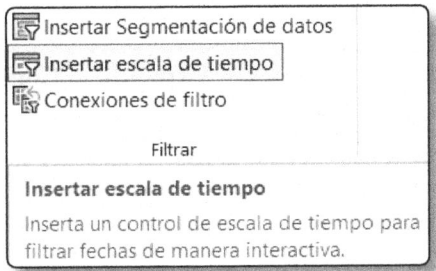

Excel nos ofrece un cuadro de dialogo con los campos de tipo fecha (en el ejemplo sólo hay uno), y lo activamos. El resultado es el siguiente:

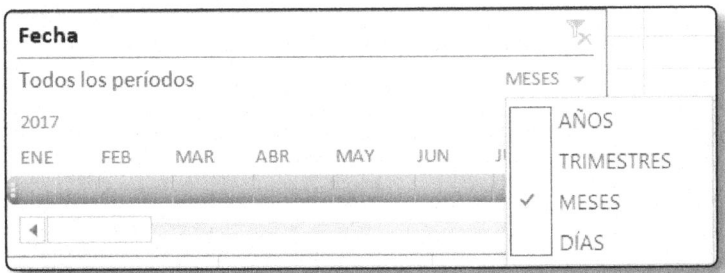

Por defecto filtra por meses, pero lo podemos cambiar a **Años**, **Trimestres** o **Días**, dependiendo de nuestras necesidades.

Tenemos una barra de desplazamiento y punteros de arrastres dentro de la barra temporal para indicar los periodos que deseamos ver.

8.13 ELIMINAR LAS SEGMENTACIONES

Cuando la ventana de la segmentación está activa y aparecen los tiradores alrededor, podemos eliminarla pulsando la tecla **SUPR**. También sobre la ventana, con el botón derecho del ratón en el menú que aparece, podemos quitar el campo.

8.14 OCULTAR Y MOSTRAR LOS CONTENIDOS DE LOS CAMPOS

Por defecto, una tabla dinámica muestra todos los elementos de cada campo secundario de un campo principal. Pero se puede ocultar el detalle de un campo principal no visualizando los elementos de su campo secundario. Se puede hacer de forma individual pulsando en el botón menos (plegar) o en el botón más (desplegar).

También lo podemos hacer en conjunto para todos. Desde la cinta en la ficha **Analizar** tenemos que utilizar los botones **Expandir** y **Contraer el campo**.

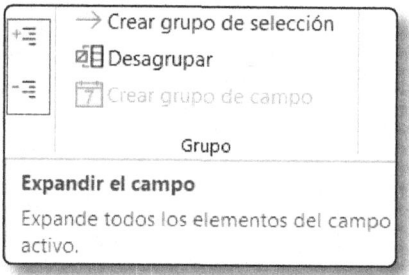

En esta tabla hemos tenemos agrupadas las cantidades vendidas:

Comercial	Unidades	Suma de Precio unidad	Suma de Total
⊞ Ana		32,25	1996,05
⊞ Antonio		13,68	658,16
⊞ Eva		37,6	3044,4
⊞ Jorge		41,17	1481,67
⊞ Jose		36,94	2980,34
⊞ Julián		40,64	1193
⊞ María		22,8	823,53
⊞ Pablo		33,04	1508,9
⊞ Rodrigo		7,6	173,28
⊞ Rosa		14,34	644,28

Si pulsamos en el botón **Expandir Campo** situados en **Comercial**, el resultado es el siguiente:

Comercial ▾	Unidades ▾	Suma de Precio unidad	Suma de Total
⊟ **Ana**	11	4,56	50,16
	22	3,04	66,88
	29	3,04	88,16
	65	5,75	373,75
	79	6,74	532,46
	96	4,56	437,76
	98	4,56	446,88
⊟ **Antonio**	13	3,04	39,52
	32	3,04	97,28
	61	4,56	278,16
	80	3,04	243,2

8.15 CAMPOS CALCULADOS

El objetivo de los campos calculados es hacer operaciones con los campos existentes de la tabla dinámica, para ello utilizaremos fórmulas.

Los campos calculados, se añaden al panel de Campos de la tabla dinámica, y su gestión y tratamiento es como el de cualquier otro campo de la tabla dinámica.

Para insertar un campo calculado vamos a la ficha **Analizar,** y dentro del grupo **Cálculos** desplegamos **Campos, elementos y conjuntos** y hacemos clic en **Campo calculado…**

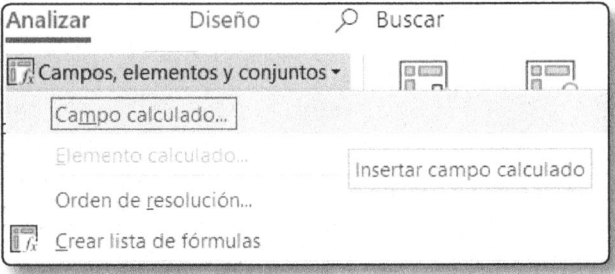

En el cuadro de diálogo Insertar campo calculado en:

⚐ **Nombre**: introducimos el nombre del nuevo campo.

⚐ **Fórmula**: insertamos la fórmula utilizando los campos de la lista **Campos**. Para insertar un campo, se selecciona y pulsamos **Insertar campo**, o hacemos doble clic en el nombre del campo.

🖝 **Sumar**: añade el campo a la lista **Campos**.

🖝 **Eliminar**: elimina el campo seleccionado previamente de la lista desplegable de **Nombre**.

Supongamos que necesitamos calcular un % de comisión (en este caso del 5%) sobre el campo **Total** para todos los comerciales:

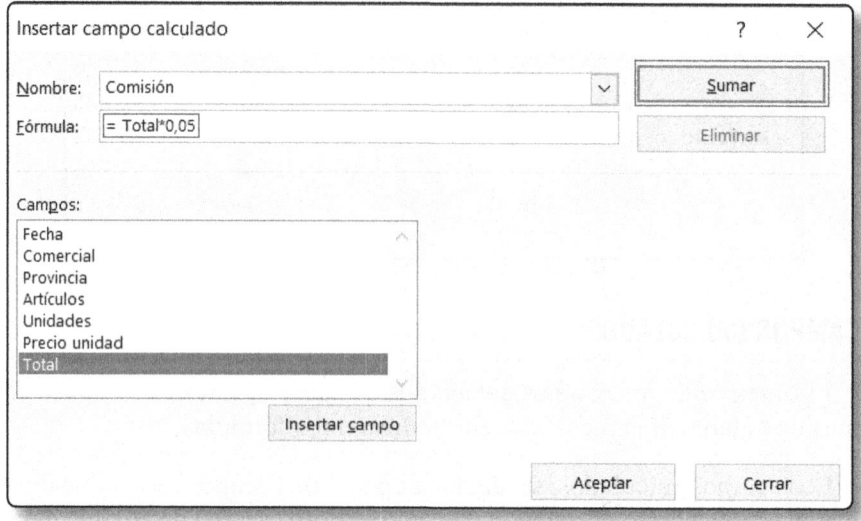

El resultado es el siguiente:

Comercial ▾	Suma de Precio unidad	Suma de Total	Suma de Comisión
Ana	32,25	1996,05	99,80 €
Antonio	13,68	658,16	32,91 €
Eva	37,6	3044,4	152,22 €
Jorge	41,17	1481,67	74,08 €
Jose	36,94	2980,34	149,02 €
Julián	40,64	1193	59,65 €
María	22,8	823,53	41,18 €
Pablo	33,04	1508,9	75,45 €
Rodrigo	7,6	173,28	8,66 €
Rosa	14,34	644,28	32,21 €

Si tuviésemos por ejemplo que sumar el **Total** y la **Comisión** realizaríamos otra operación y el campo calculado quedaría así:

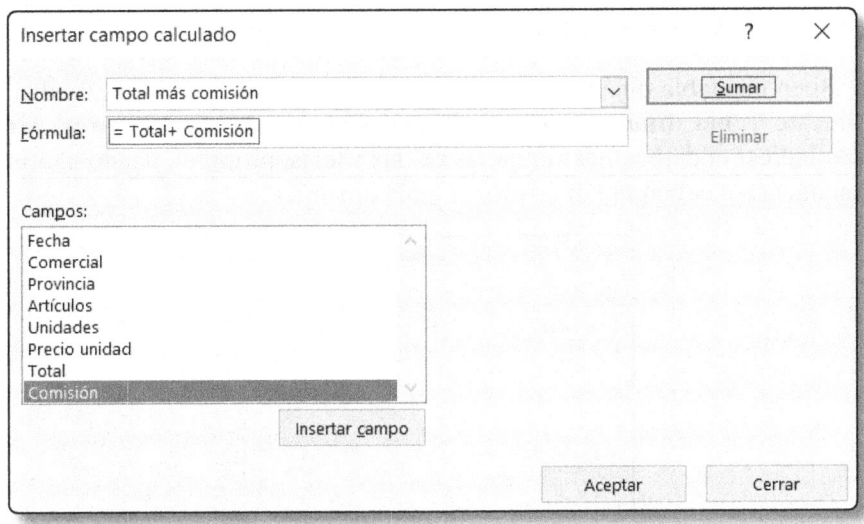

El resultado es el siguiente:

Comercial	Precio Unidad	Total	Comisión	Total más Comisión
Ana	32,25	1996,05	99,80 €	2.095,85 €
Antonio	13,68	658,16	32,91 €	691,07 €
Eva	37,6	3044,4	152,22 €	3.196,62 €
Jorge	41,17	1481,67	74,08 €	1.555,75 €
Jose	36,94	2980,34	149,02 €	3.129,36 €
Julián	40,64	1193	59,65 €	1.252,65 €
María	22,8	823,53	41,18 €	864,71 €
Pablo	33,04	1508,9	75,45 €	1.584,35 €
Rodrigo	7,6	173,28	8,66 €	181,94 €
Rosa	14,34	644,28	32,21 €	676,49 €

Hemos personalizado los rótulos de las cabeceras. Si aparece el mensaje: "El nombre de la tabla dinámica ya existe", dejamos un espacio en blanco después de cada cadena de caracteres para que Excel lo admita. Por ejemplo: **Precio Unidad_**.

8.16 EDITAR Y ELIMINAR CAMPOS CALCULADOS

Para editar o modificar una fórmula de un campo calculado, y también para eliminar un campo calculado, se abrirá el cuadro de diálogo **Insertar Campo Calculado**.

En el desplegable de **Nombre**, se visualizan todos los campos calculados. Seleccionamos el campo (se puede modificar su fórmula o eliminar) y pulsamos **Modificar** o **Eliminar** respectivamente.

8.17 ERRORES EN LA TABLA DINÁMICA

Si en una tabla dinámica, se visualizan errores como **#DIV0!**, mediante las **Opciones de Tabla dinámica**, se puede evitar estos mensajes de error. También podemos indicar el dato a mostrar en las celdas vacías, proporcionando una imagen más homogénea y coherente de la propia tabla dinámica.

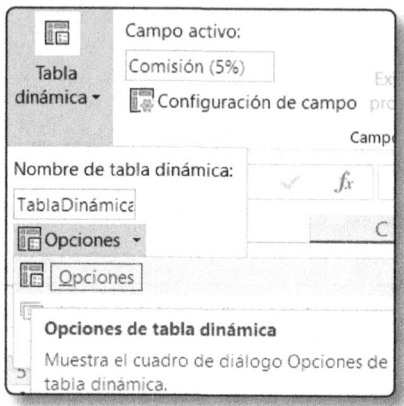

Tenemos que ir al apartado **Formato** de la ficha **Diseño y formato**. En el ejemplo, tanto en celdas donde se visualiza un error, como en celdas vacías aparecerá un cero. También podemos dejar un espacio en blanco y no se vería nada en las celdas.

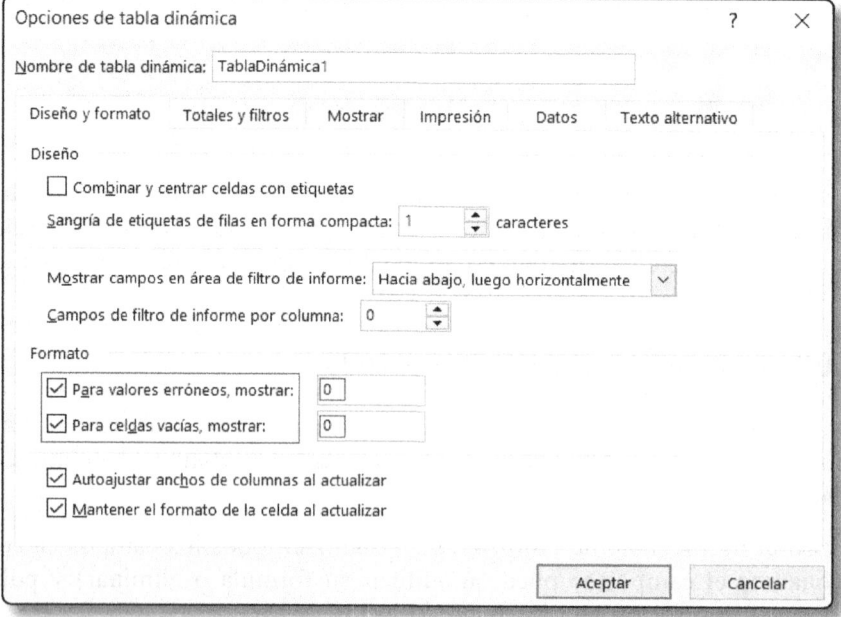

8.18 SELECCIÓN DE ELEMENTOS EN LA TABLA DINÁMICA

Dada la gran cantidad de datos que puede mostrar una tabla dinámica, en ocasiones es muy útil, que la propia tabla seleccione los datos que necesitamos, de forma automática, por ejemplo, para aplicar formatos, formatos condicionales, copiarlos, etc.

Desde la ficha **Analizar**, vamos a **Acciones** y dentro de **Seleccionar** activamos **Habilitar selección**. Del mismo modo podemos desactivarla.

Las opciones **Etiquetas y valores**, **Valores** y **Etiquetas** se activarán y podremos utilizarlas para seleccionar los datos según nuestras necesidades.

8.19 FORMATOS CONDICIONALES EN LA TABLA DINÁMICA

En una tabla dinámica, los formatos condicionales se aplican de forma diferente a los rangos de una hoja de cálculo. La diferencia está en determinar la zona de la tabla dinámica a la que aplicar el formato condicional.

Suele ser muy útil tener activada la opción **Habilitar selección**, y así seleccionar los datos que nos interesen antes de aplicar los formatos condicionales.

Los formatos condicionales son muy susceptibles a los cambios que hagamos en el diseño de la tabla dinámica y en muchos casos no se mantendrán ante estos cambios.

Según el cambio que hagamos en el diseño, si este diseño se recupera, en ocasiones se aplicará de nuevo el formato condicional existente. Si se elimina un campo con formato condicional, este no se recupera al añadir de nuevo el campo.

En el siguiente ejemplo se ha seleccionado el total de ventas por **Provincia**:

Provincia	Comercial	Total
⊟ **Barcelona**	Ana	512,07 €
	Jose	2.980,34 €
	María	823,53 €
Total Barcelona		**4.315,94 €**
⊟ **Madrid**	Eva	3.044,40 €
	Jorge	294,88 €
	Julián	1.193,00 €
	Pablo	1.508,90 €
Total Madrid		**6.041,18 €**
⊟ **Málaga**	Ana	1.483,98 €
	Antonio	658,16 €
	Jorge	182,40 €
	Rosa	644,28 €
Total Málaga		**2.968,82 €**
⊟ **Valencia**	Jorge	1.004,39 €
	Rodrigo	173,28 €
Total Valencia		**1.177,67 €**

Aplicamos un formato de relleno de color verde a los datos de los totales inferiores a 4.000 €. Creamos el Formato Condicional e introducimos la fórmula correspondiente, en este caso =C7<4000. Damos formato de relleno en color verde para las celdas que cumplan el criterio.

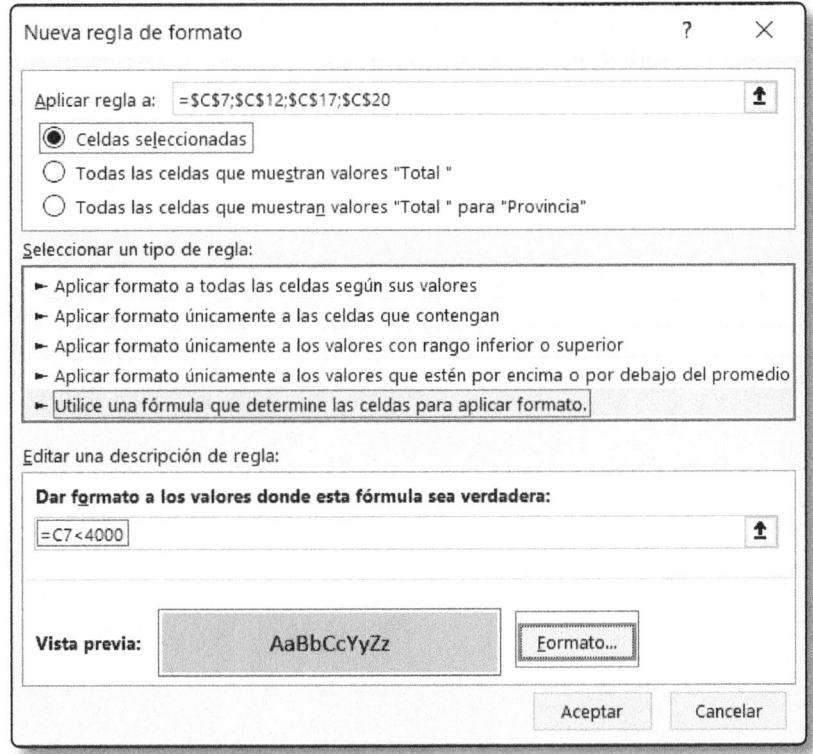

El resultado es el siguiente:

Provincia	Comercial	Total
⊟ **Barcelona**	Ana	512,07 €
	Jose	2.980,34 €
	María	823,53 €
Total Barcelona		**4.315,94 €**
⊟ **Madrid**	Eva	3.044,40 €
	Jorge	294,88 €
	Julián	1.193,00 €
	Pablo	1.508,90 €
Total Madrid		**6.041,18 €**
⊟ **Málaga**	Ana	1.483,98 €
	Antonio	658,16 €
	Jorge	182,40 €
	Rosa	644,28 €
Total Málaga		**2.968,82 €**
⊟ **Valencia**	Jorge	1.004,39 €
	Rodrigo	173,28 €
Total Valencia		**1.177,67 €**

Desde el **Administrador de reglas de formato condicionales** podemos ver la regla creada anteriormente:

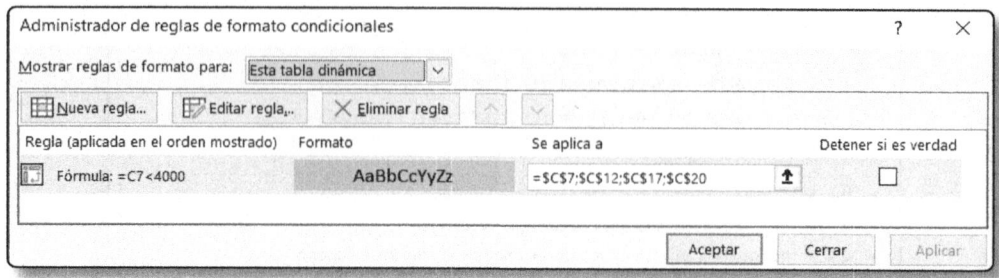

9

AUDITORÍAS

La herramienta Auditoría de Fórmulas de Excel nos permite comprobar la procedencia y destino de las fórmulas, así como la comprobación de errores.

En la ficha **Fórmulas** tenemos el grupo **Auditoría de fórmulas**.

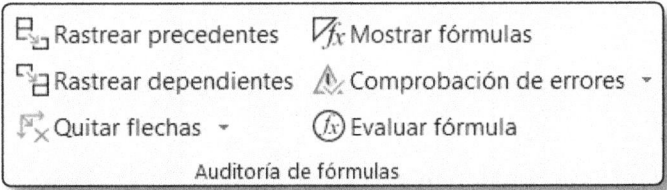

9.1 RASTREAR PRECEDENTES

Esta opción nos permite averiguar la procedencia de una fórmula. En el siguiente ejemplo necesitamos saber que celdas intervienen en la fórmula del Total Parcial y el Total.

Nos situamos en la celda G2 y hacemos clic en la opción **Rastrear Precedentes.** De igual forma lo hacemos con el resto de las celdas hasta G7. En el caso de G7 nos aparece una flecha que nos indica las celdas del rango que intervienen en la función que contiene la celda =**SUMA(F2:F5)**. El resultado se ve así:

E	F	G
Unidades	**Precio unidad**	**Total Parcial**
65	4,56 €	296,40 €
97	3,04 €	294,88 €
45	4,56 €	205,20 €
54	4,56 €	246,24 €
97	4,56 €	442,32 €
	Total	1.485,04 €

9.2 RASTREAR DEPENDIENTES

Esta opción nos permite averiguar la dependencia de una fórmula. Por ejemplo, no situamos en los ingresos de Sevilla y hacemos clic en la opción **Rastrear Dependientes**, Excel nos dirá que esta celda interviene en la formula del Total. El resultado es:

E	F
Ciudad	**Ingresos**
Madrid	1.184,00 €
Barcelona	1.883,00 €
Sevilla	1.777,00 €
Madrid	1.741,00 €
Total	6.585,00 €

9.3 QUITAR FLECHAS

En la lista desplegable de **Quitar flechas**, podemos quitar las flechas precedentes, las dependientes o bien todas de una vez.

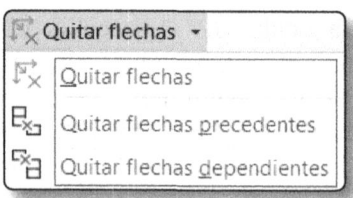

9.4 MOSTRAR FÓRMULAS

La opción **Mostrar fórmulas** nos permite ver las fórmulas en las celdas en lugar del resultado. Así podemos evaluar cómo están diseñadas las fórmulas de la hoja. Con la combinación de teclas **CTRL+`**, también podemos activar o desactivar esta opción.

E	F	G	H
Ciudad	Ingresos	Gastos	Total
Madrid	1184	328	=F2-G2
Barcelona	1883	432	=F3-G3
Sevilla	1777	154	=F4-G4
Madrid	1741	289	=F5-G5
Total	=SUMA(F2:F5)	=SUMA(G2:G5)	=SUMA(H2:H5)

9.5 COMPROBACIÓN DE ERRORES

La herramienta **Comprobación de errores**, busca errores comunes en las fórmulas:

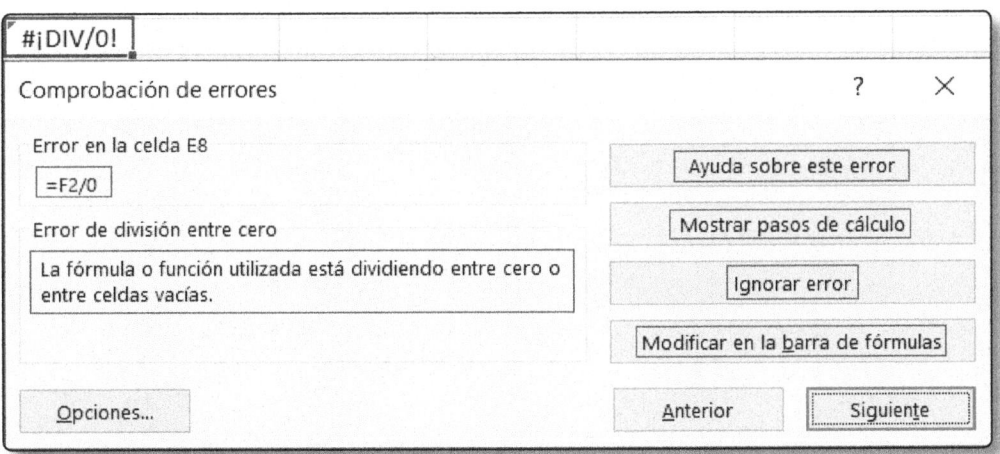

En este ejemplo nos está indicando que el error está en la celda E8 y es debido a la división del valor que hay en F2 entre 0. A continuación podremos mostrar Ayuda sobre este error, Mostrar pasos de cálculo, Ignorar el error o bien Modificar en la barra de fórmulas para corregirlo.

9.6 EVALUAR FÓRMULA

La opción **Evaluar fórmula** nos ayuda a corregir el error que contiene la fórmula de la celda en la que estemos posicionados:

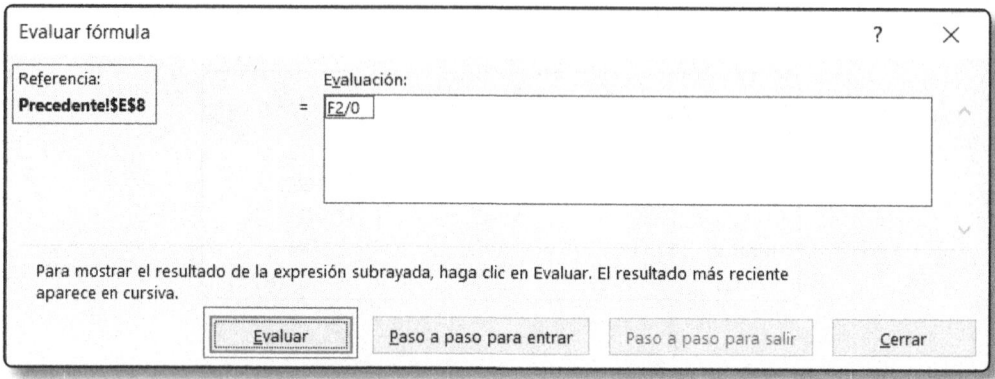

En este caso, hacemos clic en el botón **Evaluar** y nos aparecerá 1184/0, que es el valor de la celda. Si pulsamos de nuevo **Evaluar** nos saldrá #¡DIV/0! y por último saldrá de nuevo reiniciar. En las fórmulas anidadas o con muchos argumentos nos será de gran utilidad.

10

MINIGRÁFICOS Y ORGANIGRAMAS

10.1 MINIGRÁFICOS

Un minigráfico es un gráfico muy pequeño situado en una celda de la hoja de cálculo, que proporciona una representación visual de los datos.

Usaremos los minigráficos para reflejar las tendencias de una serie de valores, como aumentos o reducciones periódicos y ciclos económicos, o para resaltar valores mínimos y máximos.

10.1.1 Minigráfico de Líneas

El minigráfico lo posicionaremos normalmente junto a los datos que representa, para un mayor impacto visual. En el siguiente ejemplo haremos una representación de las ventas de Jose, María y Ana para los meses de Enero, Febrero y Marzo.

	A	B	C	D	E
	Ventas	Enero	Febrero	Marzo	Minigráfico
	Jose	95	51	35	
	María	75	98	77	
	Ana	3	10	54	

Nos situamos en E2 y vamos a la ficha **Insertar** y al grupo **Minigráficos**. A continuación, pulsamos sobre la opción **Líneas**.

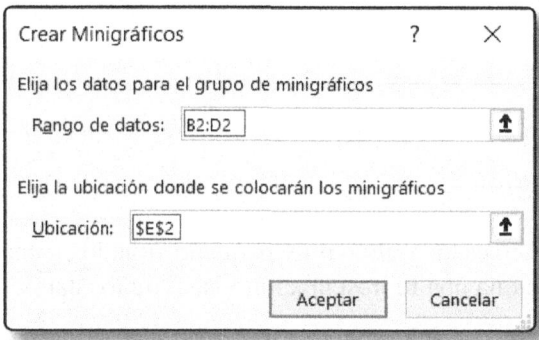

Aparece el siguiente cuadro de diálogo donde especificaremos el rango a representar, en este caso B2:D2 y la ubicación, la celda donde queremos incluir el minigráfico.

Al rellenar hacia abajo el resultado es el siguiente:

A	B	C	D	E
Ventas	**Enero**	**Febrero**	**Marzo**	**Minigráfico**
Jose	95	51	35	
María	75	98	77	
Ana	3	10	54	

10.1.2 Minigráfico de Columnas

En el siguiente ejemplo haremos una representación en un minigráfico de Columnas de las ventas de Jose, María y Ana para los meses de Enero, Febrero y Marzo.

A	B	C	D	E
Ventas	**Enero**	**Febrero**	**Marzo**	**Minigráfico**
Jose	38	32	37	
María	31	45	36	
Ana	32	35	49	

Nos situamos en E2 y vamos a la ficha **Insertar** y al grupo **Minigráficos**. A continuación, pulsamos sobre la opción **Columnas**.

Al rellenar hacia abajo el resultado es el siguiente:

A	B	C	D	E
Ventas	**Enero**	**Febrero**	**Marzo**	**Minigráfico**
Jose	38	32	37	
María	31	45	36	
Ana	32	35	49	

10.1.3 Minigráfico de Pérdidas y Ganancias

Este tipo de minigráficos se utilizan para representar valores positivos y negativos. En el siguiente ejemplo haremos una representación de los Valores establecidos desde Enero hasta Abril.

	Enero	**Febrero**	**Marzo**	**Abril**	**Minigráfico**
Valores	25	-3	-2	50	

Nos situamos en E2 y vamos a la ficha **Insertar** y al grupo **Minigráficos**. A continuación, pulsamos sobre la opción **Pérdidas y ganancias**.

Rellenamos hacia abajo y el resultado es el siguiente:

	Enero	**Febrero**	**Marzo**	**Abril**	**Minigráfico**
Valores	25	-3	-2	50	

10.1.4 Cambiar los datos y el formato de los minigráficos

Cuando estamos posicionados sobre un minigráfico, desde la ficha **Diseño** y accediendo a la opción **Editar datos**, podemos cambiar el rango de datos y la ubicación del gráfico. Y desde **Tipo** cambiar el modelo de minigráfico.

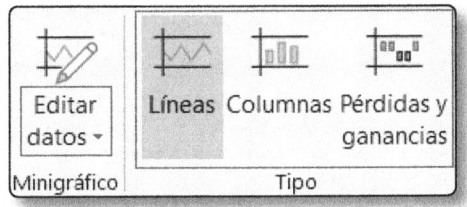

También disponemos del grupo **Mostrar**, para incluir puntos de representación en los minigráficos. El más utilizado es el de **Marcadores**.

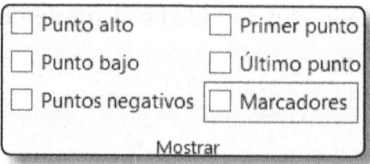

En el siguiente minigráfico aparecen representados los **Marcadores**:

Ventas	Enero	Febrero	Marzo	Minigráfico
Jose	38	32	37	
María	31	45	36	
Ana	32	35	49	

Desde el grupo **Estilo**, podemos cambiar el estilo, el color del minigráfico y los colores de los marcadores.

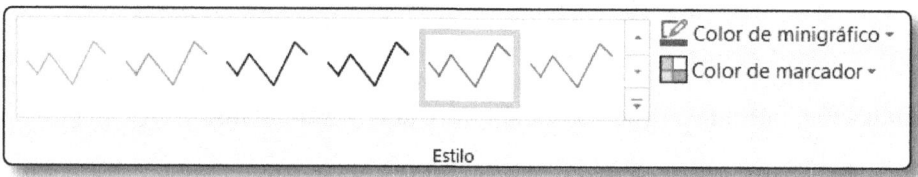

10.2 ORGANIGRAMAS

Los organigramas o también conocidos como **SmartArt**, son una representación visual de datos o ideas. También podemos crear diseños que se adapten al mensaje que queremos transmitir.

Desde la ficha **Insertar**, vamos al grupo **Ilustraciones** y luego a **SmartArt**:

Aparece el siguiente cuadro de diálogo, donde podemos elegir entre los distintos grupos el tipo de organigrama que se adapte a los datos que queremos representar. En nuestro ejemplo hemos seleccionado del grupo **Jerarquía** el primer modelo llamado **organigrama**.

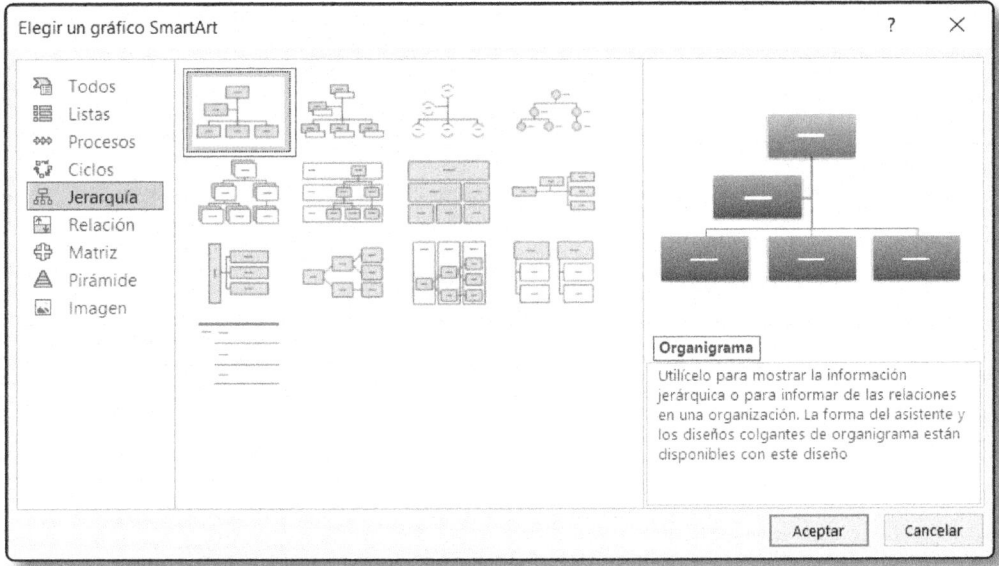

Vamos a representar la estructura de los departamentos que tiene una empresa, para ello podemos escribir los datos en el **Panel de texto** que aparece o bien en los cuadros del propio organigrama.

Desde el grupo **Crear gráfico** podemos agregar las formas que necesitemos para completar nuestro organigrama, activar o desactivar el panel de texto, cambiar las formas de posición y elegir entre varias formas de diseño.

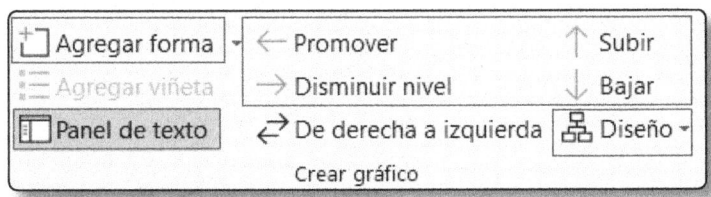

El resultado es el siguiente:

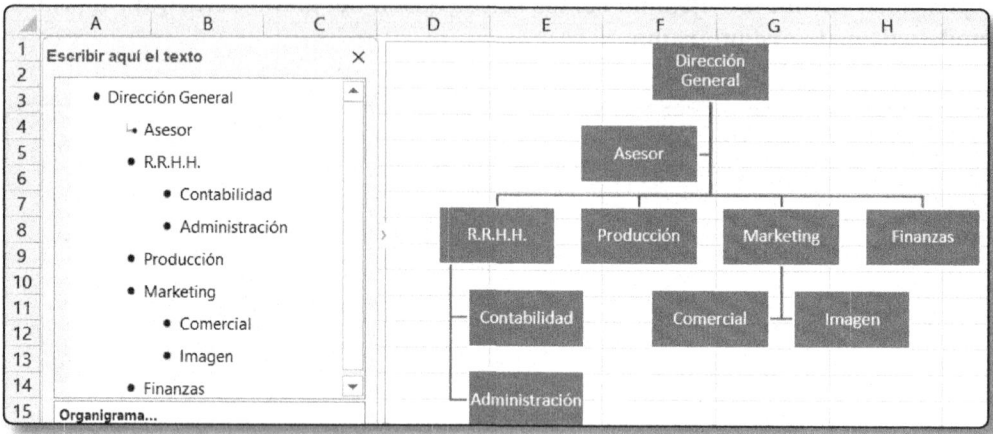

11

ORDENAR Y FILTRAR DATOS

Unas de las opciones más prácticas a la hora de gestionar listados de datos en Excel, es poder ordenarlos según nuestros intereses, o bien mostrar únicamente aquellos datos con los que queremos trabajar ocultando el resto.

11.1 ORDENAR LISTAS DE DATOS

Se puede ordenar desde la ficha de **Datos** y el grupo **Ordenar y filtrar**, desde la ficha de **Inicio** y el grupo **Edición**, o pulsando el botón secundario del ratón.

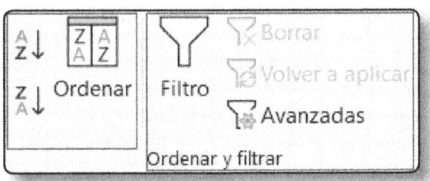

Según sea un campo de texto, fecha, o numérico aparecerán diferentes opciones de ordenación.

Excel selecciona de forma automática toda la lista, excepto la primera fila, que es considerada por defecto como la fila de encabezamientos, y no la tiene en cuenta en la ordenación.

Nos posicionamos en cualquier celda de la lista, vamos a **Ordenar y filtrar** de la ficha **Datos**, y pulsamos sobre el botón **AZ**, la lista se ordenará de forma **ascendente** (de la A a la Z), si pulsamos sobre el botón **ZA**, lo hará de forma **descendente** (de la Z a la A).

Partiendo del siguiente listado, vamos a ordenar alfabéticamente los datos de los comerciales, nos situamos en **B7** y pulsamos sobre el botón AZ:

	A	B	C	D	E	F	G
1	Fecha	Comercial	Provincia	Artículos	Unidades	Precio unidad	Total
2	02/11/2017	Jorge	Madrid	Pasta de dientes	97	3,04 €	294,88 €
3	19/11/2017	María	Barcelona	Gel	77	4,56 €	351,12 €
4	06/12/2017	Jorge	Málaga	Pasta de dientes	60	3,04 €	182,40 €
5	23/12/2017	Jose	Barcelona	Colonia	95	21,74 €	2.065,30 €
6	09/01/2018	Jorge	Valencia	Pasta de dientes	85	3,04 €	258,40 €
7	26/01/2018	Julián	Madrid	Gel	54	4,56 €	246,24 €
8	12/02/2018	Antonio	Málaga	Pasta de dientes	13	3,04 €	39,52 €
9	01/03/2018	Ana	Málaga	Pasta de dientes	22	3,04 €	66,88 €
10	18/03/2018	Rodrigo	Valencia	Pasta de dientes	45	3,04 €	136,80 €
11	04/04/2018	Julián	Madrid	Gel	45	4,56 €	205,20 €
12	21/04/2018	Rosa	Málaga	Pasta de dientes	83	3,04 €	252,32 €
13	08/05/2018	Eva	Madrid	Gel	65	4,56 €	296,40 €
14	25/05/2018	Pablo	Madrid	Gel	97	4,56 €	442,32 €

El resultado es el siguiente:

Fecha	Comercial	Provincia	Artículos	Unidades	Precio unidad	Total
01/03/2018	Ana	Málaga	Pasta de dientes	22	3,04 €	66,88 €
12/02/2018	Antonio	Málaga	Pasta de dientes	13	3,04 €	39,52 €
08/05/2018	Eva	Madrid	Gel	65	4,56 €	296,40 €
02/11/2017	Jorge	Madrid	Pasta de dientes	97	3,04 €	294,88 €
06/12/2017	Jorge	Málaga	Pasta de dientes	60	3,04 €	182,40 €
09/01/2018	Jorge	Valencia	Pasta de dientes	85	3,04 €	258,40 €
23/12/2017	Jose	Barcelona	Colonia	95	21,74 €	2.065,30 €
26/01/2018	Julián	Madrid	Gel	54	4,56 €	246,24 €
04/04/2018	Julián	Madrid	Gel	45	4,56 €	205,20 €
19/11/2017	María	Barcelona	Gel	77	4,56 €	351,12 €
25/05/2018	Pablo	Madrid	Gel	97	4,56 €	442,32 €
18/03/2018	Rodrigo	Valencia	Pasta de dientes	45	3,04 €	136,80 €
21/04/2018	Rosa	Málaga	Pasta de dientes	83	3,04 €	252,32 €

En el siguiente ejemplo vamos a ordenar los Artículos descendentemente (de la Z a la A). Nos posicionamos en cualquier celda del campo **Artículos** y hacemos clic en el botón derecho del ratón, vamos a **Ordenar** y hacemos clic en **Ordenar de Z a A.**

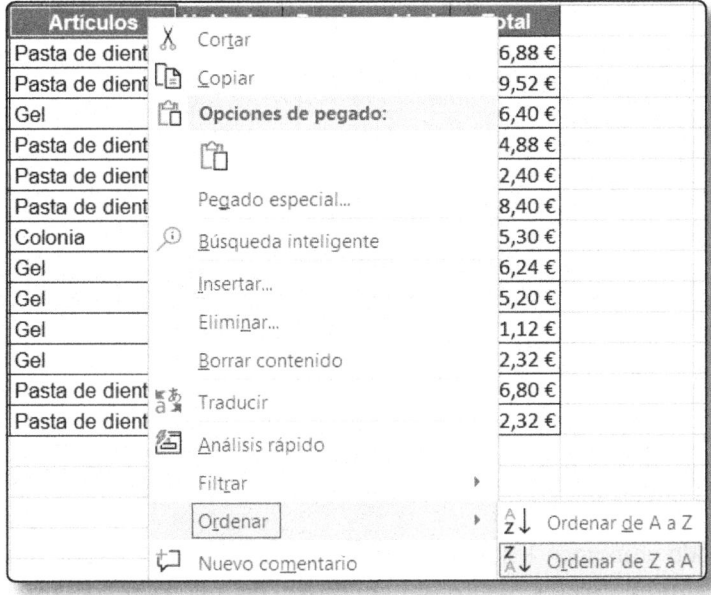

11.1.1 Ordenar por más de un campo

Si queremos ordenar por más de un campo tenemos que acceder a la opción **Ordenar** del grupo **Ordenar y filtrar**. En el cuadro de diálogo que aparece debemos indicar las columnas por las que queremos ordenar nuestra lista. En el ejemplo hemos ordenado por el **Comercial**, hacemos clic en la opción **Agregar nivel** y escogemos las **Unidades**.

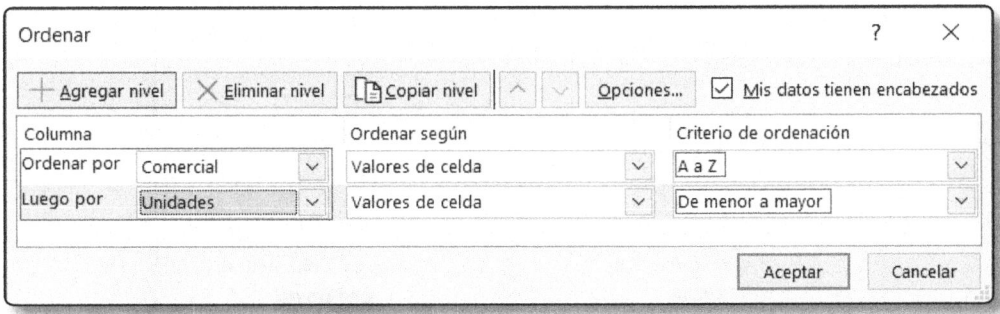

Verificar que la opción "**Mis datos tienen encabezados**" está activada, para que no tenga en cuenta la primera fila al ordenar.

El resultado es el siguiente:

Fecha	Comercial	Provincia	Artículos	Unidades	Precio unidad	Total
01/03/2018	Ana	Málaga	Pasta de dientes	22	3,04 €	66,88 €
12/02/2018	Antonio	Málaga	Pasta de dientes	13	3,04 €	39,52 €
08/05/2018	Eva	Madrid	Gel	65	4,56 €	296,40 €
06/12/2017	Jorge	Málaga	Pasta de dientes	60	3,04 €	182,40 €
09/01/2018	Jorge	Valencia	Pasta de dientes	85	3,04 €	258,40 €
02/11/2017	Jorge	Madrid	Pasta de dientes	97	3,04 €	294,88 €
23/12/2017	Jose	Barcelona	Colonia	95	21,74 €	2.065,30 €
04/04/2018	Julián	Madrid	Gel	45	4,56 €	205,20 €
26/01/2018	Julián	Madrid	Gel	54	4,56 €	246,24 €
19/11/2017	María	Barcelona	Gel	77	4,56 €	351,12 €
25/05/2018	Pablo	Madrid	Gel	97	4,56 €	442,32 €
18/03/2018	Rodrigo	Valencia	Pasta de dientes	45	3,04 €	136,80 €
21/04/2018	Rosa	Málaga	Pasta de dientes	83	3,04 €	252,32 €

Cuando coinciden los datos del Comercial ordena por las Unidades. Desde la opción **Eliminar nivel** podemos quitar el nivel de ordenación y desde los botones **subir** y **bajar** cambiar el orden de las columnas a ordenar.

11.1.2 Ordenar por colores

Desde la lista desplegable del campo que necesitemos ordenar, hacemos clic en Ordenar **por color** e indicamos a Excel si queremos **Ordenar por color de celda** o bien **Ordenar por color de fuente**:

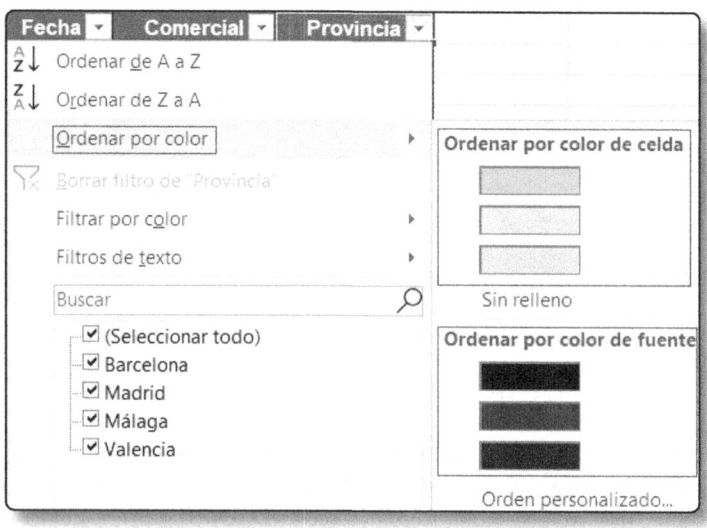

También podemos realizar ordenaciones por color mediante la ficha **Inicio y el Grupo Edición, Ordenar y Filtrar – Orden personalizado**.

En el cuadro de diálogo hay que especificar en la lista desplegable **Ordenar según** el *Color de la celda, Color de la fuente*, o el *Icono*. Y en **Criterio de ordenación**, elegir para cada nivel de ordenación el color a mostrar, o el Icono.

En el siguiente ejemplo hemos ordenado por colores los datos de la **Provincia**.

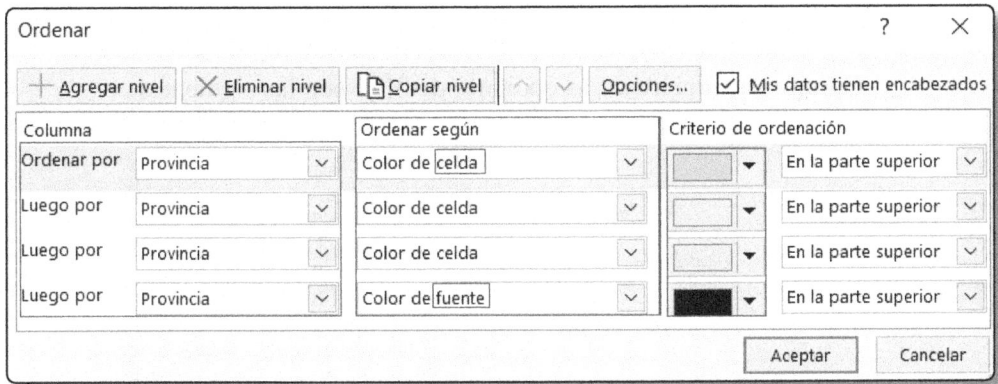

El resultado es el siguiente:

	A	B	C	D	E	F	G
1	**Fecha**	**Comercial**	**Provincia**	**Artículos**	**Unidades**	**Precio unidad**	**Total**
2	08/05/2018	Eva	Madrid	Gel	65	4,56 €	296,40 €
3	02/11/2017	Jorge	Madrid	Pasta de dientes	97	3,04 €	294,88 €
4	04/04/2018	Julián	Madrid	Gel	45	4,56 €	205,20 €
5	26/01/2018	Julián	Madrid	Gel	54	4,56 €	246,24 €
6	25/05/2018	Pablo	Madrid	Gel	97	4,56 €	442,32 €
7	01/03/2018	Ana	Málaga	Pasta de dientes	22	3,04 €	66,88 €
8	12/02/2018	Antonio	Málaga	Pasta de dientes	13	3,04 €	39,52 €
9	06/12/2017	Jorge	Málaga	Pasta de dientes	60	3,04 €	182,40 €
10	21/04/2018	Rosa	Málaga	Pasta de dientes	83	3,04 €	252,32 €
11	09/01/2018	Jorge	Valencia	Pasta de dientes	85	3,04 €	258,40 €
12	18/03/2018	Rodrigo	Valencia	Pasta de dientes	45	3,04 €	136,80 €
13	23/12/2017	Jose	Barcelona	Colonia	95	21,74 €	2.065,30 €
14	19/11/2017	María	Barcelona	Gel	77	4,56 €	351,12 €

11.2 FILTRAR DATOS

Vamos a ver cómo listar los datos que más nos interesen. Dependiendo del tipo de datos del campo, tenemos diferentes criterios para filtrar:

▶ **Campos de texto**. Las opciones de filtro son las siguientes:

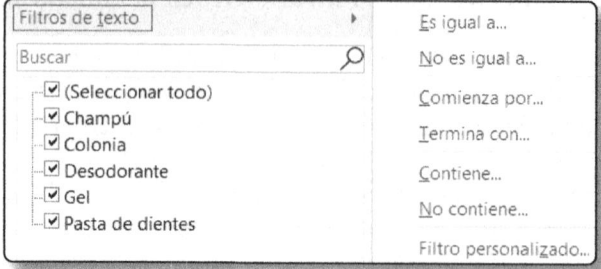

▶ **Campos numéricos**. Las opciones de filtro son las siguientes:

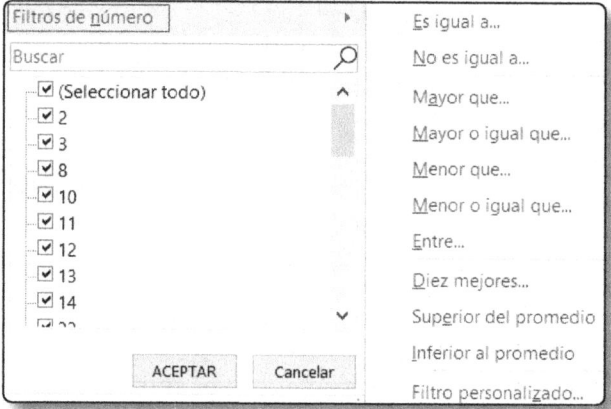

▶ **Campos de fecha**. Algunas de las opciones de filtro son las siguientes:

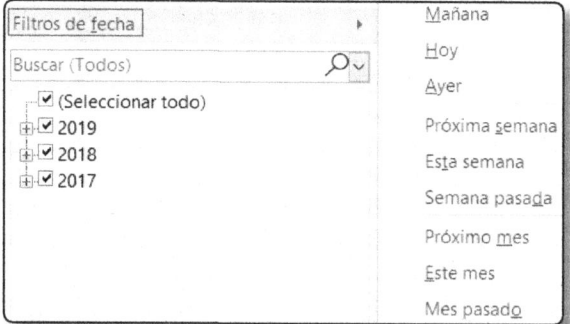

11.2.1 Crear Filtros básicos

Para crear filtros básicos nos situamos en cualquier parte de la tabla y vamos a **Inicio – Grupo Edición - Ordenar y Filtrar – Filtro** o también desde la ficha **Datos – Grupo Ordenar y Filtrar – Filtro**. Se activan los filtros en la cabecera de las columnas de la lista:

Fecha	Comercial	Provincia	Artículos
02/11/2017	Jorge	Madrid	Pasta de dientes
19/11/2017	María	Barcelona	Gel

En la lista desplegable del filtro de **Provincia** desmarcamos la opción: "**(Seleccionar todo)**", y a continuación dejamos seleccionadas las provincias de Madrid y Valencia:

	A	B	C	D	E	F	G
	Fecha	Comercial	Provincia	Artículos	Unidades	Precio unidad	Total
				Pasta de dientes	97	3,04 €	294,88 €
				Gel	77	4,56 €	351,12 €
				Pasta de dientes	60	3,04 €	182,40 €
				Colonia	95	21,74 €	2.065,30 €
				Pasta de dientes	85	3,04 €	258,40 €
				Gel	54	4,56 €	246,24 €
				Pasta de dientes	13	3,04 €	39,52 €
				Pasta de dientes	22	3,04 €	66,88 €
				Pasta de dientes	45	3,04 €	136,80 €
				Gel	45	4,56 €	205,20 €
				Pasta de dientes	83	3,04 €	252,32 €
				Gel	65	4,56 €	296,40 €
				Gel	97	4,56 €	442,32 €
				Pasta de dientes	60	3,04 €	182,40 €
				Desodorante	65	5,75 €	373,75 €
				Champú	12	6,74 €	80,88 €
				Gel	83	4,56 €	378,48 €

Menú del filtro:
- Ordenar de A a Z
- Ordenar de Z a A
- Ordenar por color ▸
- Borrar filtro de "Provincia"
- Filtrar por color ▸
- Filtros de texto ▸
- Buscar
  - ☐ (Seleccionar todo)
  - ☐ Barcelona
  - ☑ Madrid
  - ☐ Málaga
  - ☑ Valencia
- ACEPTAR Cancelar

El resultado es el siguiente:

	A	B	C	D	E	F	G
1	Fecha	Comercial	Provincia	Artículos	Unidades	Precio unidad	Total
2	02/11/2017	Jorge	Madrid	Pasta de dientes	97	3,04 €	294,88 €
6	09/01/2018	Jorge	Valencia	Pasta de dientes	85	3,04 €	258,40 €
7	26/01/2018	Julián	Madrid	Gel	54	4,56 €	246,24 €
10	18/03/2018	Rodrigo	Valencia	Pasta de dientes	45	3,04 €	136,80 €
11	04/04/2018	Julián	Madrid	Gel	45	4,56 €	205,20 €
13	08/05/2018	Eva	Madrid	Gel	65	4,56 €	296,40 €
14	25/05/2018	Pablo	Madrid	Gel	97	4,56 €	442,32 €

En la cabecera de la columna filtrada (**Provincia**) aparece el icono de filtro en la lista desplegable y los registros que cumplen las condiciones del filtro aparecen con su número de fila en color azul.

11.2.2 Crear Filtros personalizados

Al final de las opciones comentadas anteriormente hay una llamada **Filtro personalizado…**, que nos muestra el siguiente cuadro de diálogo a través del cual podemos aplicar varias opciones de filtro a la vez. En el siguiente ejemplo se filtran los valores iguales a 3,04 o también los que sean mayores que 10:

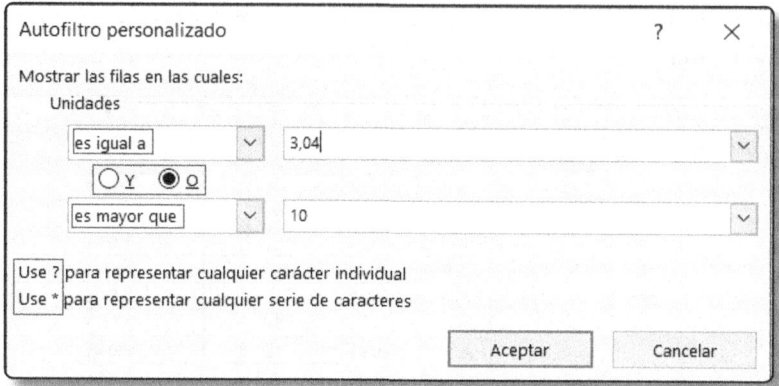

11.2.3 Crear Filtros por colores

Podemos utilizar la opción **Ordenar por color** cuando tengamos que filtrar datos por los colores establecidos para los datos de la lista.

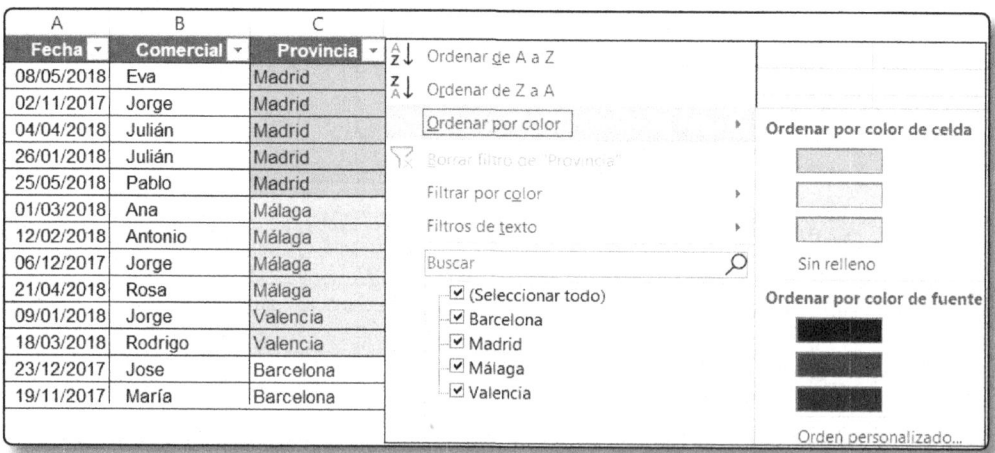

11.2.4 Quitar Filtros

Para desactivar los filtros desde el grupo **Ordenar y Filtrar** de la ficha **Datos** pulsamos en el botón **Borrar**. Si ya no queremos utilizar más los filtros pulsamos el botón **Filtro** y se desactiva la herramienta.

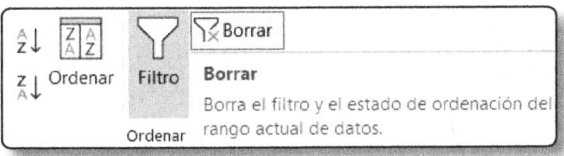

11.2.5 Filtros avanzados

Los filtros avanzados permiten utilizar criterios más complejos y versátiles que los vistos anteriormente. También permiten extraer valores únicos (no duplicados) de las listas de datos.

Para acceder a los filtros avanzados vamos a la ficha **Datos**, grupo **Ordenar y Filtrar** y hacemos clic en la opción **Avanzadas**.

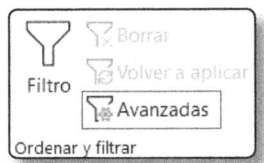

Aparece el siguiente cuadro de diálogo:

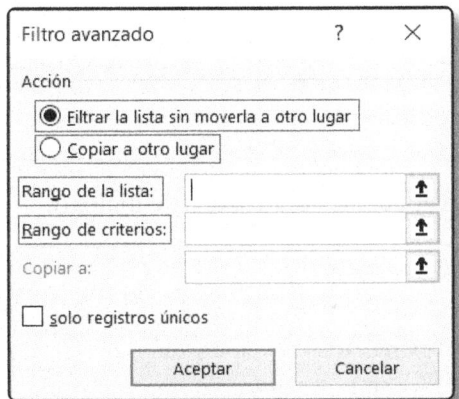

Podemos filtrar los datos sin moverlos de su origen o bien copiar el resultado a otro lugar de la hoja de cálculo, e incluso copiar el resultado en otra hoja diferente.

Si filtramos la lista sin moverla a otro lugar, debemos completar lo siguiente:

- ⯈ **Rango de la lista**: rango donde están nuestros datos.
- ⯈ **Rango de criterios**: rango de celdas donde se establecen los criterios, deben de incluir obligatoriamente la cabecera de las columnas.

Veamos un ejemplo, queremos obtener un listado de los artículos de la provincia de **Málaga**, pero a la vez que se nos muestren en qué otras provincias se ha vendido el artículo **Gel**. Este es un filtro complejo y no se podría realizar con lo visto anteriormente.

	A	B	C	D	E	F	G
1	Fecha	Comercial	Provincia	Artículos	Unidades	Precio unidad	Total
2	08/05/2018	Eva	Madrid	Gel	65	4,56 €	296,40 €
3	02/11/2017	Jorge	Madrid	Pasta de dientes	97	3,04 €	294,88 €
4	04/04/2018	Julián	Madrid	Gel	45	4,56 €	205,20 €
5	26/01/2018	Julián	Madrid	Gel	54	4,56 €	246,24 €
6	25/05/2018	Pablo	Madrid	Gel	97	4,56 €	442,32 €
7	01/03/2018	Ana	Málaga	Pasta de dientes	22	3,04 €	66,88 €
8	12/02/2018	Antonio	Málaga	Pasta de dientes	13	3,04 €	39,52 €
9	06/12/2017	Jorge	Málaga	Pasta de dientes	60	3,04 €	182,40 €
10	21/04/2018	Rosa	Málaga	Pasta de dientes	83	3,04 €	252,32 €
11	09/01/2018	Jorge	Valencia	Pasta de dientes	85	3,04 €	258,40 €
12	18/03/2018	Rodrigo	Valencia	Pasta de dientes	45	3,04 €	136,80 €
13	23/12/2017	Jose	Barcelona	Colonia	95	21,74 €	2.065,30 €
14	19/11/2017	María	Barcelona	Gel	77	4,56 €	351,12 €

Primero copiamos la cabecera de la lista a otro lugar, en este caso, a partir de la celda **I2.** Establecemos los criterios del filtro avanzado. En provincia ponemos "Málaga" y en Artículos "Gel", una fila más abajo. Los criterios que van en la misma fila van unidos por la conjunción **Y** (se tienen que cumplir todos a la vez) y los que van en distintas filas por **O** (se puede cumplir cualquiera de ellos):

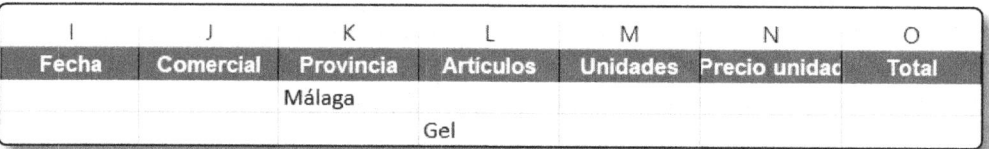

I	J	K	L	M	N	O
Fecha	Comercial	Provincia	Artículos	Unidades	Precio unidad	Total
		Málaga				
			Gel			

Completamos las opciones del cuadro de diálogo:

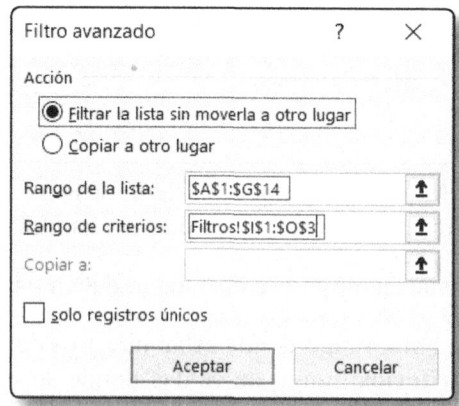

El resultado es el siguiente:

	A	B	C	D	E	F	G
1	**Fecha**	**Comercial**	**Provincia**	**Artículos**	**Unidades**	**Precio unidad**	**Total**
2	08/05/2018	Eva	Madrid	Gel	65	4,56 €	296,40 €
4	04/04/2018	Julián	Madrid	Gel	45	4,56 €	205,20 €
5	26/01/2018	Julián	Madrid	Gel	54	4,56 €	246,24 €
6	25/05/2018	Pablo	Madrid	Gel	97	4,56 €	442,32 €
7	01/03/2018	Ana	Málaga	Pasta de dientes	22	3,04 €	66,88 €
8	12/02/2018	Antonio	Málaga	Pasta de dientes	13	3,04 €	39,52 €
9	06/12/2017	Jorge	Málaga	Pasta de dientes	60	3,04 €	182,40 €
10	21/04/2018	Rosa	Málaga	Pasta de dientes	83	3,04 €	252,32 €
14	19/11/2017	María	Barcelona	Gel	77	4,56 €	351,12 €

En este otro ejemplo el resultado lo vamos a copiar en otro lugar de la hoja, en concreto a partir de la celda **I6** (Filtros!$I$6):

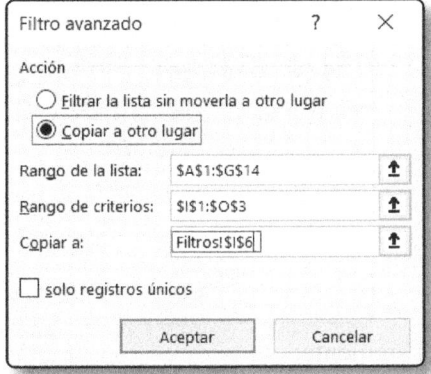

11.2.6 Copiar registros únicos

La herramienta de filtros avanzados nos permite extraer los registros únicos de una columna de datos.

Por ejemplo, del siguiente listado vamos a extraer en otro lugar de la hoja el nombre de los **comerciales** que aparecen en la columna B:

	A	B	C	D	E	F	G
1	**Fecha**	**Comercial**	**Provincia**	**Artículos**	**Unidades**	**Precio unidad**	**Total**
2	08/05/2018	Eva	Madrid	Gel	65	4,56 €	296,40 €
3	02/11/2017	Jorge	Madrid	Pasta de dientes	97	3,04 €	294,88 €
4	04/04/2018	Julián	Madrid	Gel	45	4,56 €	205,20 €
5	26/01/2018	Julián	Madrid	Gel	54	4,56 €	246,24 €
6	25/05/2018	Pablo	Madrid	Gel	97	4,56 €	442,32 €
7	01/03/2018	Ana	Málaga	Pasta de dientes	22	3,04 €	66,88 €
8	12/02/2018	Antonio	Málaga	Pasta de dientes	13	3,04 €	39,52 €
9	06/12/2017	Jorge	Málaga	Pasta de dientes	60	3,04 €	182,40 €
10	21/04/2018	Rosa	Málaga	Pasta de dientes	83	3,04 €	252,32 €
11	09/01/2018	Jorge	Valencia	Pasta de dientes	85	3,04 €	258,40 €
12	18/03/2018	Rodrigo	Valencia	Pasta de dientes	45	3,04 €	136,80 €
13	23/12/2017	Jose	Barcelona	Colonia	95	21,74 €	2.065,30 €
14	19/11/2017	María	Barcelona	Gel	77	4,56 €	351,12 €

Primero copiamos el contenido de la celda **B1** en otro lugar libre de la hoja, por ejemplo, en **J1**. Accedemos al cuadro de diálogo de Filtro avanzado:

▶ Seleccionamos **Copiar a otro lugar.**

▶ **Rango de la lista:** seleccionamos **Filtros!$A$1:$G$14**.

▶ **Rango de criterios:** seleccionamos **Filtros!$B$1**, la cabecera de los datos de los que vamos a extraer los valores únicos.

▶ **Copiar a**: seleccionamos **Filtros!$J$1**, la celda que tiene la cabecera copiada de los datos que queremos extraer sus valores únicos.

El resultado es el siguiente:

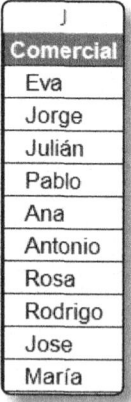

12

AUTOMATIZAR PROCESOS Y DATOS

En Excel podemos automatizar procesos y datos con la herramienta **Grabar Macro...** Las Macros permiten agrupar tareas repetitivas y grabarlas, para ejecutarlas posteriormente todas de una vez.

Hay que hacer una planificación de todas las acciones que queremos que haga la macro. Si es necesario ensayar todos los pasos previamente. Si cometemos algún error durante la grabación de la macro, también se grabará.

12.1 GRABAR UNA MACRO SIN USAR REFERENCIAS RELATIVAS

Necesitamos incluir una tabla con los meses del año para introducir los importes correspondientes de cada mes, lo tenemos que hacer habitualmente en nuestras hojas de cálculo, a partir de la celda B2.

Desde la ficha **Vista** vamos al grupo **Macros**:

Nos situamos en B2 y hacemos clic en Grabar **macro...** Rellenamos el cuadro de diálogo con los siguientes valores:

► Incluimos el nombre de la Macro: **TablaMeses**. Los nombres de las macros no pueden llevar espacios en blanco. No es recomendable poner acentos en los nombres de las macros.

▶ Tecla de método abreviado: **Ctrl+Mayús+M**. Nos permite ejecutar la macro con esta combinación de teclado.

▶ Guardar macro en: **Libro de macros personal**. Nos permite ejecutar la macro desde cualquier libro que tengamos abierto.

▶ Descripción: Ponemos una descripción de lo que hace nuestra macro.

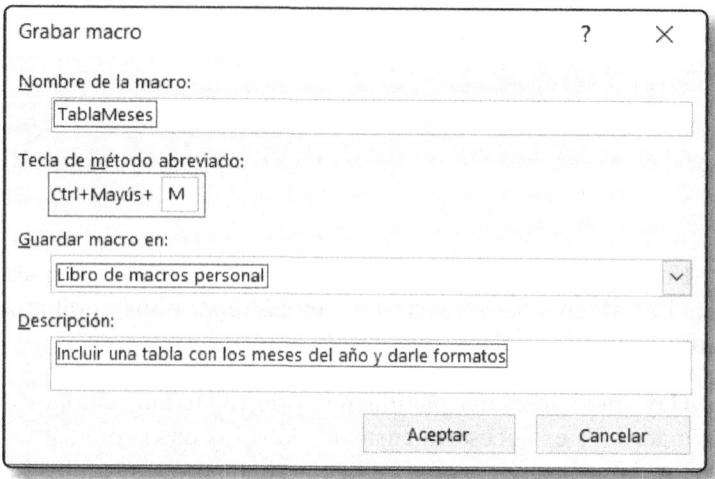

Hacemos clic en **Aceptar**, y desde ese momento, todas las acciones quedan grabadas.

Escribimos Enero y pulsamos Intro. Volvemos a la celda anterior con el cursor y después utilizando el control de relleno del ratón, rellenamos hacia la derecha hasta la celda M2. A continuación damos los formatos a la tabla.

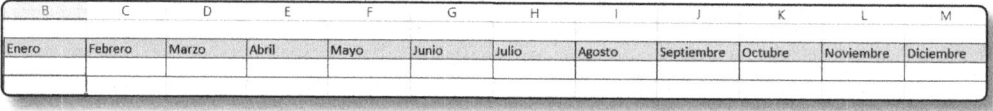

Nos situamos en B4 y hacemos clic en **Detener grabación**:

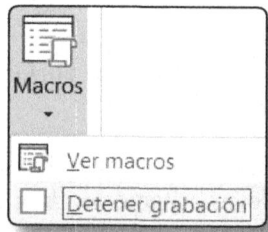

Salimos de Excel y nos saldrá el siguiente cuadro de diálogo. Es muy importante que pulsemos en **Guardar**, para que la macro quede grabada y pueda ser ejecutada desde cualquier libro.

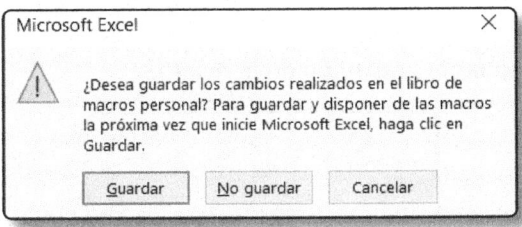

Entramos en Excel y en un libro nuevo nos situamos en **B2**, vamos a la ficha **Vista – Macros – Ver Macros**. Con el teclado pulsamos la combinación **ALT + F8**.

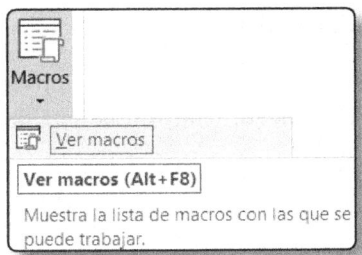

En el cuadro de diálogo **Macro**, aparecen las macros creadas. Todas las que se graban dentro del libro de Macros Personal, aparecen con el nombre del libro y a continuación el nombre de la macro: **PERSONAL.XLSB**!TablaMeses. Hacemos clic en el botón **Ejecutar** y veremos el resultado en la hoja. También podemos pulsar la combinación **Ctrl+Mayús+M** para ejecutar la macro.

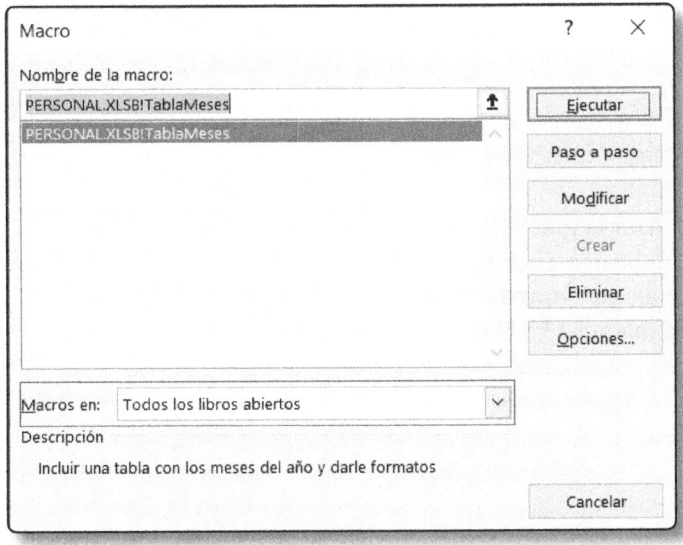

12.2 GRABAR UNA MACRO USANDO REFERENCIAS RELATIVAS

La Macro realizada en el apartado anterior solo se puede ejecutar situándonos previamente en la celda **B2**. Si queremos ejecutar una macro situados en cualquier lugar de la hoja de cálculo, tenemos que pulsar antes el botón **Usar referencias relativas**, antes de iniciar la grabación de la macro.

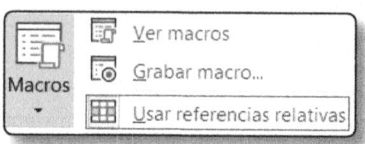

12.3 CREAR UNA MACRO EN UN LIBRO

Para que la macro se ejecute solo en el libro que tenemos abierto, en el cuadro de diálogo de **Grabar macro**, vamos a la lista desplegable "**Grabar macro en:**" y seleccionamos **Este libro**.

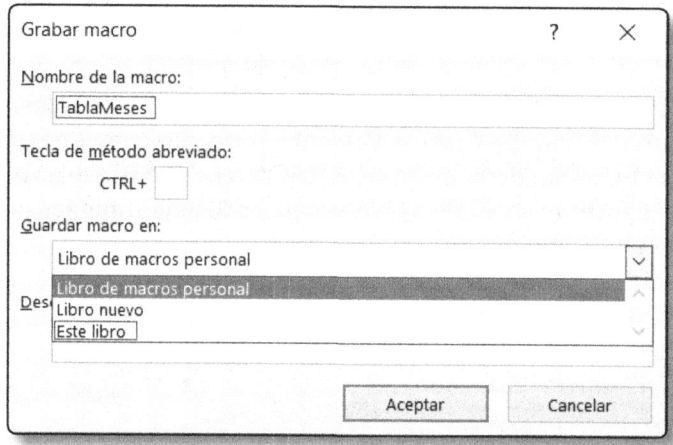

Al finalizar la grabación de la macro, el libro hay que grabarlo con extensión **XLSM**, para indicar a Excel que es un libro "especial" que incluye Macros. En el cuadro de diálogo **Guardar como**, desde **Tipo** seleccionamos: "Libro de Excel habilitado para macros (*.xlsm).

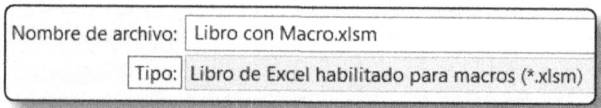

13

FUNCIONES CONTABLES Y FINANCIERAS

En Excel disponemos de funciones que nos ayudan en los cálculos contables de nuestras hojas, algunas de estas funciones pertenecen a las categorías matemáticas o estadísticas. Excel también incluye funciones para resolver problemas de tipo financiero.

13.1 FUNCIONES CONTABLES

Veamos algunas de las funciones contables o matemáticas. En la ficha **Inicio**, en el grupo **Edición** tenemos la lista desplegable **Autosuma**:

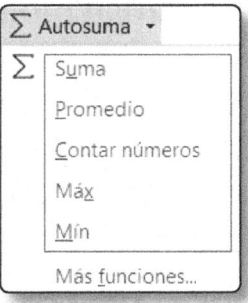

13.1.1 Suma

Esta función suma el contenido de un rango de celdas.

La sintaxis de la función es: **SUMA(número1;[número2]…)**

Donde número1 puede ser un rango de celdas o una celda, y así sucesivamente. Como máximo podemos introducir en el argumento hasta 255 números.

Veamos algunos ejemplos que podemos incluir en la celda **E15**:

▸ **=suma(E2:E14)**, el resultado es: 838.

▸ **=suma(E2:E6;E11:E12)**, el resultado es: 488.

▸ **=suma(E2;E4:E6;E14)**, el resultado es: 338.

	A	B	C	D	E
1	**Fecha**	**Comercial**	**Provincia**	**Artículos**	**Unidades**
2	08/05/2018	Eva	Madrid	Gel	65
3	02/11/2017	Jorge	Madrid	Pasta de dientes	97
4	04/04/2018	Julián	Madrid	Gel	45
5	26/01/2018	Julián	Madrid	Gel	54
6	25/05/2018	Pablo	Madrid	Gel	97
7	01/03/2018	Ana	Málaga	Pasta de dientes	22
8	12/02/2018	Antonio	Málaga	Pasta de dientes	13
9	06/12/2017	Jorge	Málaga	Pasta de dientes	60
10	21/04/2018	Rosa	Málaga	Pasta de dientes	83
11	09/01/2018	Jorge	Valencia	Pasta de dientes	85
12	18/03/2018	Rodrigo	Valencia	Pasta de dientes	45
13	23/12/2017	Jose	Barcelona	Colonia	95
14	19/11/2017	María	Barcelona	Gel	77
15					

13.1.2 Promedio

Esta función de Excel calcula la media aritmética de un rango de celdas.

La sintaxis de la función es: **PROMEDIO(número1;[número2]…)**

Donde número1 puede ser un rango de celdas o una celda, y así sucesivamente.

Veamos algunos ejemplos que podemos incluir en la celda **E15**:

▸ **=promedio(E2:E14)**, el resultado es: 64,46.

▸ **=promedio(E2:E6;E11:E12)**, el resultado es: 69,71.

▸ **=promedio(E2;E4:E6;E14)**, el resultado es: 67,60.

13.1.3 Contar números

Esta función de Excel cuenta los valores numéricos de un rango de celdas.

La sintaxis de la función es: **CONTAR(valor1;[valor2]…)**

Donde número1 puede ser un rango de celdas o una celda, y así sucesivamente.

Por ejemplo, en la celda **E15** introducimos:

=contar(E2:E14), el resultado es: 13.

13.1.4 Máx

Esta función de Excel devuelve el valor mayor de un rango de celdas.

La sintaxis de la función es: **MAX(número1;[número2]…)**

Donde número1 puede ser un rango de celdas o una celda, y así sucesivamente.

Por ejemplo, en la celda **E15** introducimos:

=max(E2:E14), el resultado es: 97.

13.1.5 Mín

Esta función de Excel devuelve el valor menor de un rango de celdas.

La sintaxis de la función es: **MIN(número1;[número2]…)**

Donde número1 puede ser un rango de celdas o una celda, y así sucesivamente.

Por ejemplo, en la celda **E15** introducimos:

=min(E2:E14), el resultado es: 13.

13.2 FUNCIONES FINANCIERAS

Vemos a continuación, las principales funciones para realizar cálculos financieros:

13.2.1 Pago

Esta función de Excel calcula el pago de un préstamo basándose en pagos constantes y en una tasa de interés constante.

La sintaxis de la función es: **PAGO(Tasa;NPer;Va;[Vf][Tipo])**

▶ **Tasa:** es la tasa de interés constante. Se calcula dividiendo esta por los pagos anuales, que habitualmente son 12, uno por mes.

▶ **NPer:** es el número de pagos totales, 12 al año por los años en los que se quiere devolver el préstamo.

▶ **Va:** es el valor del préstamo.

▶ **VF y Tipo**: opcionales, no es necesario completarlas.

Veamos un ejemplo: queremos pedir un préstamo de 100.000 €, lo queremos devolver en 30 años, en 12 mensualidades por año. El interés que nos pone la entidad financiera es de un 7%.

El resultado de la función pago es negativo y en color rojo:

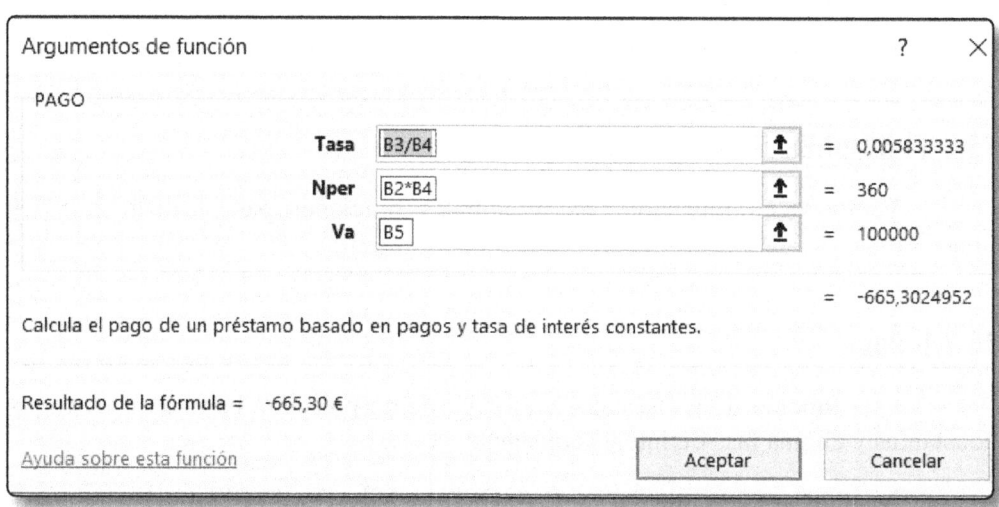

Tenemos que abonar una cuota mensual de 665,30 € durante 360 meses. Pulsando en el botón Insertar Función f_x Insertar función accedemos al cuadro de diálogo **Argumentos de la función**:

Argumentos de función	? ✕
PAGO	
Tasa B3/B4	= 0,005833333
Nper B2*B4	= 360
Va B5	= 100000
	= -665,3024952
Calcula el pago de un préstamo basado en pagos y tasa de interés constantes.	
Resultado de la fórmula = -665,30 €	
Ayuda sobre esta función	Aceptar Cancelar

Para obtener un valor positivo y que no se muestre en color rojo ponemos el signo menos en el argumento Va: PAGO(B3/B4;B2*B4;**-B5**).

13.2.2 Nper

Calcula el número de pagos de una inversión, donde los pagos son constantes y periódicos. La tasa de interés también es constante.

La sintaxis de la función es: **NPER(Tasa;Pago;Va;[Vf];[Tipo])**

▶ **Tasa:** es la tasa de interés constante. Se calcula dividiendo esta por los pagos anuales, que habitualmente son 12 (uno por mes).

▶ **Pago:** es el que corresponde al efectuado en cada periodo. Es constante.

▶ **Va:** es el valor actual de una serie de pagos futuros.

▶ **Vf y Tipo:** son opcionales, no es necesario completarlas.

Veamos un ejemplo: queremos calcular el número total de pagos para abonar un préstamo de 100.000 €. El interés que establece la entidad financiera es de un 7%. Abonamos 710 € mensuales (esta cantidad tiene que estar en negativo, porque es un valor pendiente de pago).

Pulsamos en el botón Insertar Función y accedemos al cuadro de diálogo **Argumentos de la función**:

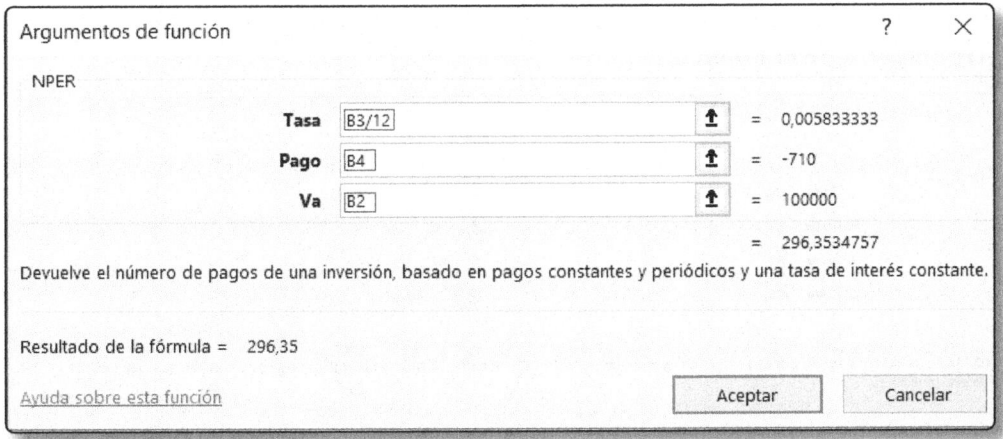

El resultado es el siguiente:

	A	B
1	**Datos**	
2	Préstamo	100.000,00 €
3	Interés	7%
4	Cuota mensual	-710
5		296,35
6	=NPER(C4/12;C5;C3)	

El número de pagos pendientes que tenemos son 296,35.

13.2.3 Pagoint

Devuelve el interés pagado por una inversión durante un periodo determinado, basado en pagos periódicos y constantes. La tasa de interés también es constante.

La sintaxis de la función es: **PAGOINT(Tasa;Periodo;Nper;Va;[Vf];[Tipo])**

▸ **Tasa:** es la tasa de interés constante. Se calcula dividiendo esta por los pagos anuales, que habitualmente son 12 (uno por mes).

▸ **Periodo:** número del periodo (número de mes).

▸ **Nper:** número de periodos total.

▸ **Va:** es el valor actual de una serie de pagos futuros.

▸ **Vf y Tipo:** son opcionales, no es necesario completarlas.

Veamos un ejemplo: queremos calcular los intereses para el periodo número 1 de un total de 240. El préstamo es de 100.000 €. El interés que establece la entidad financiera es de un 7%.

Pulsamos en el botón Insertar Función y accedemos al cuadro de diálogo **Argumentos de la función**:

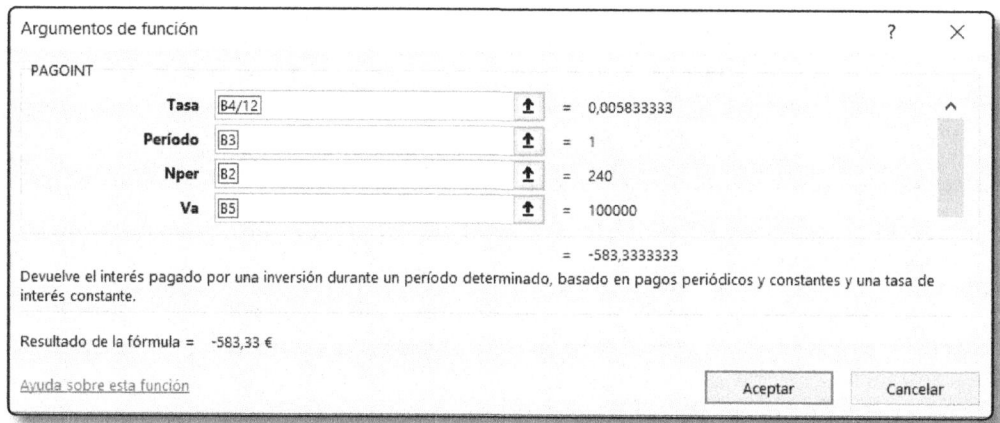

El resultado es el siguiente:

	A	B
1	**Datos**	
2	Nº de Cuotas	240
3	Nº de Mes	1
4	Interés Anual	7%
5	Préstamo	100.000 €
6		-583,33 €
7	=PAGOINT(B4/12;B3;B2;B5)	

La cantidad de interés pagada para el periodo número 1 es de 583,33 €.

13.2.4 Pagoprin

Devuelve el pago del capital de una inversión determinada, basado en pagos periódicos y constantes. La tasa de interés también es constante.

La sintaxis de la función es: **PAGOPRIN(Tasa;Periodo;Nper;Va;[Vf];[Tipo])**

▶ **Tasa:** es la tasa de interés constante. Se calcula dividiendo esta por los pagos anuales, que habitualmente son 12 (uno por mes).

▶ **Periodo:** número del periodo (número de mes).

▶ **Nper:** número de periodos total.

▶ **Va:** es el valor actual de una serie de pagos futuros.

▶ **Vf y Tipo:** son opcionales, no es necesario completarlas.

Veamos un ejemplo: queremos calcular los intereses para el periodo número 1 de un total de 240. El préstamo es de 100.000 €. El interés que establece la entidad financiera es de un 7%.

Pulsamos en el botón Insertar Función y accedemos al cuadro de diálogo **Argumentos de la función**:

Argumentos de función		? ✕
PAGOPRIN		
Tasa	B4/12 ⬆	= 0,005833333
Período	B3 ⬆	= 1
Nper	B2 ⬆	= 240
Va	B5 ⬆	= 100000
		= -191,9656023

Devuelve el pago del capital de una inversión determinada, basado en pagos constantes y periódicos, y una tasa de interés constante.

Resultado de la fórmula =   -191,97 €

Ayuda sobre esta función   Aceptar   Cancelar

El resultado es el siguiente:

	A	B
1	**Datos**	
2	Nº de Cuotas	240
3	Nº de Mes	1
4	Interés Anual	7%
5	Préstamo	100.000 €
6		-191,97 €
7	=PAGOPRIN(B4/12;B3;B2;B5)	

La cantidad de interés pagada para el periodo número 1 es de 191,97 €.

13.2.5 Tasa

Devuelve la tasa de interés por periodo de un préstamo o de una inversión determinada. basado en pagos periódicos y constantes. La tasa de interés también es constante.

La sintaxis de la función es: **TASA(Nper;Pago;Va;[Vf];[Tipo])**

▼ **Nper:** número de periodos total.

▼ **Pago:** es el que corresponde al efectuado en cada periodo. Es constante.

▼ **Va (valor actual):** es el valor actual de una serie de pagos futuros.

▼ **Vf y Tipo:** son opcionales, no es necesario completarlas.

Veamos un ejemplo: queremos calcular la tasa de interés para un periodo total de 48 pagos. El préstamo es de 100.000 € y la cuota mensual a abonar es de 700 €.

Pulsamos en el botón Insertar Función y accedemos al cuadro de diálogo **Argumentos de la función**:

El resultado es el siguiente:

	A	B
1	**Datos**	
2	Préstamo	100.000 €
3	Nº de Cuotas	48
4	Importe Cuota Mensual	-700 €
5		-3,80%
6	=TASA(B3;B4;B2)	

La tasa de interés asciende al 3,80%.

13.2.6 Int.Pago.Dir

Calcula el interés abonado o recibido por el período especificado de una inversión o un préstamo.

La sintaxis de la función es: **INT.PAGO.DIR(Tasa;Periodo;Nper;Va)**

▶ **Tasa:** es la tasa de interés constante. Se calcula dividiendo esta por los pagos anuales, que habitualmente son 12 (uno por mes).

▶ **Periodo:** número del periodo (número de mes).

▶ **Nper:** número de periodos total.

▶ **Va :** es el valor actual de una serie de pagos futuros.

Veamos un ejemplo: queremos calcular el interés pagado en una inversión durante un periodo dado, para un préstamo de 175.000 €, el interés anual es del 5%, y el número de cuotas 240.

Pulsamos en el botón Insertar Función y accedemos al cuadro de diálogo **Argumentos de la función**:

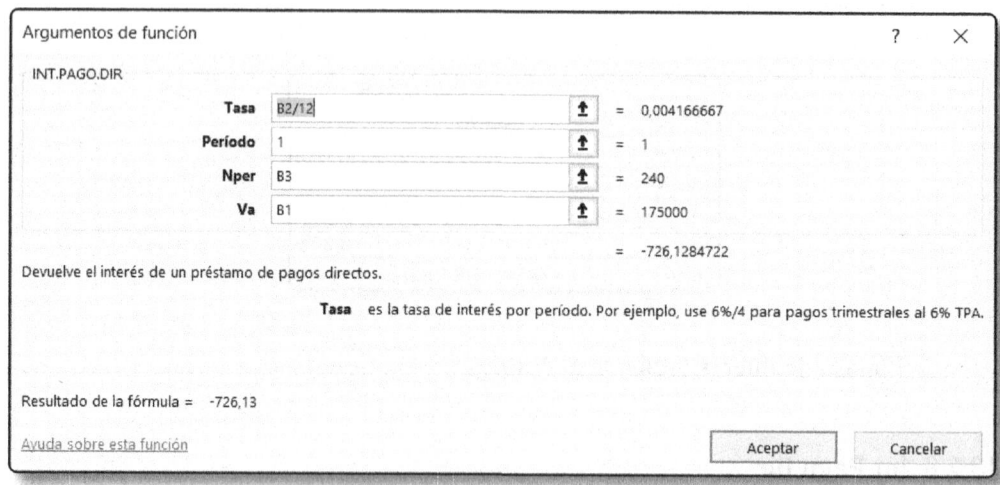

El resultado es el siguiente:

	A	B
1	IMPORTE DEL PRÉSTAMO	175.000
2	INTERÉS ANUAL	5%
3	N.º CUOTAS MENSUALES	240
4	IMPORTE INTERÉSES PERIODO DADO	-726,13
5	=INT.PAGO.DIR(B2/12;1;B3;B1)	

Vamos a ver el cálculo para la cuota 200:

Tasa	B2/12	⬆	=	0,004166667
Período	200	⬆	=	200
Nper	B3	⬆	=	240
Va	B1	⬆	=	175000
			=	-121,5277778

El resultado es -121,52.

14

BÚSQUEDA DE OBJETIVO Y SOLVER

Los análisis de datos en Excel nos permiten usar distintos conjuntos de valores en una o en varias fórmulas para obtener distintos resultados. Por ejemplo, podemos tener varios supuestos sobre los gastos o ingresos que vamos a tener en la empresa y tomar distintas decisiones al respecto. También podemos especificar el resultado que deseamos para una fórmula y a continuación determinar que valores devolverán ese resultado.

Excel proporciona las herramientas **Buscar Objetivo** y **Solver** para ayudarnos en estas tareas.

14.1 BUSCAR OBJETIVO

La herramienta Buscar Objetico toma parte del resultado y determina los distintos valores que pueden producirlo.

En el siguiente ejemplo hemos calculado con la función pago el resultado de la cuota mensual a pagar en la celda **B6** (-2.063,66 €).

	A	B
1	DATOS COMPRA VIVIENDA	
2	Capital	300.000,00 €
3	Tasa Interés	5,50%
4	Nº Cuotas	240
5		
6	Cuota Mensual	-2.063,66 €
7		
8	Valor máximo	1800

Tenemos que ajustarnos a una cuota mensual inferior, como máximo podríamos pagar 1.800 €. Por tanto, calcularemos que número de cuotas deberíamos de pagar si el importe fuera este.

Vamos a la ficha **Datos - Previsión – Análisis de hipótesis** y ejecutamos **Buscar objetivo...**

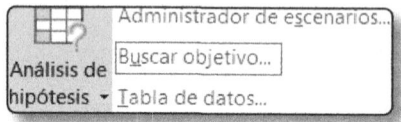

En el cuadro de diálogo que aparece completamos los siguientes datos:

▸ **Definir la celda**: valor que conocemos y que queremos mantener ($B$6).

▸ **Con el valor**: -1.800 (el valor máximo que podemos pagar, en negativo en este ejemplo, porque pertenece al último argumento de la función pago).

▸ **Cambiando la celda**: dato que queremos ajustar, Excel calculará por nosotros el número de cuotas.

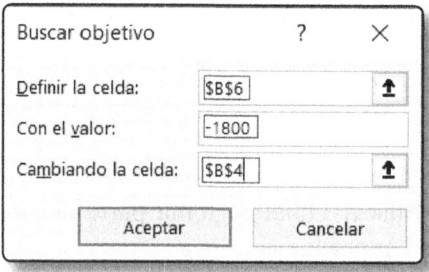

Pulsamos **Aceptar** y aparece el siguiente cuadro de diálogo, se nos muestra el mensaje de que se ha encontrado una solución, pulsamos de nuevo en Aceptar:

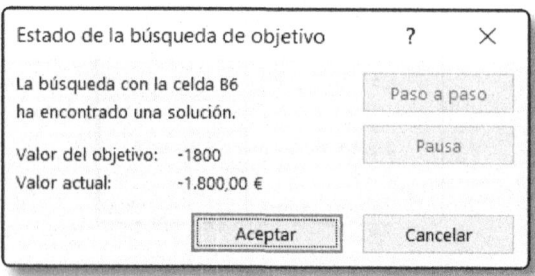

En el resultado que ha encontrado la herramienta Buscar Objetivo comprobamos que las cuotas ahora son **316**.

	A	B
1	**DATOS COMPRA VIVIENDA**	
2	Capital	300.000,00 €
3	Tasa Interés	5,50%
4	Nº Cuotas	316
5		
6	Cuota Mensual	-1.800,00 €
7		
8	Valor máximo	1800

14.2 SOLVER

Solver es un complemento de Excel similar a Buscar objetivo, pero puede adaptarse a más variables. Usamos esta herramienta para encontrar valores óptimos (mínimos o máximos) para las fórmulas de nuestras celdas. Las celdas que incluyan nuestros objetivos van a estar sujetas a restricciones o limitaciones en los valores respecto a los de otras celdas.

14.2.1 Cargar el complemento Solver

Este complemento no viene instalado con Excel y hay que activarlo para poder utilizarlo, vamos a **Archivo – Opciones – Complementos**, en la opción Administrar: Complementos de Excel hacemos clic en el botón **Ir...**

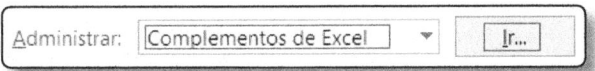

En el cuadro de diálogo **Complementos** seleccionamos la opción **Solver** y hacemos clic en Aceptar.

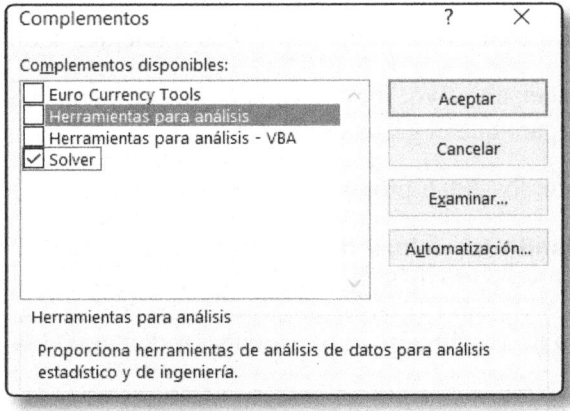

En la ficha **Datos** y en el grupo **Análisis** aparecerá el complemento instalado:

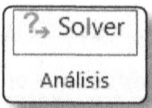

14.2.2 Planteamiento con Solver

En la siguiente hoja completamos un pedido de material para la oficina. El total de gastos asciende a 144 €. Tenemos un presupuesto mayor y podemos gastar 200 €. Debemos tener en cuenta que no podemos comprar más de tres tóneres de impresora y como máximo tres calculadoras. De todos los productos como mínimo tenemos que comprar dos y no pueden ser valores fraccionados, tienen que ser siempre valores enteros.

	A	B	C	D
1	**Artículos**	**Precio**	**Cantidad**	**Total**
2	Archivadores	7,00 €	2	14,00 €
3	Bolígrafos	2,00 €	5	10,00 €
4	Calculadoras	25,00 €	2	50,00 €
5	Carpetas	3,00 €	4	12,00 €
6	Grapadoras	4,00 €	2	8,00 €
7	Paquete Folios	2,50 €	2	5,00 €
8	Papel impresora	3,00 €	3	9,00 €
9	Toner impresora	18,00 €	2	36,00 €
10			**Total Gastos**	**144,00 €**

14.2.3 Ejecución con Solver

Vamos a **Datos – Análisis – Solver**.

En el cuadro de diálogo completamos los siguientes datos:

⚑ **Establecer objetivo:** incluimos la celda D10, dónde Solver devolverá el cálculo para que el gasto sea de 200 €.

⚑ **Valor de:** los 200 € propuestos.

⚑ **Cambiando las celdas de variables**: celdas en las que se buscará el objetivo por parte de Solver. En este caso C2:C9.

⚑ **Método de resolución**: el que viene por defecto (GRG Nonlinear).

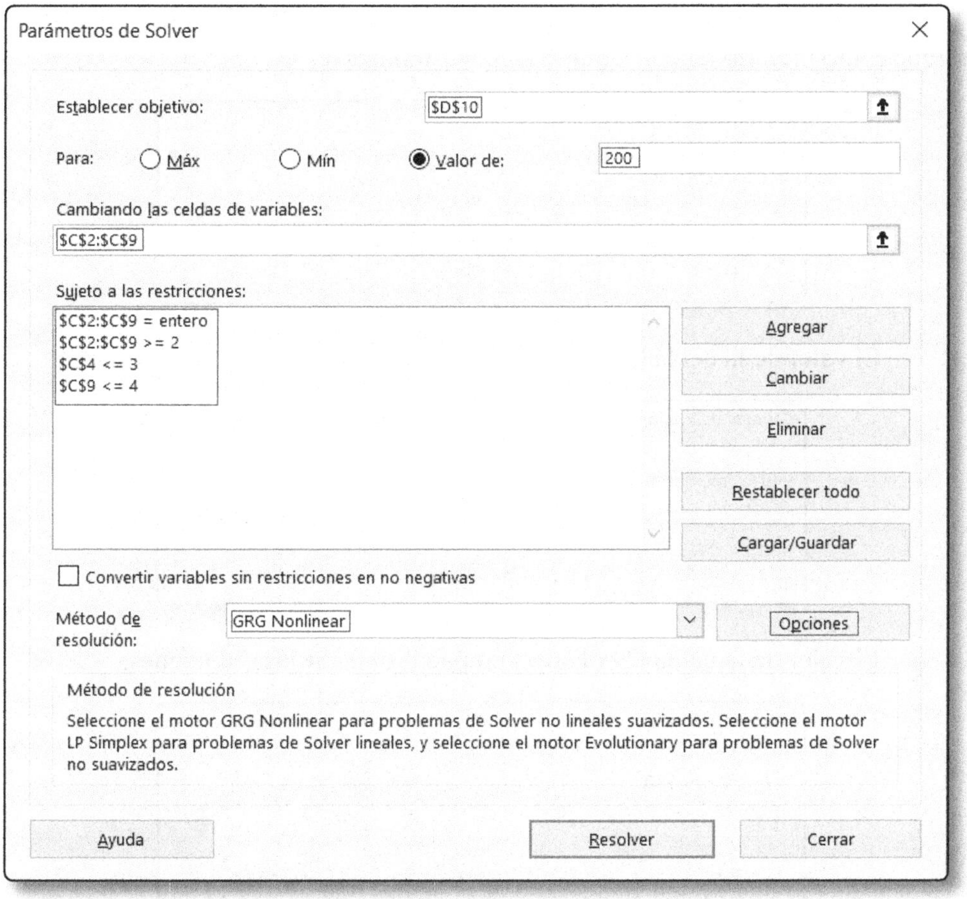

Parámetros de Solver   ✕

Establecer objetivo: $D$10   ⬆

Para: ○ Máx   ○ Mín   ● Valor de: 200

Cambiando las celdas de variables:

$C$2:$C$9   ⬆

Sujeto a las restricciones:

$C$2:$C$9 = entero		Agregar
$C$2:$C$9 >= 2		Cambiar
$C$4 <= 3		Eliminar
$C$9 <= 4		
		Restablecer todo
		Cargar/Guardar

☐ Convertir variables sin restricciones en no negativas

Método de resolución: GRG Nonlinear   ⌄   Opciones

Método de resolución

Seleccione el motor GRG Nonlinear para problemas de Solver no lineales suavizados. Seleccione el motor LP Simplex para problemas de Solver lineales, y seleccione el motor Evolutionary para problemas de Solver no suavizados.

Ayuda   Resolver   Cerrar

14.2.4 Restricciones con Solver

En el cuadro **Sujeto a las restricciones** hacemos clic en el botón **Agregar**, y añadimos las siguientes:

Los valores resultantes de las cantidades tienen que ser enteros, para que no salgan por ejemplo 2,5 bolígrafos:

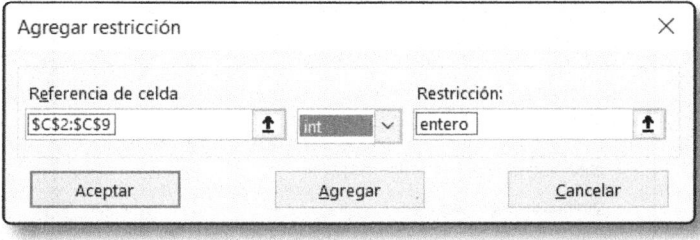

Agregar restricción   ✕

Referencia de celda   Restricción:

$C$2:$C$9   ⬆   int   ⌄   entero   ⬆

Aceptar   Agregar   Cancelar

Los valores de las cantidades también tienen que ser mayores o igual a 2, porque como mínimo tenemos que comprar 2 unidades.

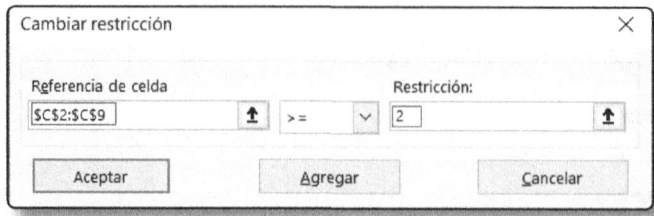

El valor de la celda C4 (Calculadora) no puede superar las 3 unidades.

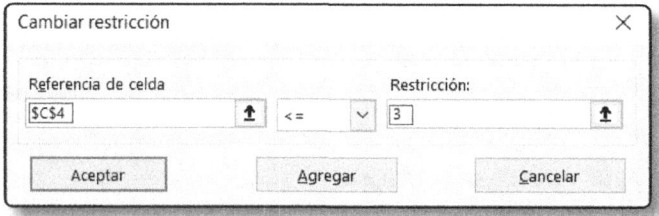

El valor de la celda C9 (Tóner) no puede superar las 4 unidades.

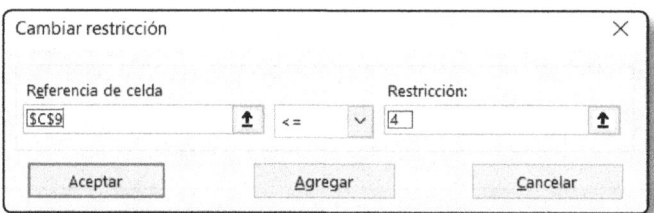

Es muy importante que en el cuadro de diálogo de **Parámetros de Solver** entremos en **Opciones** y nos aseguremos que la opción "**Omitir restricciones de enteros**" esté desactivada:

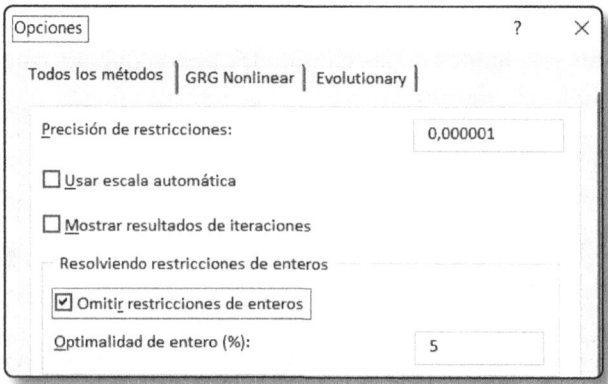

Finalmente hacemos clic en Resolver. Aparece el siguiente cuadro de diálogo, donde se nos indica que Solver ha encontrado una solución (puede ser que no la encuentre si los requerimientos o limitaciones son matemáticamente inalcanzables):

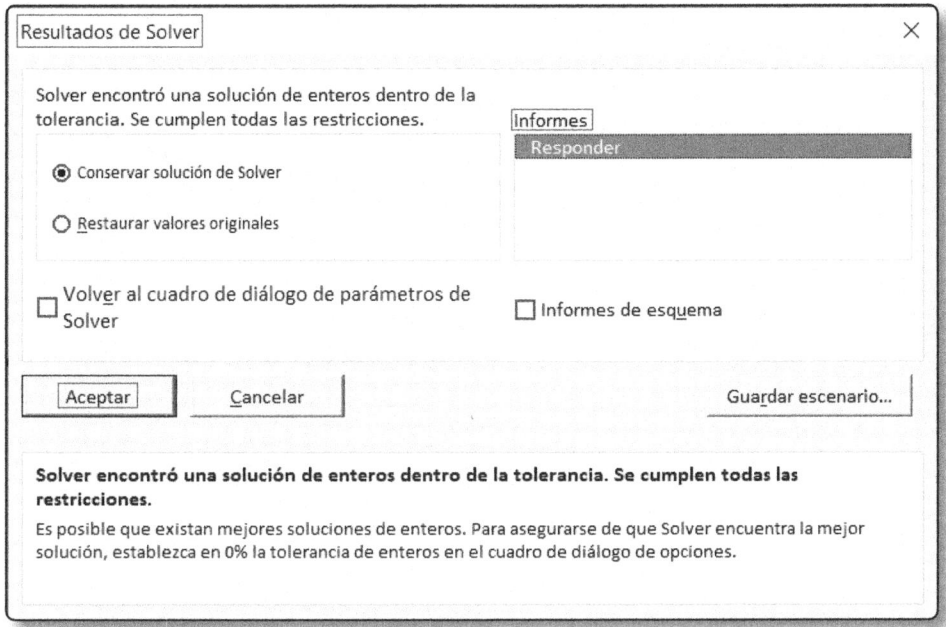

Hacemos clic en **Aceptar** y el resultado sería el siguiente:

	A	B	C	D
1	**Artículos**	**Precio**	**Cantidad**	**Total**
2	Archivadores	7,00 €	2	14,00 €
3	Bolígrafos	2,00 €	4	8,00 €
4	Calculadoras	25,00 €	3	75,00 €
5	Carpetas	3,00 €	3	9,00 €
6	Grapadoras	4,00 €	2	8,00 €
7	Paquete Folios	2,50 €	2	5,00 €
8	Papel impresora	3,00 €	3	9,00 €
9	Toner impresora	18,00 €	4	72,00 €
10			**Total Gastos**	**200,00 €**

El total de gastos son los 200 € y las cantidades han sido halladas por Solver teniendo en cuenta las restricciones indicadas.

14.2.5 Realizar informe de resultados con Solver

En el cuadro de diálogo anterior llamado **Resultados de Solver**, dentro de **Informes**, seleccionamos **Responder** y Solver creará una hoja de cálculo nueva llamada **Informe de respuestas 1**, donde se muestra un resumen de las operaciones llevadas a cabo por Solver.

15

CREACIÓN Y MODIFICACIÓN DE TABLAS DINÁMICAS

Una tabla dinámica es una herramienta avanzada de Excel para calcular, resumir y analizar datos. Además, de forma dinámica, permite cambiar fácilmente la visualización del resultado simplemente arrastrando datos de un sitio a otro.

15.1 CREAR UNA TABLA DINÁMICA

Nos situamos en cualquier celda de la tabla o rango a partir del cual queremos crear la tabla dinámica. Vamos a la ficha **Insertar** y hacemos clic en **Tabla dinámica**.

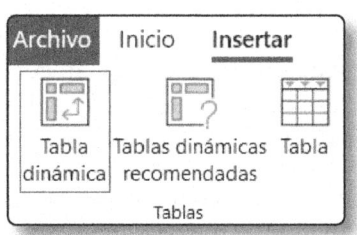

Fecha	Comercial	Provincia	Articulos	Unidades	Precio unidad	Total
23/12/2017	Jose	Barcelona	Colonia	95	21,74 €	2.065,30 €
11/11/2018	Jose					232,56 €
10/03/2019	Jose					42,56 €
27/03/2019	Jose					342,00 €
07/07/2019	Jose					297,92 €
19/11/2017	María					351,12 €
21/09/2018	María					17,25 €
13/04/2019	María					57,50 €
03/06/2019	María					397,66 €
28/06/2018	Ana					373,75 €
08/10/2018	Ana					88,16 €
28/11/2018	Ana					50,16 €
08/05/2018	Eva					296,40 €
21/02/2019	Eva					2.087,04 €
02/11/2017	Jorge					294,88 €
26/01/2018	Julián					246,24 €
04/04/2018	Julián					205,20 €
11/06/2018	Julián					182,40 €
15/07/2018	Julián					80,88 €
18/08/2018	Julián					478,28 €

Dialog box overlaying the table:

Crear tabla dinámica   ?   ✕

Seleccione los datos que desea analizar

◉ Seleccione una tabla o rango

  Tabla o rango: Ventas!$A$1:$G$44   ⬆

○ Utilice una fuente de datos externa

  Elegir conexión...

  Nombre de conexión:

  ○ Usar el modelo de datos de este libro

Elija dónde desea colocar el informe de tabla dinámica

◉ Nueva hoja de cálculo

○ Hoja de cálculo existente

  Ubicación: _____   ⬆

Elija si quiere analizar varias tablas

☐ Agregar estos datos al Modelo de datos

  Aceptar   Cancelar

Excel detecta automáticamente el rango de toda la lista y lo indicará en la caja "**Tabla o rango**". Podríamos definir una fuente de datos externa, que nos permitiría elegir datos que no están en esta hoja.

Por defecto la tabla dinámica se colocará en una **Nueva hoja de cálculo**, pero también podríamos ubicarla en una hoja ya existente indicando el nombre de la hoja.

En la nueva hoja de cálculo que se crea aparecerá el panel "**Tabla Dinámica 1**", donde iremos viendo el resultado de nuestra tabla dinámica y otro panel llamado "**Campos de tabla dinámica**", que utilizaremos para el diseño de la tabla.

En la cinta de opciones, aparecerán dos nuevas fichas llamadas "**Analizar**" y "**Diseño**". Para que estén activas siempre debemos estar situados en el área de Tabla Dinámica1.

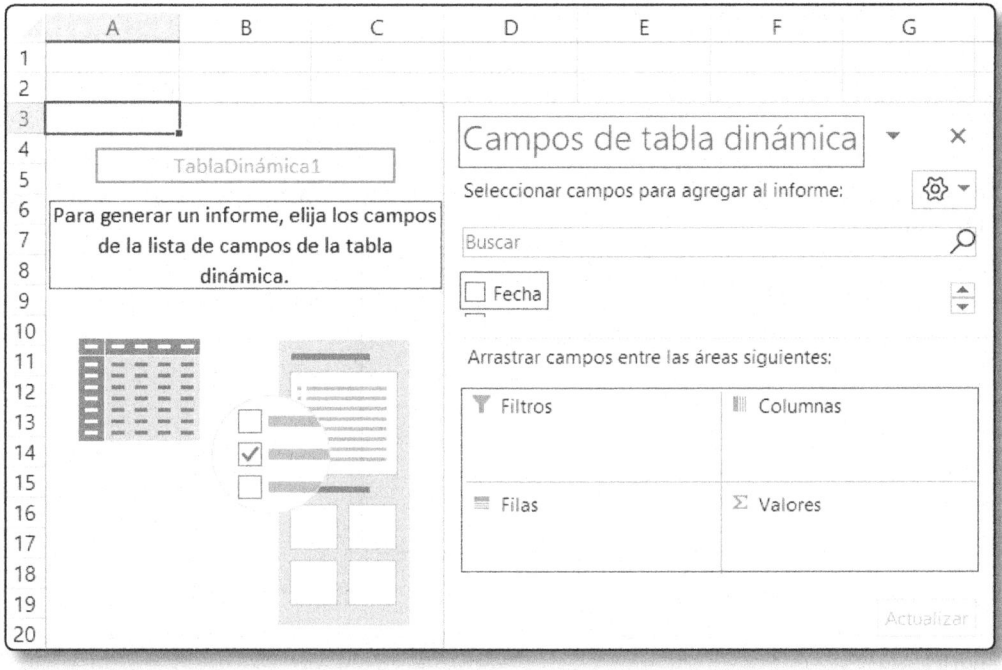

En el panel **Campos de tabla dinámica** tenemos los campos que debemos incluir en las cuatro áreas que hay justo debajo:

- **Filtros**: Campos para filtrar la tabla dinámica.
- **Columnas**: Campos para la cabecera de columnas.
- **Filas**: Campos para la cabecera de filas.
- **Valores**: Campos a partir de los cuales se quiere realizar los datos estadísticos. Si colocamos un campo numérico, Excel utilizará la función suma para resumir los datos del campo. Si colocamos un campo texto, Excel hará el resumen contando los datos.

Lo más importante es determinar el diseño más correcto y que se adapte a nuestras necesidades según los datos que queramos representar. Para ello vamos a insertar, mover, eliminar y filtrar los campos de la tabla.

15.2 EL DISEÑO DE TABLA DINÁMICA CLÁSICA

Esta opción nos permitirá arrastrar los campos en la propia tabla dinámica, con la vista de diseño actual no lo podríamos hacer.

Para ello tenemos que cambiar la configuración de la tabla dinámica. Dentro de la ficha **Analizar**, vamos al desplegable de **Tabla dinámica** y hacemos clic en "**Opciones**".

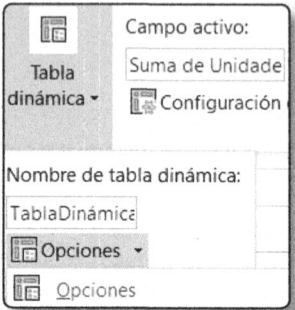

En el cuadro de diálogo que aparece vamos a la ficha "**Mostrar**" y activamos la opción "**Diseño de tabla dinámica clásica** (permite arrastrar campos en la cuadrícula)".

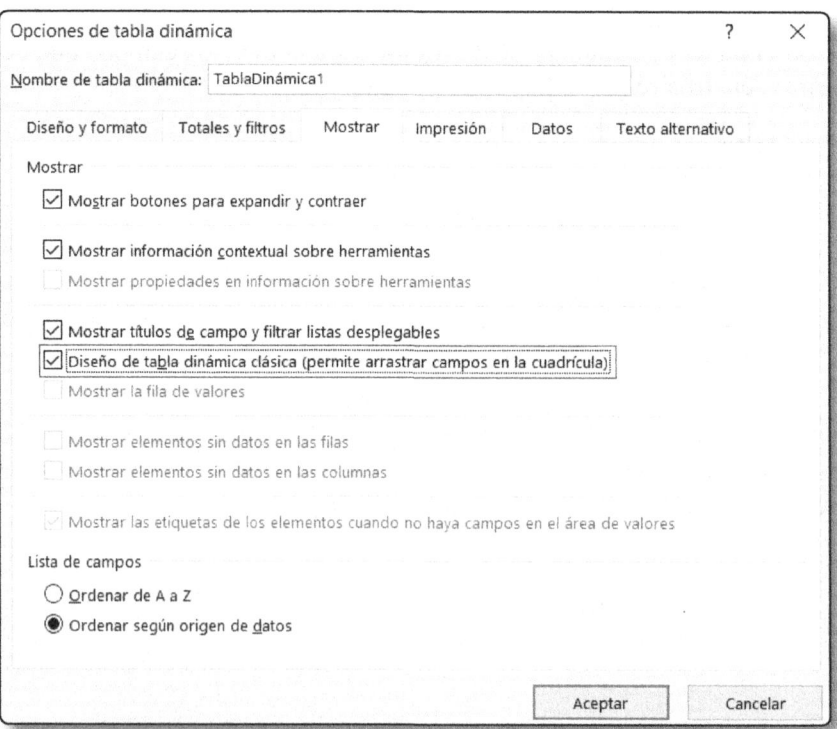

Ahora el área de diseño se verá así:

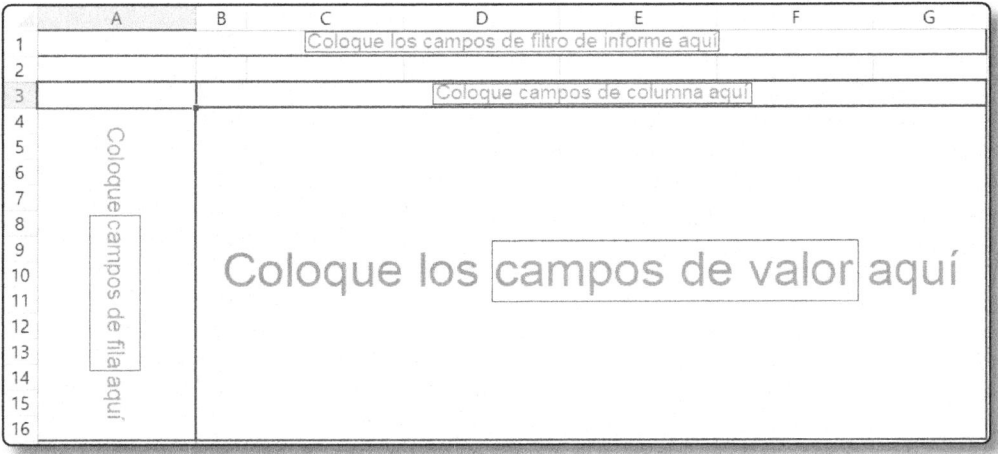

15.3 INSERTAR LOS CAMPOS DE LA TABLA DINÁMICA

Para insertar los campos:

- ▶ Seleccionamos el campo haciendo clic en su casilla de verificación, por defecto aparecerá siempre en el área "**Filas**".

- ▶ Arrastramos el campo con el ratón y soltamos en el área que queramos (Filtros, Columnas, Filas o Valores).

- ▶ Arrastrar directamente los campos desde el panel lateral hasta el área de diseño.

Vamos a realizar un ejemplo. Se trata de sumar la cantidad de artículos de papelería vendidos por nuestros comerciales en distintas provincias.

Los campos representados en la tabla dinámica serían: Provincia (**Área Filtros**) Comercial (**Área Filas**), Artículos (**Área Columnas**) y Unidades (**Área Valores**). Y quedarían distribuidos de la siguiente forma:

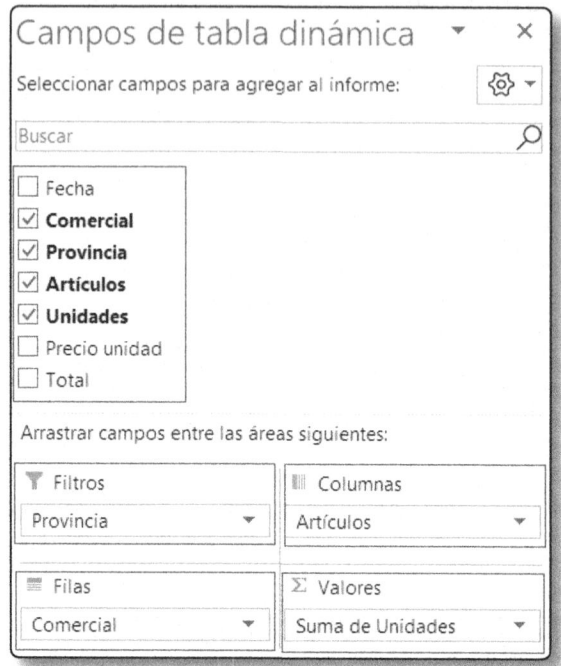

El resultado en nuestra tabla dinámica es el siguiente:

Suma de Unidades	Etiquetas de columna ▾					
Etiquetas de fila ▾	Champú	Colonia	Desodorante	Gel	Pasta de dientes	Total general
Ana	79		65	205	51	400
Antonio				61	125	186
Eva	48	96		139		283
Jorge		10	61	39	242	352
Jose		95		126	112	333
Julián	12	22		99	60	193
María	62		10	77		149
Pablo	26	41		97		164
Rodrigo				8	45	53
Rosa	2			83	83	168
Total general	229	264	136	934	718	2281

15.4 MODIFICAR UNA TABLA DINÁMICA

Si queremos modificar el diseño anterior, podemos mover los campos arrastrándolos entre las diferentes áreas del panel **Campos de tabla dinámica**.

Por ejemplo, situamos el cursor sobre el campo "**Comercial**" (el puntero del ratón cambia de aspecto), en ese momento hacemos clic y arrastramos al área Columnas donde está el campo "**Artículos**" y soltamos el botón del ratón. Podemos hacer los mismos pasos con "**Artículos**" y ubicarlo donde estaba "**Comercial**".

En la celda "**Suma de Unidades**", tecleamos un espacio en blanco y así lo sustituimos por la cadena que introduce Excel por defecto. En la celda Etiquetas de columna escribimos **Comercial** y en la celda Etiquetas de fila **Artículos**.

El resultado es el siguiente:

Artículos	Comercial ▾ Ana	Antonio	Eva	Jorge	Jose	Julián	María	Pablo	Rodrigo	Rosa	Total general
Champú	79		48			12	62	26		2	229
Colonia		96	10	95	22		41				264
Desodorante	65			61			10				136
Gel	205	61	139	39	126	99	77	97	8	83	934
Pasta de dientes	51	125		242	112	60			45	83	718
Total general	**400**	**186**	**283**	**352**	**333**	**193**	**149**	**164**	**53**	**168**	**2281**

Este dinamismo a la hora de colocar los campos permitirá obtener diferentes presentaciones y hacer distintos análisis de los datos.

15.5 AÑADIR MÁS CAMPOS A NUESTRA TABLA DINÁMICA

Podemos añadir más campos a las áreas del diseño. En el siguiente ejemplo vemos agrupados en **Filas** los **Comerciales** junto con los **Artículos** que han vendido. En **Valores**, hemos añadido el campo **Precio de Unidad** dos veces, para mostrar el número de unidades vendidas junto con la suma del precio.

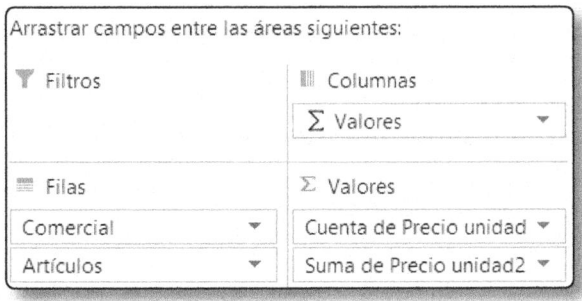

El resultado es:

Artículos	▼	Cuenta de Precio unidad	Suma de Precio unidad2
⊟ Ana			
	Champú	1	6,74
	Desodorante	1	5,75
	Gel	3	13,68
	Pasta de dientes	2	6,08
Total Ana		**7**	**32,25**
⊟ Antonio			
	Gel	1	4,56
	Pasta de dientes	3	9,12
Total Antonio		**4**	**13,68**
⊟ Eva			
	Champú	1	6,74
	Colonia	1	21,74
	Gel	2	9,12
Total Eva		**4**	**37,6**

Todos los campos, permiten cambios en su configuración, para ello utilizamos el desplegable del campo y hacemos clic en la opción **Configuración de campo de valor…**

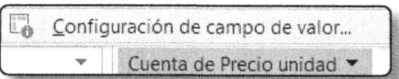

En el cuadro de diálogo que aparece, para el campo **Precio unidad** en la opción "**Nombre personalizado**" ponemos **Unidades Vendidas** y en la ficha "**Resumir valores por**", utilizamos la función **Recuento**.

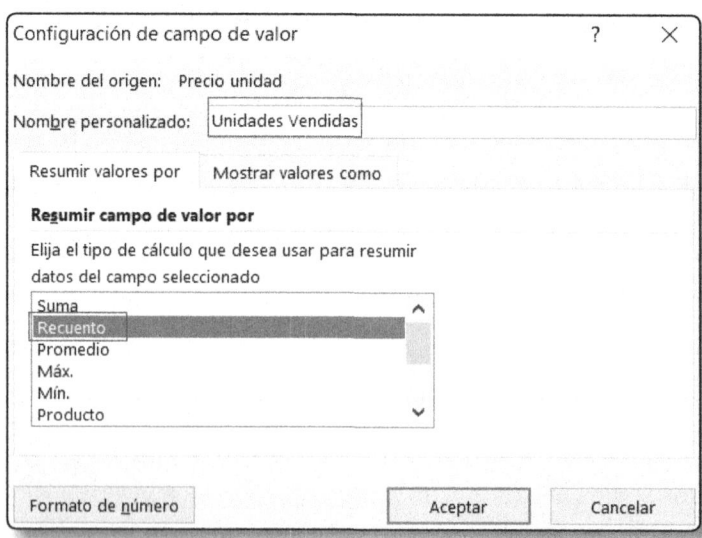

El resultado es el siguiente:

Artículos	Unidades Vendidas	Suma de Precio unidad
⊟ **Ana**		
Champú	1	6,74
Desodorante	1	5,75
Gel	3	13,68
Pasta de dientes	2	6,08
Total Ana	**7**	**32,25**
⊟ **Antonio**		
Gel	1	4,56
Pasta de dientes	3	9,12
Total Antonio	**4**	**13,68**
⊟ **Eva**		
Champú	1	6,74
Colonia	1	21,74
Gel	2	9,12
Total Eva	**4**	**37,6**

15.6 QUITAR LOS CAMPOS DE LA TABLA DINÁMICA

Para dejar de utilizar los campos en la tabla dinámica podemos:

▶ Desactivar la casilla de verificación del campo en el panel "Campos de tabla dinámica"

▶ Arrastrar el campo fuera del área Filtros, Columnas, Filas o Valores, y soltar en la zona de la hoja de cálculo o en la parte superior.

▶ En la lista desplegable del campo en la opción "Quitar campo".

15.7 ORDENAR LOS DATOS DE LA TABLA DINÁMICA

Una tabla dinámica se puede ordenar por cualquiera de sus campos de etiqueta, de fila o de columna, o por los elementos de los campos.

15.8 ORDENAR POR UN CAMPO DE ETIQUETA

Nos situamos en el desplegable del campo (fila o columna), en este caso **Artículos** y seleccionamos **Ordenar de A a Z (Ascendente)** o bien **Ordenar de Z a A (Descendente)**.

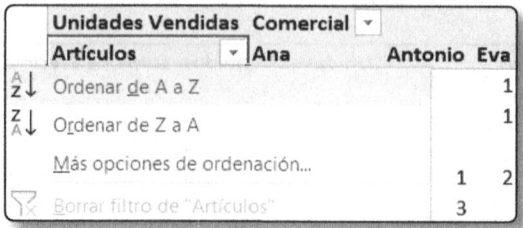

15.9 ORDENAR POR UN CAMPO DE VALORES

Nos situamos en la celda que tiene el valor (9,78 €) y procedemos igual que lo explicado en el apartado anterior o bien lo hacemos desde la ficha **Datos** y las opciones del grupo **Ordenar y filtrar,** con los botones AZ y ZA como se ve en la ilustración:

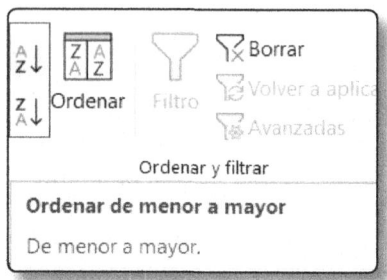

En el siguiente ejemplo hemos dejado ordenado las **Unidades** de menor a mayor:

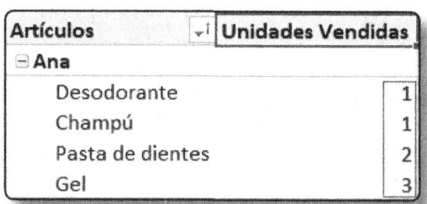

16

CONFIGURACIÓN DE LOS CAMPOS DE VALOR

Podemos aplicar los formatos posicionándonos en la celda y haciendo clic en el botón derecho del ratón.

Desde el primer grupo de opciones podemos cambiar los formatos de las celdas: el Tipo de fuente, el Tamaño, etc.

En el segundo grupo desde la opción **Formato de celdas…**, entramos en el cuadro de diálogo que aplica el formato a una celda únicamente. Y desde la opción **Formato de número…** el formato se aplicará al contenido de todas las celdas de ese campo de valor.

El resultado es el siguiente:

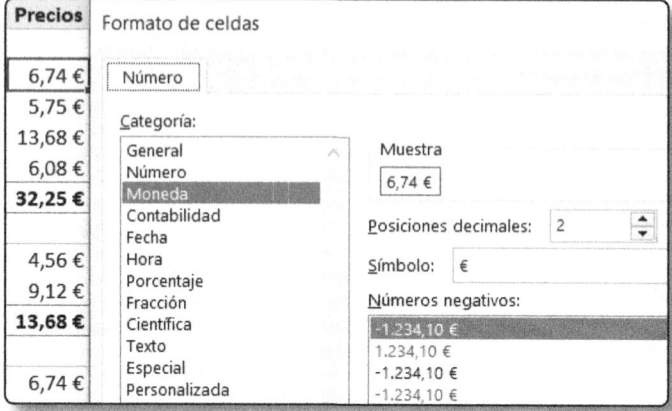

También podemos utilizar las operaciones de **Mostrar valores como**, para visualizar un campo de valores como porcentaje. Seleccionaremos en este caso, **% del total general**.

El resultado es el siguiente:

3	Suma de Precio unidad	Comercial				
4	Artículos	Pasta de dientes	Gel	Desodorante	Colonia	Champú
5	Ana	2,17%	4,88%	2,05%	0,00%	2,41%
6	Antonio	3,26%	1,63%	0,00%	0,00%	0,00%
7	Eva	0,00%	3,26%	0,00%	7,76%	2,41%
8	Jorge	3,26%	1,63%	2,05%	7,76%	0,00%
9	Jose	2,17%	3,26%	0,00%	7,76%	0,00%
10	Julián	1,09%	3,26%	0,00%	7,76%	2,41%
11	María	0,00%	1,63%	2,05%	0,00%	4,46%
12	Pablo	0,00%	1,63%	0,00%	7,76%	2,41%
13	Rodrigo	1,09%	1,63%	0,00%	0,00%	0,00%
14	Rosa	1,09%	1,63%	0,00%	0,00%	2,41%
15	**Total general**	**14,11%**	**24,42%**	**6,16%**	**38,81%**	**16,49%**

17

GESTIÓN DE DATOS EN TABLAS DINÁMICAS

Los datos de la tabla dinámica no se actualizan automáticamente si cambiamos los datos de la tabla origen.

Si modificamos los datos de la tabla origen, incluimos nuevos registros, eliminamos registros o bien damos de alta columnas de datos, debemos de actualizar la tabla dinámica de las siguientes formas:

- Utilizando el **teclado**: con la combinación **ALT+F5** actualizamos la tabla en la que estamos posicionados. Con **CTRL+ALT+F5**, para actualizar todas las tablas dinámicas que utilicen el mismo origen de datos.

- Desde la ficha **Analizar:** mediante los botones **Actualizar** (la tabla dinámica actual) o **Actualizar todo** (todas las tablas dinámicas).

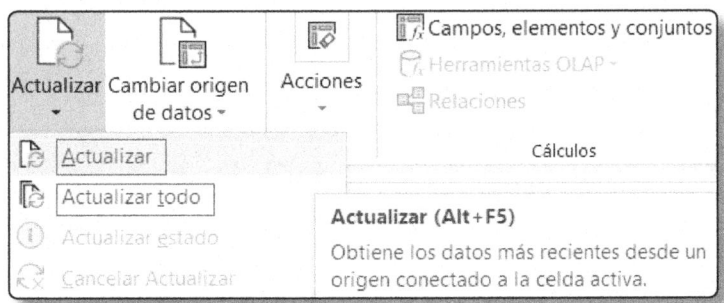

18

LISTADOS DINÁMICOS

Las tablas dinámicas permiten hacer listados de los datos que nos interesen en nuevas tablas dinámicas a su vez. Es lo que se conoce como crear tablas dinámicas a partir de un **Filtro de Informe**.

Por ejemplo, si queremos trabajar con los datos de los artículos **Colonia** y **Gel** en listados dinámicos independientes, Excel permite crear tablas dinámicas de forma automática sin tener que diseñarlas de nuevo.

En el siguiente ejemplo desplegamos **Artículos** y seleccionamos "**Colonia**" y "**Gel**" para filtrar por estos artículos.

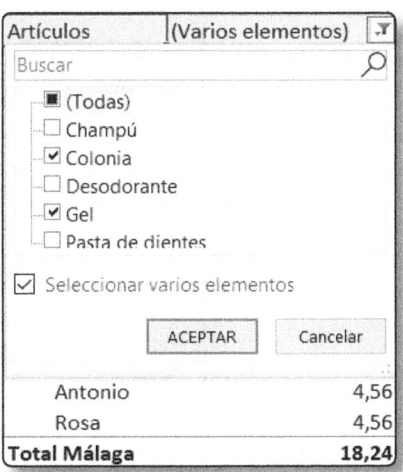

Desde la ficha **Analizar**, vamos a **Tabla dinámica y Opciones**, en el desplegable seleccionamos **Mostrar páginas de filtro de informes…**

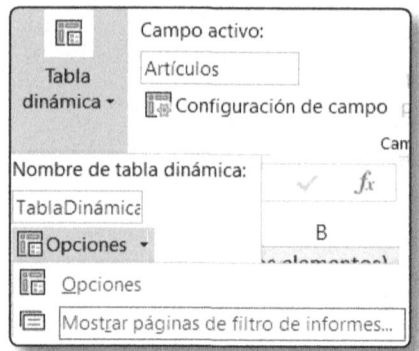

Aparece el siguiente cuadro de diálogo:

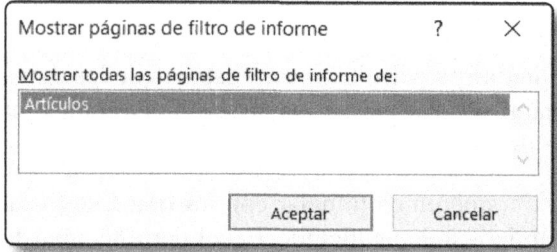

Pulsamos en Aceptar y el resultado son dos tablas dinámicas independientes, en hojas de cálculo nuevas, con los datos de los artículos Colonia y Gel.

Artículos	Colonia		Artículos	Gel	
Artículos	**Suma de Precio unidad**		**Artículos**	**Suma de Precio unidad**	
⊟ **Barcelona**			⊟ **Barcelona**		
Jose	21,74		Ana	4,56	
Total Barcelona	**21,74**		Jose	9,12	
⊟ **Madrid**			María	4,56	
Eva	21,74		**Total Barcelona**	**18,24**	
Julián	21,74		⊟ **Madrid**		
Pablo	21,74		Eva	9,12	
Total Madrid	**65,22**		Julián	9,12	
⊟ **Valencia**			Pablo	4,56	
Jorge	21,74		**Total Madrid**	**22,8**	
Total Valencia	**21,74**		⊟ **Málaga**		
			Ana	9,12	
			Antonio	4,56	
			Rosa	4,56	
			Total Málaga	**18,24**	
			⊟ **Valencia**		
			Jorge	4,56	
			Rodrigo	4,56	
			Total Valencia	**9,12**	

19

GRÁFICOS DINÁMICOS

Un gráfico dinámico está basado en los datos de la tabla dinámica y también es dinámico, se ajusta automáticamente al aplicar cualquier filtro sobre la información Con este tipo de gráficos podemos entender mejor los datos de la tabla dinámica.

Desde la ficha **Analizar**, en el grupo **Herramientas**, tenemos la opción **Gráfico Dinámico**:

Elegir el tipo de gráfico del cuadro Insertar gráfico:

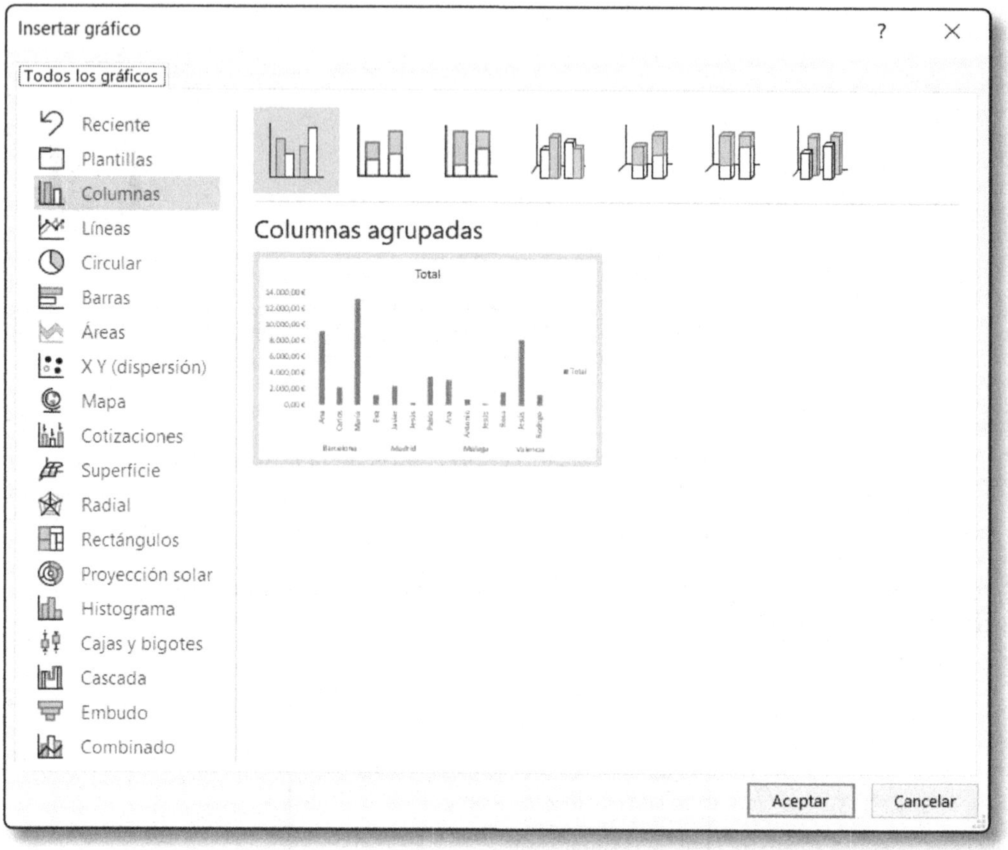

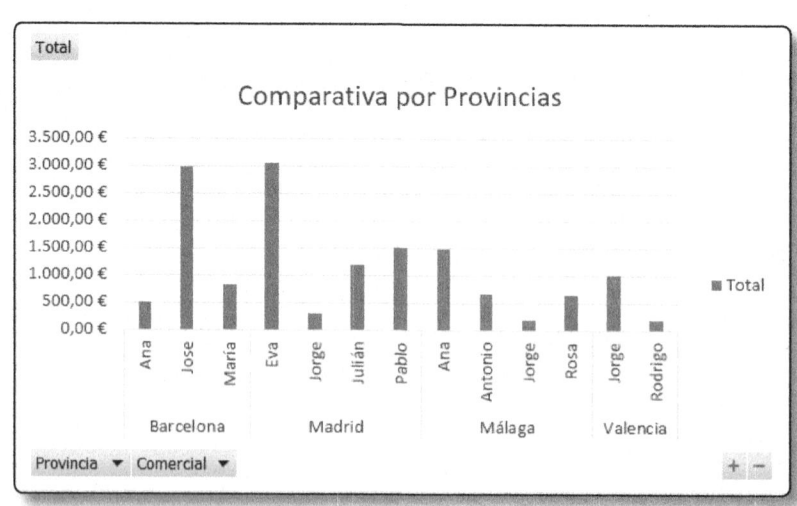

Gráfico Dinámico de columnas agrupadas:

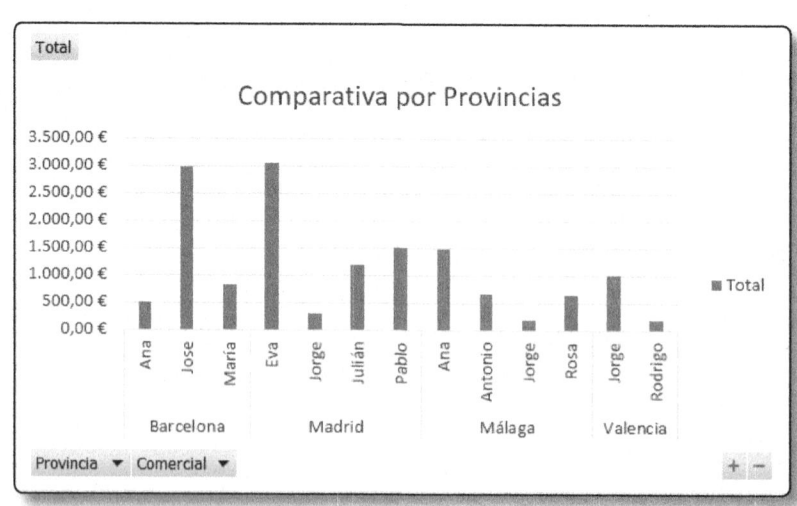

Gráfico Dinámico de Líneas:

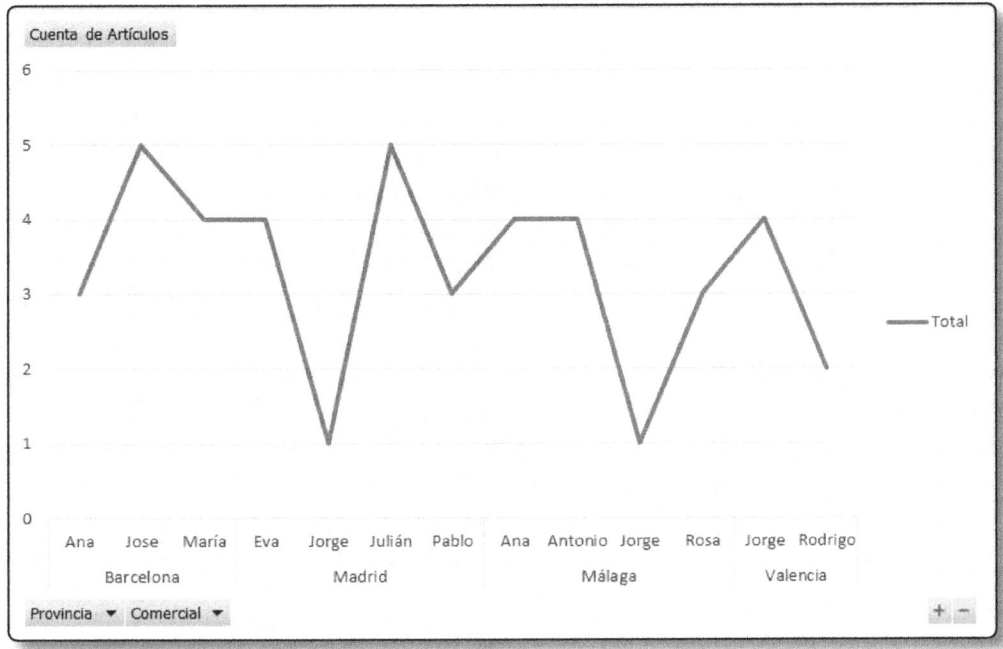

Gráfico Dinámico de Barras:

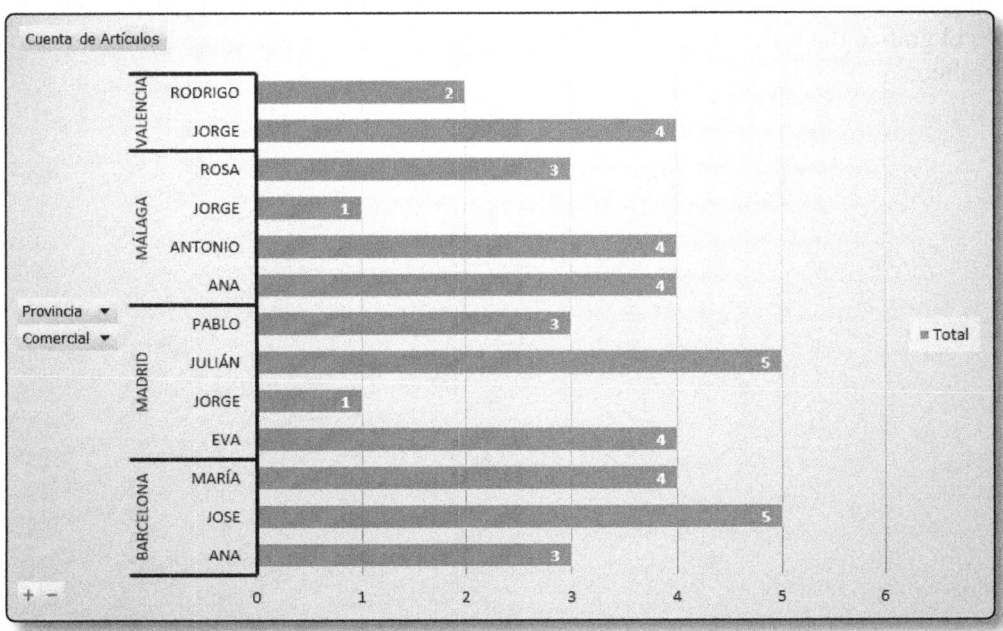

Gráfico Dinámico Circular:

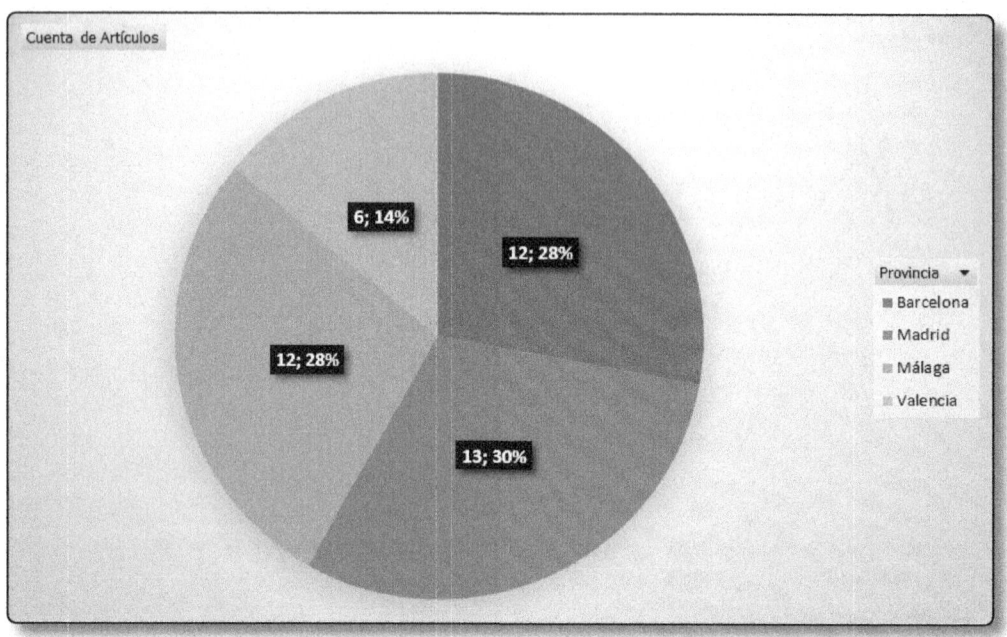

Todas las operaciones de cambios en el diseño que hemos visto en la tabla dinámica como añadir, eliminar, mover o filtrar campos, también se pueden realizar en el gráfico dinámico. El gráfico dinámico se puede formatear como cualquier otro gráfico.

IMPRESIÓN Y VISUALIZACIÓN DE CONTENIDOS DINÁMICOS

Imprimir una tabla dinámica de la manera que deseamos, requiere usar una combinación de características de impresión, como indicar el área que queremos imprimir, ajustar el diseño de la página, etc.

20.1 ESTABLECER EL ÁREA DE IMPRESIÓN

Si tenemos más de un informe de tabla dinámica en la hoja de cálculo, debemos de establecer primero un área de impresión que incluya solo el informe que deseamos imprimir.

Vamos a la ficha **Analizar – Acciones – Seleccionar – Toda la tabla dinámica**:

En la ficha **Disposición de página**, en el grupo **Configurar página**, hacer clic en **Área de impresión** y, luego en **Establecer área de impresión**.

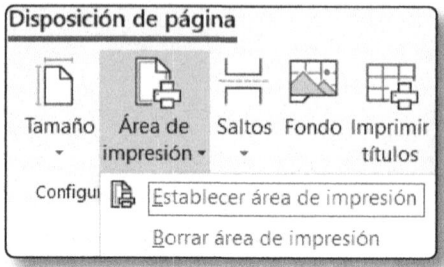

Vamos a la ficha **Archivo – Imprimir** y vemos el área que se imprimirá:

Provincia	Comercial	Total
Barcelona	Ana	512,07 €
	Jose	2.980,34 €
	María	823,53 €
Total Barcelona		**4.315,94 €**
Madrid	Eva	3.044,40 €
	Jorge	294,88 €
	Julián	1.193,00 €
	Pablo	1.508,90 €
Total Madrid		**6.041,18 €**
Málaga	Ana	1.483,98 €
	Antonio	658,16 €
	Jorge	182,40 €
	Rosa	644,28 €
Total Málaga		**2.968,82 €**
Valencia	Jorge	1.004,39 €
	Rodrigo	173,28 €
Total Valencia		**1.177,67 €**

20.2 AJUSTAR EL DISEÑO DE LA PÁGINA

Desde la vista **Diseño de página** preparamos los datos para la impresión. Por ejemplo, podemos usar las reglas para medir el ancho y el alto de los datos, cambiar la orientación de la página, agregar o cambiar los encabezados y pies de página, establecer los márgenes para la impresión y ocultar o mostrar los encabezados de fila y columna.

Vamos a la ficha **Vista**, grupo **Vistas del libro** y pulsamos en **Diseño de página**.

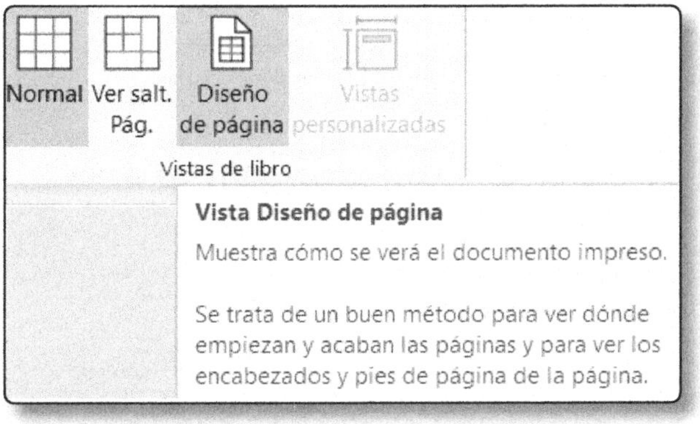

También podemos hacer clic en el botón **Diseño de página** en la barra de estado.

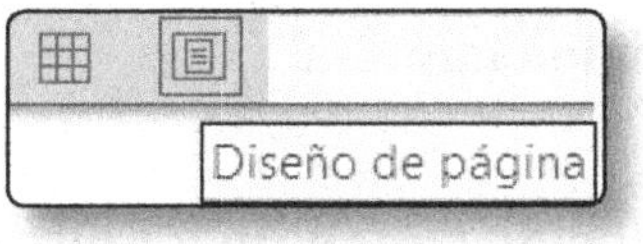

20.3 REPETIR ETIQUETAS DE FILA Y COLUMNA EN CADA PÁGINA AL IMPRIMIR

Para repetir las etiquetas de fila y columna de un informe de tabla dinámica en todas las páginas impresas como títulos de impresión debemos hacer lo siguiente:

- En la pestaña **Disposición de página**, en el grupo **Configurar página**, pulsamos en **Imprimir títulos**. En el cuadro de diálogo que aparece, las opciones de Repetir filas y columnas deben estar vacías.

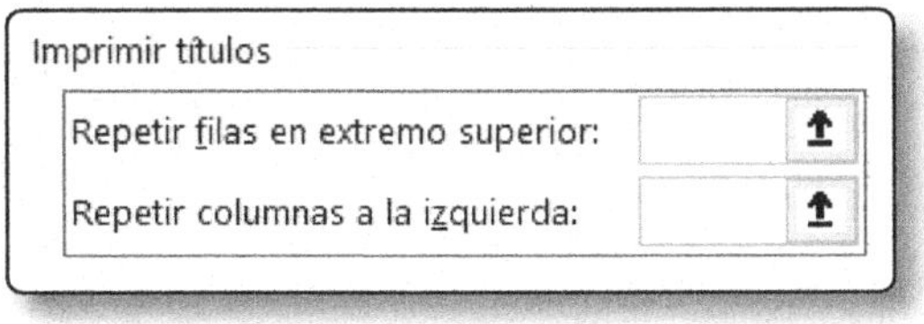

- En la pestaña **Analizar**, en el grupo **Tabla dinámica**, desplegamos y hacemos clic en **Opciones**. En el cuadro de diálogo Opciones de tabla dinámica, vamos a la pestaña **Impresión** y activamos la casilla de verificación **Imprimir títulos**.

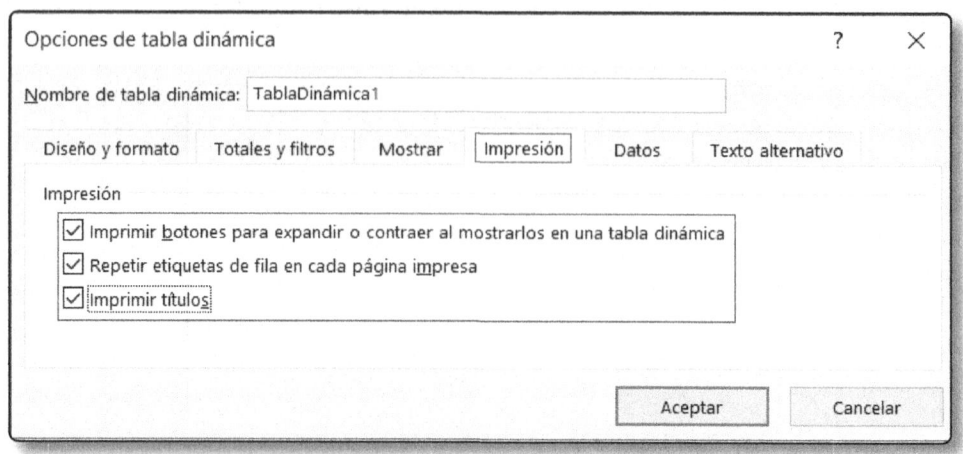

Si el informe tiene más de una etiqueta de fila y también queremos repetir los elementos de etiqueta de fila externa en cada página, activamos la casilla "**Repetir etiquetas de fila en cada página impresa**".

20.4 IMPRIMIR LOS BOTONES DE EXPANDIR Y CONTRAER

Para mostrar u ocultar los botones para expandir y contraer de la tabla dinámica, vamos a la ficha **Analizar** y en el grupo **Mostrar**, pulsamos en **Botones +/-**.

En el cuadro de diálogo anterior activamos la opción **Imprimir botones para expandir o contraer al mostrarlos en una tabla dinámica**.

Comprobar la distribución final en la vista previa de impresión y, a continuación, imprimir el contenido del informe de tabla dinámica.

20.5 ESTABLECER SALTOS DE PÁGINA EN EL INFORME DE TABLA DINÁMICA

Si queremos hacer divisiones de los datos al imprimirlos debemos insertar saltos de página. Primero nos situamos en la celda a partir de la que deseamos hacer la división y vamos a **Disposición de página** – grupo **Configurar página** -botón **Saltos** y damos a la opción **Insertar salto de página**.

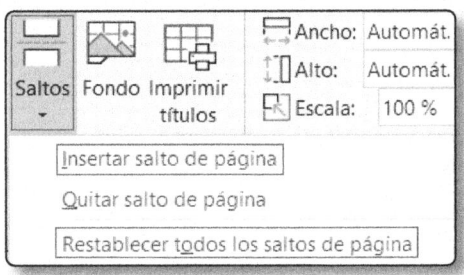

Para eliminar los saltos de página damos a la opción **Restablecer todos los saltos de página**.

21

MACROS EN MICROSOFT EXCEL

En Excel podemos automatizar procesos y datos con la herramienta **Grabar Macro.** Las Macros permiten agrupar tareas repetitivas y grabarlas, para ejecutarlas posteriormente todas de una vez.

Hay que hacer una planificación de todas las acciones que queremos que haga la macro. Si es necesario, ensayar todos los pasos previamente. Si cometemos algún error durante la grabación de la macro, también se grabará.

21.1 ACTIVAR LA FICHA PROGRAMADOR

Las herramientas de Macros están en la ficha **Programador** (antes llamada Desarrollador) de la cinta de Opciones, que no viene activa en Excel. Para activarla vamos a la ficha **Archivo – Opciones – Personalizar cinta de opciones** y en el panel de **Pestañas principales** activamos la opción **Programador**.

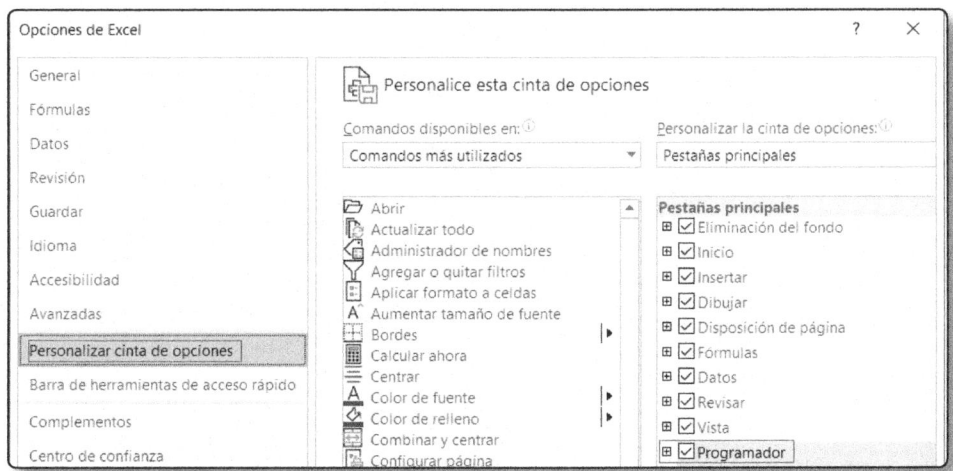

Las opciones básicas de Macros aparecen también en la ficha **Vista -Grupo Macros:**

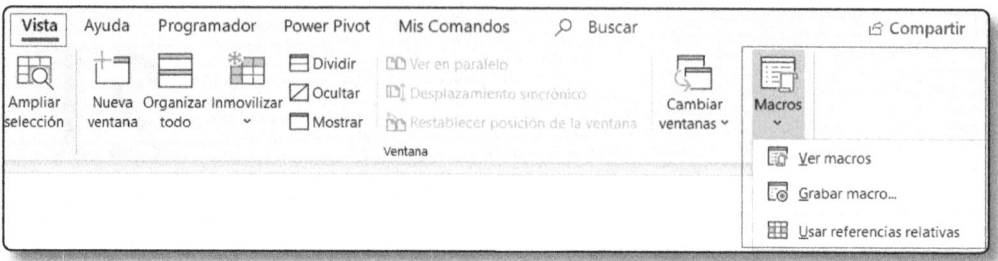

21.2 GRABAR UNA MACRO

En el siguiente ejemplo, necesitamos que el indicador de celda se mueva hacia la derecha (en horizontal) cuando introducimos datos en las celdas. Por defecto lo hace hacia abajo (en vertical).

Vamos a realizar una macro que realice esta instrucción. Le asignaremos una combinación de teclado para ejecutarla.

En la ficha **Programador** vamos al grupo **Código** y pulsamos en **Grabar macro**:

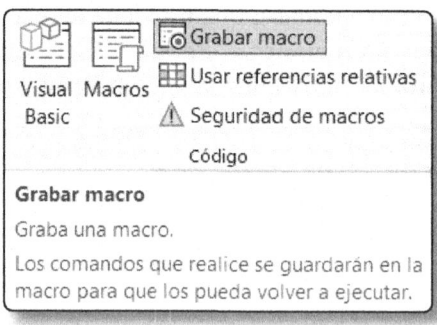

Aparece el siguiente cuadro de diálogo:

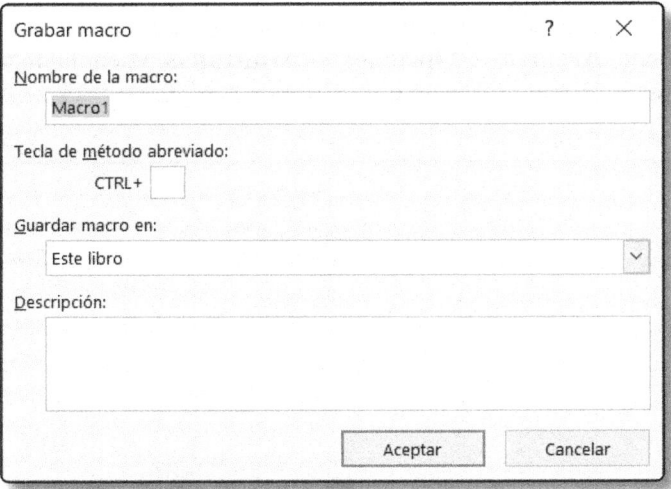

Completamos los siguientes datos:

- **Nombre de la macro**: MoverDerecha. Los nombres de macros no pueden llevar espacios en blanco y no es recomendable poner acentos.

- **Tecla de método abreviado**: Ctrl+May+D. Permite ejecutar la macro con esta combinación de teclado.

- **Guardar macro en**: Libro de macros personal. Permite ejecutar la macro desde cualquier libro que tengamos abierto.

- **Descripción**: Mover el curso a la derecha después de una entrada.

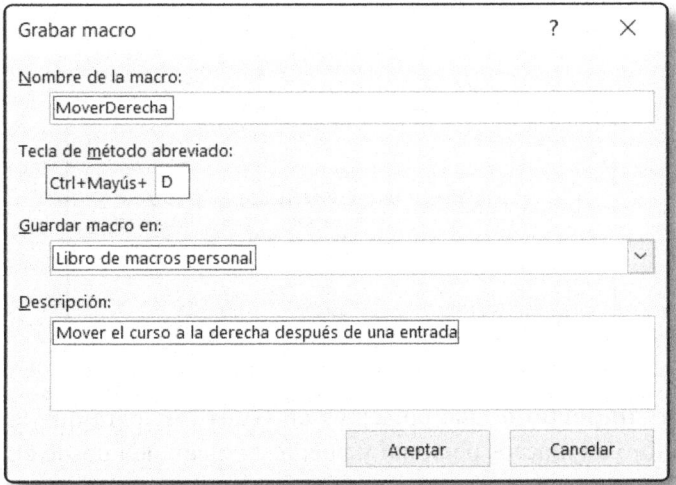

Después de completarlo pulsamos **Aceptar**.

La macro ya está recogiendo todas las instrucciones que llevemos a cabo. Vamos a la ficha **Archivo – Opciones – Avanzadas** y en la lista desplegable "Dirección:" seleccionamos **Derecha** y pulsamos **Aceptar**.

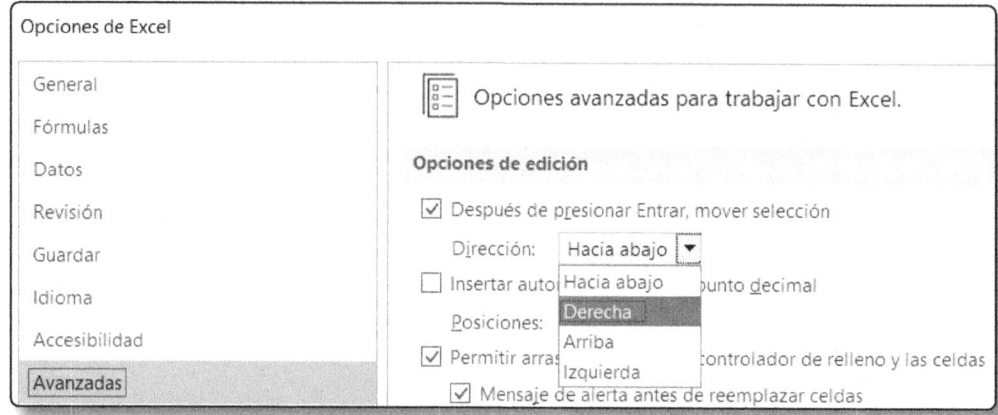

Vamos al grupo **Código** y pulsamos en **Detener grabación**.

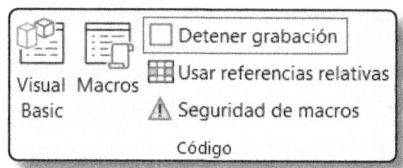

Salimos de Excel y aparece el siguiente cuadro de diálogo:

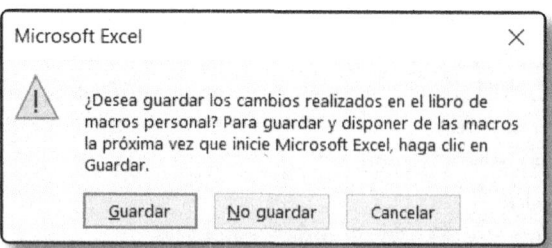

Es muy importante que pulsemos en **Guardar**, para que la macro quede grabada en el libro de macros personal y pueda ser ejecutada desde cualquier libro.

Entramos en Excel y vamos a la ficha **Programador – Código –Macros**.
Con el teclado pulsamos la combinación **ALT + F8**.

En el cuadro de diálogo **Macro**, aparece la macro creada:

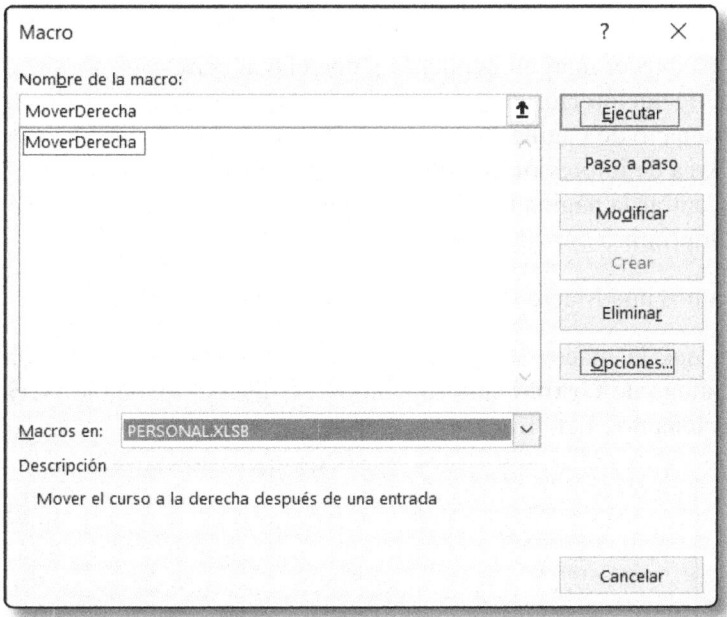

Si pulsamos en el botón **Opciones…**, aparece el siguiente cuadro de diálogo,
donde se muestra la combinación de teclado para la ejecución de la macro y su
descripción:

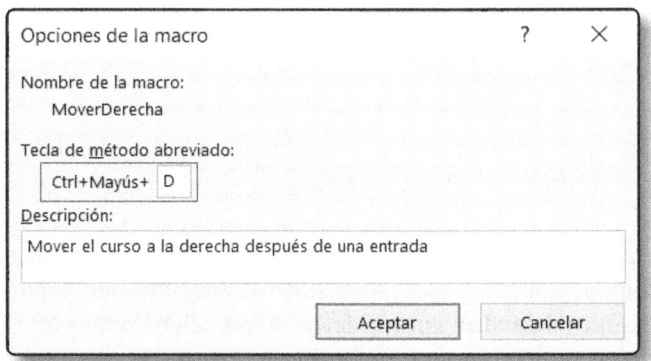

Damos al botón **Ejecutar** o bien pulsamos la combinación **Ctrl+May+D**
para ejecutar la macro y comprobamos que ahora el cursor se mueve en horizontal.
Podemos hacer otra macro que mueva el cursor en vertical.

21.3 CREAR UNA MACRO EN UN LIBRO

Vamos a ver otro ejemplo. Tenemos que presentar todas las semanas un informe con datos de nuestra hoja y una serie de características particulares de configuración de página e impresión:

- ▼ Establecer margen izquierdo y derecho a 3 cm.
- ▼ Orientación Horizontal.
- ▼ Tamaño de página: A3.
- ▼ Área de impresión: Desde A1 a F15.
- ▼ Centrar la página horizontalmente.
- ▼ Imprimir 5 copias.

Creamos una Macro que recoja todas las operaciones:

Para que la macro se ejecute solo en el libro que tenemos abierto, en el cuadro de diálogo de **Grabar macro**, vamos a la lista desplegable "**Grabar macro en:**" y seleccionamos **Este libro**.

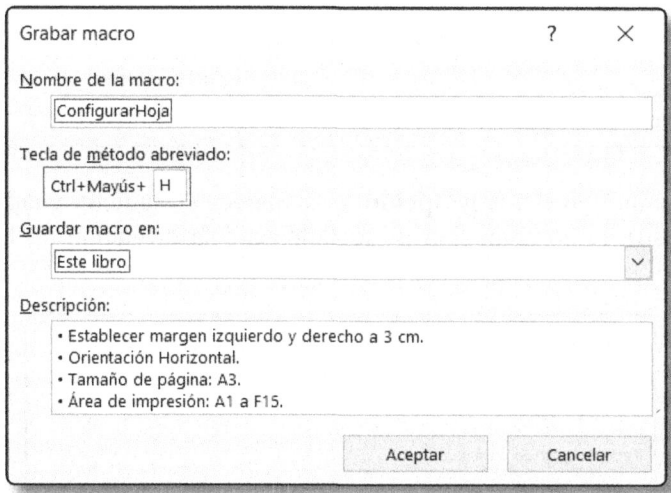

Al finalizar la creación de la macro, el libro hay que grabarlo con extensión **XLSM**, para indicar a Excel que es un libro "especial" que incluye Macros. En el cuadro de diálogo **Guardar como**, desde **Tipo** seleccionamos: "Libro de Excel habilitado para macros (*.xlsm)".

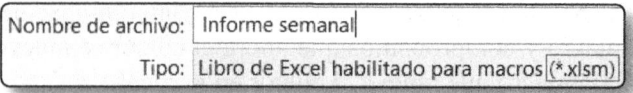

21.4 ELIMINAR UNA MACRO

Si la macro está grabada en un libro, cuando lo tenemos abierto vamos al cuadro de diálogo de macros, la seleccionamos de la lista y la eliminamos. Guardamos el libro.

Si la macro está grabada en el libro de macros personal hay que visualizar primero el libro. Vamos a la ficha **Vista** y al grupo **Ventana**. Pulsamos sobre la opción **Mostrar**.

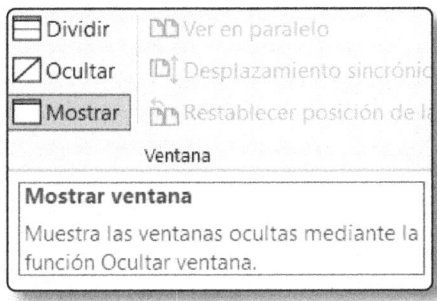

Aparece el siguiente cuadro de diálogo:

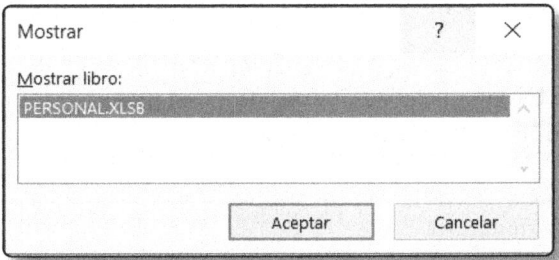

Pulsamos en **Aceptar** para abrir el libro de Macros Personal (**Personal. XLSB**).

Vamos al cuadro de diálogo de **Macros**, la seleccionamos de la lista y damos a **Eliminar**:

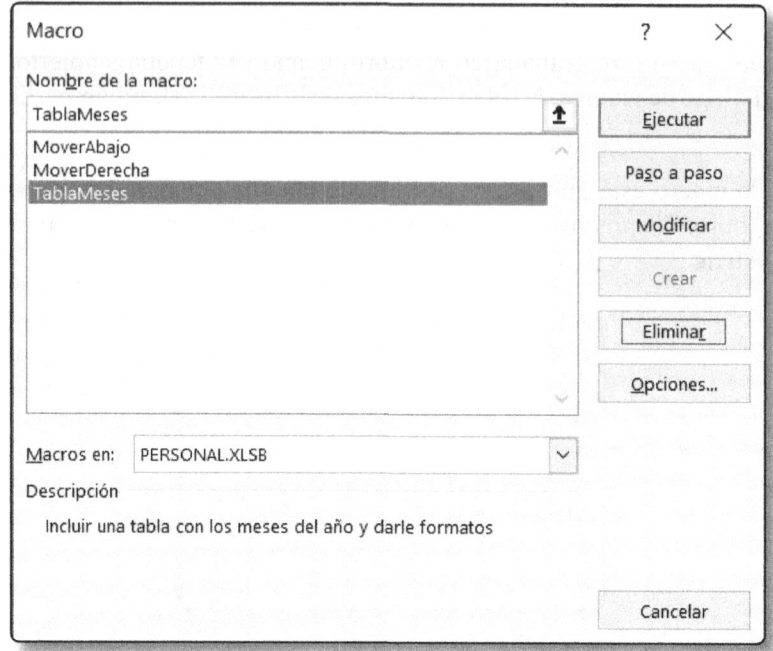

Es muy importante que volvamos a ocultar el libro de **Macros Personal**, hay que ir de nuevo a la ficha **Vista** y al grupo **Ventana**. Pulsamos sobre la opción **Ocultar**.

Salimos de Excel, que preguntará si queremos grabar los cambios en el libro de Macros Personal. Pulsamos en **Guardar**.

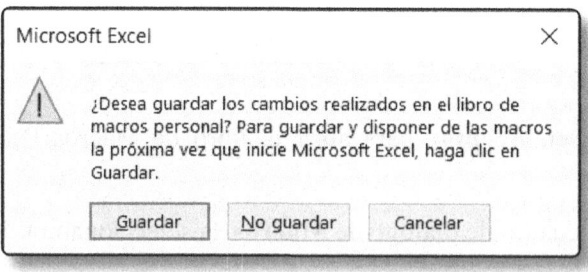

22

HERRAMIENTAS AVANZADAS DE MACROS

22.1 LA SEGURIDAD DE MACROS

Cuando un archivo contiene Macros, Excel por defecto lo detecta e impide que las macros asociadas al archivo puedan ejecutarse. Además, se muestra una barra con una advertencia de seguridad que aparece por debajo de la cinta de opciones.

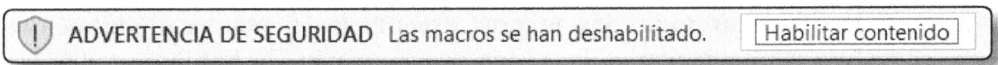

El libro que contiene macros, también se analiza con el antivirus instalado en el equipo, para detectar virus conocidos antes de abrirlo.

Para configurar las opciones de Seguridad de Macros vamos a la ficha **Programador**, grupo **Código** y hacemos clic en el botón **Seguridad de macros**.

Aparece el cuadro de diálogo **Centro de confianza:**

Dentro de **Configuración de macros**, tenemos la siguiente lista con las distintas configuraciones de seguridad que podemos establecer según nuestras necesidades:

- ▶ **Deshabilitar todas las macros sin notificación:** Activaremos esta opción si no confiamos en las macros. Se deshabilitan todas las macros en los documentos y las alertas de seguridad sobre ellas.

- ▶ **Deshabilitar todas las macros con notificación (por defecto):** Esta es la opción predeterminada. Activaremos esta opción si queremos deshabilitar las macros, pero deseamos recibir alertas de seguridad si hay macros presentes. Con este método, elegimos cuándo habilitar las macros en cada caso.

- ▶ **Deshabilitar todas las macros excepto las firmadas digitalmente:** Esta configuración es la misma que la opción **Deshabilitar todas las macros con notificación**, con la excepción de que, si la macro cuenta con una firma digital emitida por un editor de confianza, la macro puede ejecutarse si confiamos en el editor.

- ▶ **Habilitar todas las macros** (no recomendado; puede ejecutarse código posiblemente peligroso): Activamos esta opción para permitir que se ejecuten todas las macros. Al usar esta configuración, el equipo será vulnerable a posibles códigos malintencionados.

22.2 ASIGNAR UNA MACRO A LA BARRA DE ACCESO RÁPIDO

Si utilizamos frecuentemente una macro en los libros de Excel, la podemos ejecutar con un solo clic si la agregamos a la barra de herramientas acceso rápido.

En la barra de herramientas de acceso rápido (incluida en la barra del título), hacemos clic en el desplegable que aparece al final de la barra y luego seleccionamos **Más comandos...**

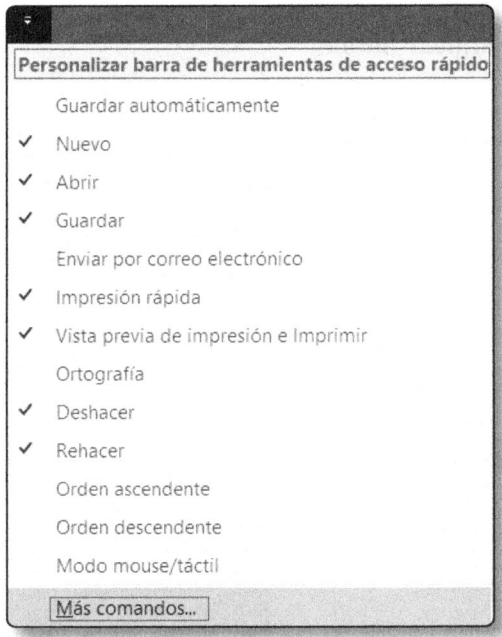

Se abre el siguiente cuadro de diálogo:

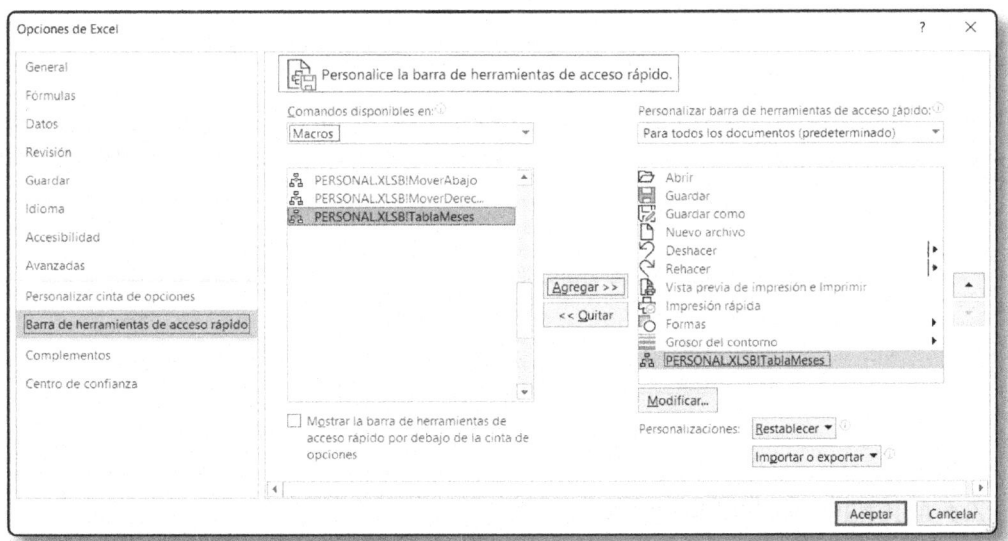

En la lista desplegable "**Comandos disponibles en**:" seleccionamos **Macros**. Se mostrarán las macros y seleccionamos una de ellas, pulsamos en el botón **Agregar**. La macro aparecerá en el cuadro de comandos de la barra de inicio rápido del panel de la derecha.

Para personalizar el nombre del icono pulsamos en **Modificar**... Aparece el cuadro de diálogo **Modificar botón**:

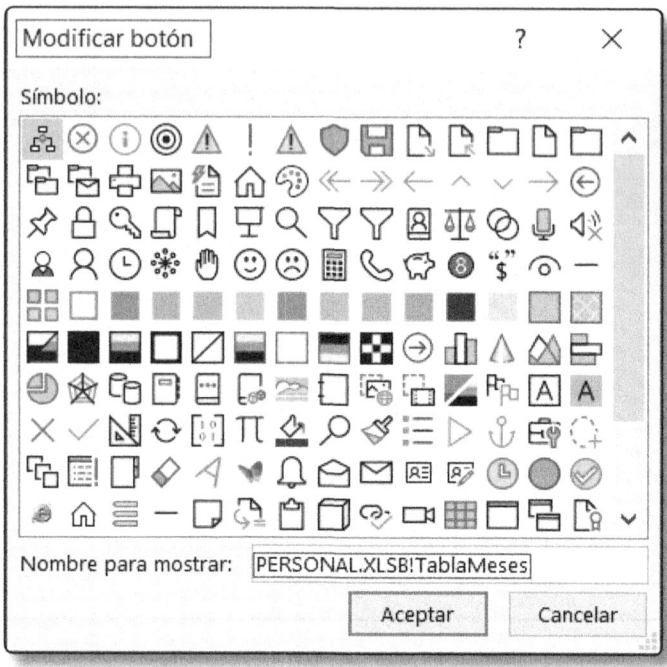

En "**Nombre para mostrar**:", escribimos el nombre del icono (Insertar Tabla Meses) y también elegimos un icono de los que aparecen en el cuadro **Símbolo**.

El resultado es el siguiente:

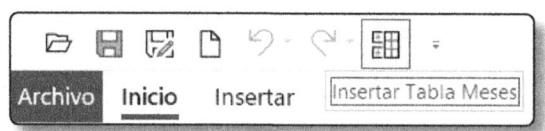

22.3 ASIGNAR UNA MACRO A UN OBJETO

Se puede asignar la ejecución de una macro a distintos objetos de la hoja de cálculo. Por ejemplo, desde la Ficha **Insertar** y el grupo **Ilustraciones** vamos a **Formas** y elegimos la del **Rectángulo**:

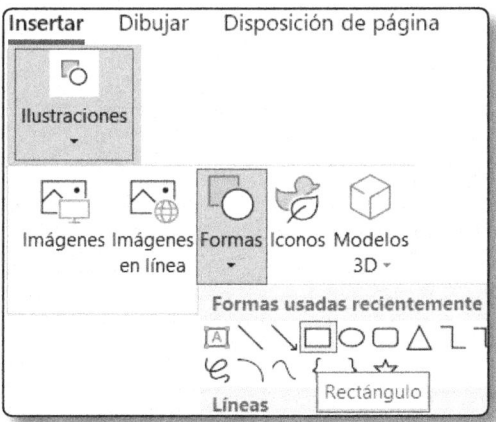

Insertamos un rectángulo en nuestra hoja de cálculo, y con el botón derecho del ratón vamos a la opción **Asignar Macro**:

En el cuadro de diálogo **Asignar Macro**, seleccionamos la macro y pulsamos **Aceptar**. Con la opción **Editar texto**, podemos escribir dentro del cuadro, en este caso hemos escrito "**Insertar Meses**". A continuación, pulsamos en el cuadro de texto para que la macro se ejecute.

Podemos seguir los mismos pasos para asignar macros a otros objetos como Gráficos, Imágenes, SmartArt…

23

FUNCIONES FINANCIERAS

Las funciones financieras de Excel ayudan en la gestión diaria de los datos económicos de la empresa. Algunas de estas funciones son:

23.1 PAGO

Esta función de Excel calcula el pago de un préstamo basándose en pagos constantes y en una tasa de interés constante.

La sintaxis de la función es: **PAGO(Tasa;NPer;Va;[Vf][Tipo])**

▸ **Tasa:** es la tasa de interés constante. Se calcula dividiendo esta por los pagos anuales, que habitualmente son 12, uno por mes.

▸ **NPer:** es el número de pagos totales, 12 al año por los años en los que se quiere devolver el préstamo.

▸ **Va:** es el valor del préstamo.

▸ **VF y Tipo**: opcionales, no es necesario completarlas.

Veamos un ejemplo: queremos pedir un préstamo de 100.000 €, lo queremos devolver en 30 años, en 12 mensualidades por año. El interés que nos pone la entidad financiera es de un 7%.

El resultado de la función pago es negativo y en color rojo:

	A	B
1	**Datos**	
2	Años	30
3	Interés	7%
4	Pagos anuales	12
5	Préstamo	100.000 €
6		-665,30 €
7	=PAGO(B3/B4;B2*B4; B5)	

Tenemos que abonar una cuota mensual de 665,30 € durante 360 meses. Pulsando en el botón Insertar Función fx Insertar función accedemos al cuadro de diálogo **Argumentos de la función**:

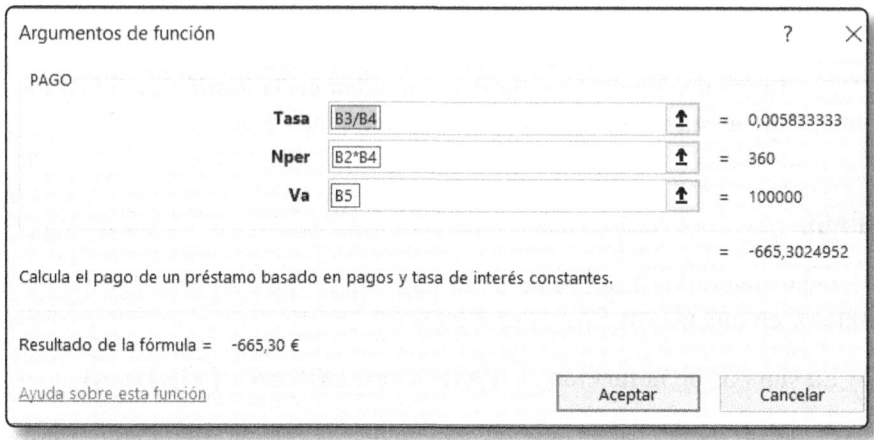

Para obtener un valor positivo y que no se muestre en color rojo ponemos el signo menos en el argumento Va: PAGO(B3/B4;B2*B4;**-B5**).

23.2 NPER

Calcula el número de pagos de una inversión, donde los pagos son constantes y periódicos. La tasa de interés también es constante.

La sintaxis de la función es: **NPER(Tasa;Pago;Va;[Vf];[Tipo])**

▸ **Tasa:** es la tasa de interés constante. Se calcula dividiendo esta por los pagos anuales, que habitualmente son 12 (uno por mes).

▸ **Pago:** es el que corresponde al efectuado en cada periodo. Es constante.

▸ **Va:** es el valor actual de una serie de pagos futuros.

▸ **Vf y Tipo:** son opcionales, no es necesario completarlas.

Veamos un ejemplo: queremos calcular el número total de pagos para abonar un préstamo de 100.000 €. El interés que establece la entidad financiera es de un 7%. Abonamos 710 € mensuales (esta cantidad tiene que estar en negativo, porque es un valor pendiente de pago).

Pulsamos en el botón Insertar Función y accedemos al cuadro de diálogo **Argumentos de la función**:

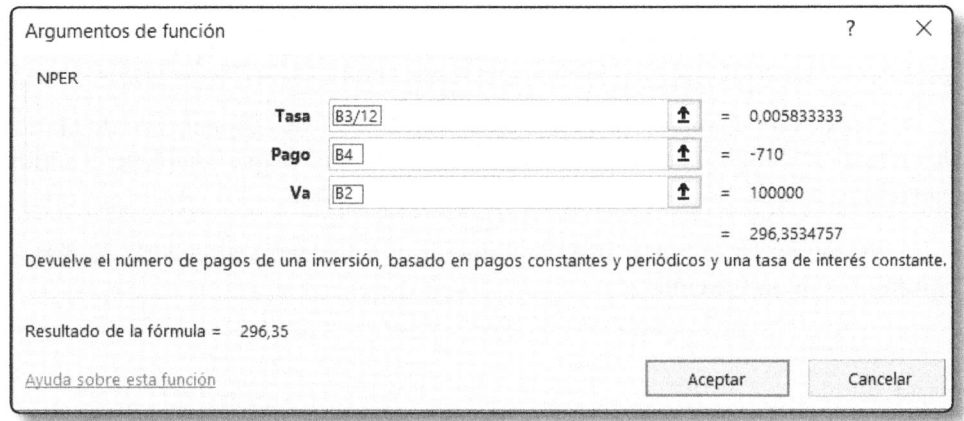

El resultado es el siguiente:

	A	B
1	**Datos**	
2	Préstamo	100.000,00 €
3	Interés	7%
4	Cuota mensual	-710
5		296,35
6	=NPER(C4/12;C5;C3)	

El número de pagos pendientes que tenemos son 296,35.

23.3 PAGOINT

Devuelve el interés pagado por una inversión durante un periodo determinado, basado en pagos periódicos y constantes. La tasa de interés también es constante.

La sintaxis de la función es: **PAGOINT(Tasa;Periodo;Nper;Va;[Vf];[Tipo])**

▼ **Tasa:** es la tasa de interés constante. Se calcula dividiendo esta por los pagos anuales, que habitualmente son 12 (uno por mes).

▼ **Periodo:** número del periodo (número de mes).

▼ **Nper:** número de periodos total.

▼ **Va:** es el valor actual de una serie de pagos futuros.

▼ **Vf y Tipo:** son opcionales, no es necesario completarlas.

Veamos un ejemplo: queremos calcular los intereses para el periodo número 1 de un total de 240. El préstamo es de 100.000 €. El interés que establece la entidad financiera es de un 7%.

Pulsamos en el botón Insertar Función y accedemos al cuadro de diálogo **Argumentos de la función**:

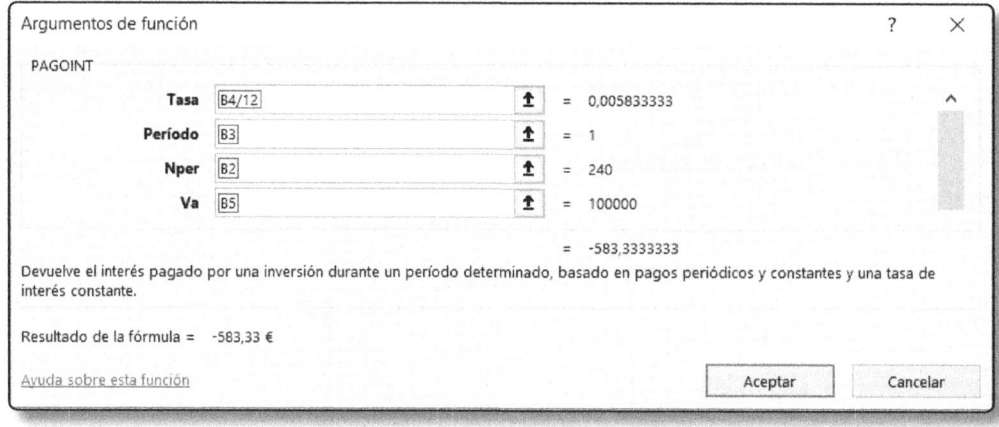

El resultado es el siguiente:

	A	B
1	**Datos**	
2	Nº de Cuotas	240
3	Nº de Mes	1
4	Interés Anual	7%
5	Préstamo	100.000 €
6		-583,33 €
7	=PAGOINT(B4/12;B3;B2;B5)	

La cantidad de interés pagada para el periodo número 1 es de 583,33 €.

23.4 PAGOPRIN

Devuelve el pago del capital de una inversión determinada, basado en pagos periódicos y constantes. La tasa de interés también es constante.

La sintaxis de la función es: **PAGOPRIN(Tasa;Periodo;Nper;Va;[Vf];[Tipo])**

▶ **Tasa:** es la tasa de interés constante. Se calcula dividiendo esta por los pagos anuales, que habitualmente son 12 (uno por mes).

▶ **Periodo:** número del periodo (número de mes).

▶ **Nper:** número de periodos total.

▶ **Va:** es el valor actual de una serie de pagos futuros.

▶ **Vf y Tipo:** son opcionales, no es necesario completarlas.

Veamos un ejemplo: queremos calcular los intereses para el periodo número 1 de un total de 240. El préstamo es de 100.000 €. El interés que establece la entidad financiera es de un 7%.

Pulsamos en el botón Insertar Función y accedemos al cuadro de diálogo **Argumentos de la función**:

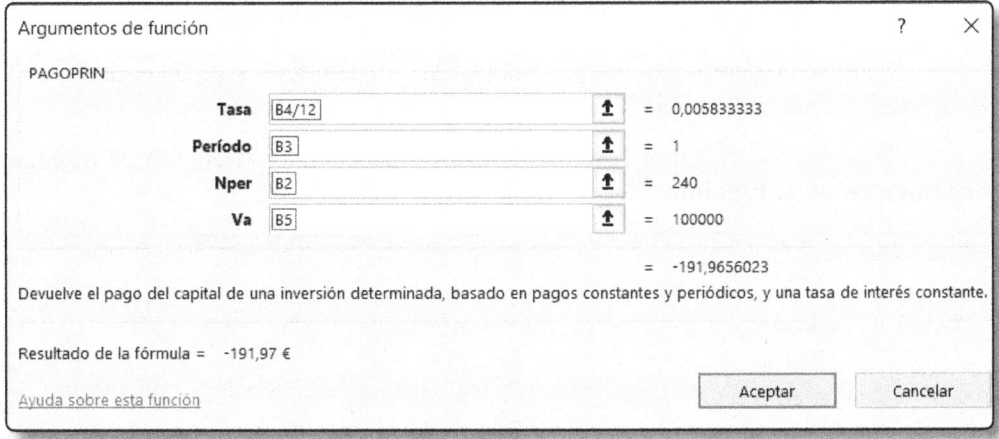

El resultado es el siguiente:

	A	B
1	**Datos**	
2	Nº de Cuotas	240
3	Nº de Mes	1
4	Interés Anual	7%
5	Préstamo	100.000 €
6		-191,97 €
7	=PAGOPRIN(B4/12;B3;B2;B5)	

La cantidad de interés pagada para el periodo número 1 es de 191,97 €.

23.5 TASA

Devuelve la tasa de interés por periodo de un préstamo o de una inversión determinada. Basado en pagos periódicos y constantes. La tasa de interés también es constante.

La sintaxis de la función es: **TASA(Nper;Pago;Va;[Vf];[Tipo])**

▶ **Nper:** número de periodos total.

▶ **Pago:** es el que corresponde al efectuado en cada periodo. Es constante.

▶ **Va (valor actual):** es el valor actual de una serie de pagos futuros.

▶ **Vf y Tipo:** son opcionales, no es necesario completarlas.

Veamos un ejemplo: queremos calcular la tasa de interés para un periodo total de 48 pagos. El préstamo es de 100.000 € y la cuota mensual a abonar es de 700 €.

Pulsamos en el botón Insertar Función y accedemos al cuadro de diálogo **Argumentos de la función**:

El resultado es el siguiente:

	A	B
1	**Datos**	
2	Préstamo	100.000 €
3	Nº de Cuotas	48
4	Importe Cuota Mensual	-700 €
5		-3,80%
6	=TASA(B3;B4;B2)	

La tasa de interés asciende al 3,80%.

23.6 INT.PAGO.DIR

Calcula el interés abonado o recibido por el período especificado de una inversión o un préstamo.

La sintaxis de la función es: **INT.PAGO.DIR(Tasa;Periodo;Nper;Va)**

▶ **Tasa:** es la tasa de interés constante. Se calcula dividiendo esta por los pagos anuales, que habitualmente son 12 (uno por mes).

▶ **Periodo:** número del periodo (número de mes).

▶ **Nper:** número de periodos total.

▶ **Va :** es el valor actual de una serie de pagos futuros.

Veamos un ejemplo: queremos calcular el interés pagado en una inversión durante un periodo dado, para un préstamo de 175.000 €, el interés anual es del 5%, y el número de cuotas 240.

Pulsamos en el botón Insertar Función y accedemos al cuadro de diálogo **Argumentos de la función**:

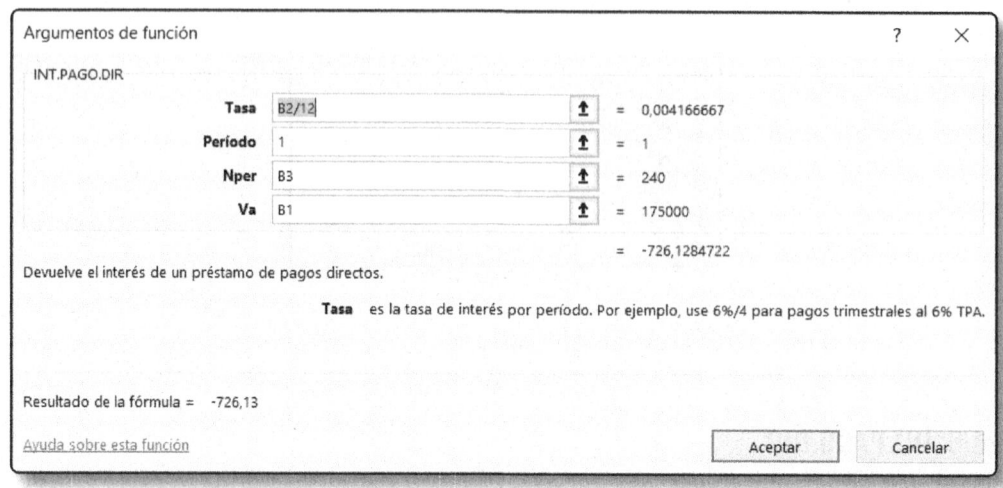

El resultado es el siguiente:

	A	B
1	IMPORTE DEL PRÉSTAMO	175.000
2	INTERÉS ANUAL	5%
3	N.º CUOTAS MENSUALES	240
4	IMPORTE INTERÉSES PERIODO DADO	-726,13
5	=INT.PAGO.DIR(B2/12;1;B3;B1)	

Vamos a ver el cálculo para la cuota 200:

Tasa	B2/12	⬆	= 0,004166667
Período	200	⬆	= 200
Nper	B3	⬆	= 240
Va	B1	⬆	= 175000
		=	-121,5277778

El resultado es -121,52.

FUNCIONES MATEMÁTICAS Y EN CADENAS

Excel ofrece una serie de funciones matemáticas y en cadenas o anidadas muy prácticas a la hora de gestionar los datos de nuestras hojas de cálculo. Vemos algunas de ellas:

24.1 FUNCIONES MATEMÁTICAS

Entre las funciones matemáticas podemos encontrar:

24.1.1 Función Sumar.Si.Conjunto

La función Sumar.Si.Conjunto devuelve la suma de los valores que hay en un rango de celdas, con la particularidad de que solo tiene en cuenta las filas que cumplen una o varias condiciones. Generalmente, usaremos esta función cuando tengamos varios criterios, ya que si hay un único criterio usaríamos la función Sumar.Si.

La sintaxis de la función es la siguiente:

Sumar.SI.Conjunto(rango_suma;rango_criterios1;criterio1;[rango_criterios2; criterio2];…)

▶ **Rango_suma**: Rango con las cantidades para sumar.

▶ **Rango_criterios1:** rango donde aparecen los valores que sirven de criterio para decidir si una fila será sumada o no.

▶ **Criterio1**: criterio para decidir si una fila se suma o no. El criterio debe ir entre comillas siempre que en él aparezca algún signo o algún texto.

En el siguiente ejemplo vamos a sumar los importes que cumplan dos criterios, que hayan sido pagados en **Efectivo** y de la sección de **Perfumería**:

	A	B	C	D	E	F
1	Nº VENTA	SECCIÓN	VENDEDOR	IMPORTE	DESCUENTO	PAGO
2	1	Perfumería	María	54,50 €	15%	Efectivo
3	2	Droguería	Raquel	14,00 €	0%	Efectivo
4	3	Droguería	Antonio	15,70 €	0%	Tarjeta
5	4	Maquillaje	Raquel	24,80 €	5%	Efectivo
6	5	Complementos	María	11,45 €	0%	Efectivo
7	6	Droguería	Raquel	80,50 €	20%	Tarjeta
8	7	Perfumería	María	44,10 €	10%	Efectivo
9	8	Complementos	Antonio	13,80 €	0%	Efectivo
10	9	Droguería	Raquel	67,85 €	20%	Efectivo
11	10	Maquillaje	María	50,80 €	15%	Tarjeta

La función es:

=SUMAR.SI.CONJUNTO(D2:D11;B2:B11;"**Perfumería**";F2:F11;"**Efectivo**").

El resultado es 130€.

24.1.2 Función Contar.Si.Conjunto

La función Contar.Si.Conjunto cuenta el número de celdas que cumplen un determinado conjunto de condiciones o criterios.

La sintaxis de la función es la siguiente:

Contar.Si.Conjunto(rango_criterios1;criterio1;[rango_criterio2; criterios2];…)

▶ **Rango_criterios1**: rango donde aparecen los valores que sirven de criterio para decidir si una fila será contada o no.

▶ **Criterio1**: criterio para decidir si una fila se suma o no. El criterio debe ir entre comillas siempre que en él aparezca algún signo o algún texto.

Tomando como referencia la tabla anterior, vamos a contar las celdas que cumplan dos criterios, que el nombre del vendedor sea Raquel y el importe vendido sea superior a 25 €.

La función es: =CONTAR.SI.CONJUNTO(**C2:C12**;"=Raquel"; **D2:D12**;">25").

El resultado es 2.

24.1.3 Función Promedio.Si.Conjunto

La función Promedio.Si.Conjunto busca el promedio (media aritmética) de las celdas que cumplen un determinado conjunto de condiciones o criterios.

La sintaxis de la función es la siguiente:

Promedio.SI.Conjunto(rango_promedio;rango_criterios1;criterio1; [rango_ criterios2; criterio2];...)

▸ **Rango_promedio**: las celdas que se van a utilizar para buscar el promedio

▸ **Rango_criterios1:** rango de celdas que vamos a evaluar para la condición que indiquemos.

▸ **Criterio1**: es la condición o criterio en forma de número, expresión o texto, que determina que celdas se utilizarán para buscar el promedio.

En el siguiente ejemplo vamos a calcular el promedio de los importes de los productos de la sección de **Droguería y Perfumería**:

	A	B	C	D	E	F
1	Nº VENTA	SECCIÓN	VENDEDOR	IMPORTE	DESCUENTO	PAGO
2	1	Perfumería	María	54,50 €	15%	Efectivo
3	2	Droguería	Raquel	14,00 €	0%	Efectivo
4	3	Droguería	Antonio	15,70 €	0%	Tarjeta
5	4	Maquillaje	Raquel	24,80 €	5%	Efectivo
6	5	Complementos	María	11,45 €	0%	Efectivo
7	6	Droguería	Raquel	80,50 €	20%	Tarjeta
8	7	Perfumería	María	44,10 €	10%	Efectivo
9	8	Complementos	Antonio	13,80 €	0%	Efectivo
10	9	Droguería	Raquel	67,85 €	20%	Efectivo
11	10	Maquillaje	María	50,80 €	15%	Tarjeta

La función es: =PROMEDIO.SI.CONJUNTO(**D2:D11;B2:B11;"Droguer ía"; B2:B11;"Perfumería"**).

24.1.4 Función Suma.Producto

La función Suma.Producto devuelve la suma de los productos de rangos o matrices correspondientes.

La sintaxis de la función es la siguiente:

Suma.Producto(matriz1;[matriz2];[matriz3];…)

▶ **Matriz1:** contiene los valores que se desean multiplicar y después sumar. Son de 2 a 255 matrices y todas deben de tener las mismas dimensiones.

En el siguiente ejemplo vamos a calcular la suma de los importes de la cantidad de productos vendidos:

	A	B	C	D	E	F	G
1	VENTA Nº	SECCIÓN	VENDEDOR	CANTIDAD	IMPORTE	TOTAL	PAGO
2	1	Perfumería	María	4	54,50 €	218,00 €	Efectivo
3	2	Droguería	Raquel	5	14,00 €	70,00 €	Efectivo
4	3	Droguería	Antonio	2	15,70 €	31,40 €	Tarjeta
5	4	Maquillaje	Raquel	3	24,80 €	74,40 €	Efectivo
6	5	Complementos	María	5	11,45 €	57,25 €	Efectivo
7	6	Droguería	Raquel	2	80,50 €	161,00 €	Tarjeta
8	7	Perfumería	María	3	44,10 €	132,30 €	Tarjeta
9	8	Complementos	Antonio	4	13,80 €	55,20 €	Efectivo
10	9	Droguería	Raquel	3	67,85 €	203,55 €	Efectivo
11	10	Maquillaje	María	2	50,80 €	101,60 €	Tarjeta

La función es: =SUMA.PRODUCTO(**D2:D11;E2:E11**)

El resultado es 1.104,70 €.

En el siguiente ejemplo, queremos obtener la suma de los importes de la cantidad de productos vendidos, pero únicamente de los pagos con tarjeta.

	A	B	C	D	E	F	G
1	**VENTA Nº**	**SECCIÓN**	**VENDEDOR**	**CANTIDAD**	**IMPORTE**	**TOTAL**	**PAGO**
2	1	Perfumería	María	4	54,50 €	218,00 €	Efectivo
3	2	Droguería	Raquel	5	14,00 €	70,00 €	Efectivo
4	3	Droguería	Antonio	2	15,70 €	31,40 €	Tarjeta
5	4	Maquillaje	Raquel	3	24,80 €	74,40 €	Efectivo
6	5	Complementos	María	5	11,45 €	57,25 €	Efectivo
7	6	Droguería	Raquel	2	80,50 €	161,00 €	Tarjeta
8	7	Perfumería	María	3	44,10 €	132,30 €	Tarjeta
9	8	Complementos	Antonio	4	13,80 €	55,20 €	Efectivo
10	9	Droguería	Raquel	3	67,85 €	203,55 €	Efectivo
11	10	Maquillaje	María	2	50,80 €	101,60 €	Tarjeta
12		Forma de pago:	Tarjeta		426,30 €		
13			=SUMAPRODUCTO(D2:D11;E2:E11*(G2:G11=C12))				

=SUMAPRODUCTO(D2:D11;E2:E11*(G2:G11=C12))

El resultado en este caso es 426,30 €.

24.1.5 Función Redondear

La función Redondear redondea un número a la cantidad de posiciones decimales especificada.

La sintaxis de la función es la siguiente:

Redondear(número;número de decimales)

En el siguiente ejemplo se redondea el número 2,1234 con dos decimales.

=redondear(2,1234;2)

El resultado es 2,12.

24.1.6 Función Entero

La función Entero devuelve la parte entera de un número con decimales.

La sintaxis de la función es la siguiente:

Entero(número)

En el siguiente ejemplo se extrae la parte entera del número 2,98:

=entero(2,98)

El resultado es 2.

24.1.7 Función Aleatorio

La función Aleatorio devuelve un número aleatorio con decimales entre los valores 0 y 1.

La sintaxis de la función es la siguiente:

Aleatorio()

=aleatorio()

El resultado es 0,294838526713151.

24.1.8 Función Aleatorio.Entre

La función Aleatorio.Entre devuelve un número aleatorio entre dos valores que indiquemos.

La sintaxis de la función es la siguiente:

Aleatorio.Entre(inferior;superior)

=aleatorio.entre(1;10)

El resultado es un número entre 1 y 10.

24.1.9 Función Agregar

La función **Agregar** de Excel está dentro de las funciones matemáticas. Permite implementar otras funciones de Excel como son Suma, Máximo, Mínimo, Promedio, etc. La ventaja que ofrece es que permite la omisión de errores.

La sintaxis de la función es la siguiente:

Agregar(Núm_función;opciones;ref1;[ref2])

▸ **Núm_función**: Un número entre 1 y 19 que especifica la función que se implementará. Por ejemplo 9 = SUMA.

▸ **Opciones**: Un número entre 0 y 7 que indica los valores que serán omitidos al ejecutar la función.

▸ **Ref1**: La referencia a la celda o rango de celdas que será utilizado por la función para realizar el cálculo.

▸ **Ref2** (opcional): Referencias a celdas o rangos adicionales. Se pueden proporcionar hasta 253 rangos adicionales.

En el siguiente ejemplo, queremos obtener la suma de las unidades vendidas por los comerciales, pero nos encontramos con un error en la celda B5, al calcular el Total utilizando la función Suma, Excel nos devuelve un error:

	A	B
1	**Comercial**	**Unidades**
2	Jorge	97
3	María	77
4	Jorge	60
5	Jose	#¿NOMBRE?
6	Jorge	85
7	Julián	54
8	Antonio	13
9	Ana	22
10	Rodrigo	45
11	Total	#¿NOMBRE?

Utilizamos la función =AGREGAR (**9;6;B2:B10**)

9 es para implementar la función Suma.

6 se corresponde con "Omitir valores de error".

B2:B10 es el rango que queremos sumar.

El resultado es el siguiente:

	A	B
1	**Comercial**	**Unidades**
2	Jorge	97
3	María	77
4	Jorge	60
5	Jose	#¿NOMBRE?
6	Jorge	85
7	Julián	54
8	Antonio	13
9	Ana	22
10	Rodrigo	45
11	Total	453

En el siguiente ejemplo, se ha obtenido el promedio de las unidades teniendo en cuenta sólo las celdas que están a la vista, obviando las filas ocultas (4-7):

	A	B
1	**Comercial**	**Unidades**
2	Jorge	97
3	María	77
8	Antonio	13
9	Ana	22
10	Rodrigo	45
11	Total	50,8

La función es la siguiente: AGREGAR (**1;5;B2:B10**)

1 es para implementar la función Promedio.

5 se corresponde con "Omitir filas ocultas".

B2:B10 es el rango que queremos promediar.

Si se muestran las filas ocultas, la función Agregar se actualizará y las tendrá en cuenta en el resultado del promedio:

	A	B
1	**Comercial**	**Unidades**
2	Jorge	97
3	María	77
4	Jorge	60
5	Jose	50
6	Jorge	85
7	Julián	54
8	Antonio	13
9	Ana	22
10	Rodrigo	45
11	Total	55,88888889

24.2 FUNCIONES EN CADENAS

Excel permite utilizar unas funciones dentro de otras, es lo que se llama funciones en cadenas o anidamiento de funciones. Otra de las opciones que tenemos disponibles es la gestión de cadenas de caracteres a través de las funciones de texto.

24.2.1 Anidamiento de funciones

Veamos a continuación funciones para su uso en cadenas o anidamiento:

24.2.1.1 FUNCIÓN Y

Devuelve VERDADERO si **todos** los argumentos se evalúan como **VERDADERO**; devuelve **FALSO** si uno o más argumentos se evalúan como **FALSO**. Es decir, devolverá VERDADERO si todas las condiciones establecidas se cumplen simultáneamente, y FALSO si alguna de ellas no se cumple (con que una sola de ellas no se cumpla, Excel devolverá FALSO).

La sintaxis de la función es la siguiente:

Y (valor_lógico1; valor_lógico1…)

En el siguiente ejemplo queremos saber si el contenido de la celda B3 está comprendido entre 1 y 5.

La fórmula sería: **=Y(B3>=1;B3<=5)**. En este caso la función devuelve VERDADERO porque en B3 hay un 4.

También podemos preguntar por datos de tipo texto y numéricos, por ejemplo, la siguiente función: **=Y(A4="Ana";B4>=5)**, también devuelve VERDADERO.

24.2.1.2 FUNCIÓN O

Devuelve **VERDADERO** si **alguno** de los argumentos se evalúa como **VERDADERO**; devuelve **FALSO** si todos los argumentos son **FALSO**. Es decir, devolverá VERDADERO si cualquiera de las condiciones establecidas se cumple, y FALSO si ninguna de ellas se cumple (con que una sola de ellas no se cumpla, Excel devolverá FALSO)

La sintaxis de la función es la siguiente:

O (valor_lógico1; valor_lógico1…)

En el siguiente ejemplo queremos saber si el valor de una celda es mayor de 5 y si el contenido de otra celda es el nombre "Antonio".

La fórmula sería: **=O(B2>5;A2="Antonio")**. La función devuelve VERDADERO, porque, aunque el nombre de A2 no es Antonio, el contenido de la celda B2 sí es mayor de 5.

24.2.1.3 FUNCIÓN SI ANIDADA

La función SI permite realizar varias preguntas y anidar una función dentro de otra, veamos un ejemplo:

Necesitamos saber la calificación específica de cada alumno (Insuficiente, Suficiente, Bien, etc.) de un listado de notas:

	A	B	C
1	**Alumno**	**Nota**	**Calificación**
2	Juan	7	Notable
3	María	4	Insuficiente
4	Ana	5	Suficiente
5	Alberto	9	Sobresaliente
6	Isabel	6	Bien

En la celda C2 utilizamos la función SI anidada y luego rellenamos hasta C6. La fórmula de cadenas quedaría así:

=SI(B2<5;"Insuficiente";SI(B2<6;"Suficiente";SI(B2<7;"Bien";SI(B2< 9;"Notable";"Sobresaliente")))).

24.2.1.4 FUNCIÓN SI ENCADENADA CON Y Y O

Junto con la función condicional SI podemos anidar las funciones Y y O. Esto ayudará a realizar operaciones complejas con los datos en función de los criterios que tengan que cumplir.

	A	B	C	D
1	**Artículo**	**Cantidad**	**Precio unidad**	**Descuento**
2	Lápiz	29	21,74 €	
3	Estuche	49	10,74 €	
4	Bolígrafo	55	3,04 €	

Vemos algunos ejemplos:

Necesitamos calcular un descuento del 2% si la cantidad vendida es superior a 40 y además el Artículo es "Estuche".

La función sería: **=SI(Y(B2>40;A2="Estuche") ;C2*0,02;0)**

El resultado es el siguiente:

Artículo	Cantidad	Precio unidad	Descuento
Lápiz	29	21,74 €	0,00 €
Estuche	49	10,74 €	0,21 €
Bolígrafo	55	3,04 €	0,00 €

Necesitamos calcular un descuento del 2% para los artículos que sean "Lápiz" o "Bolígrafo".

La función sería: **=SI(O(A2="Lápiz";A2="Bolígrafo") ;C2*0,02;0)**

El resultado es el siguiente:

Artículo	Cantidad	Precio unidad	Descuento
Lápiz	29	21,74 €	0,43 €
Estuche	49	10,74 €	0,00 €
Bolígrafo	55	3,04 €	0,06 €

Vamos a obtener la calificación específica de cada alumno (Nota Incorrecta, Insuficiente, Suficiente, Bien, Notable y Sobresaliente) de un listado de notas utilizando el anidamiento de las funciones SI e Y:

	A	B	C
1	**Alumno**	**Nota**	**Calificación**
2	Juan	7	Notable
3	María	4	Insuficiente
4	Ana	5	Suficiente
5	Alberto	9	Sobresaliente
6	Isabel	6	Bien

En la celda C2 utilizamos las funciones SI e Y anidadas y luego rellenamos hasta C6. En el caso de que la nota evaluada no esté en ninguno de los intervalos propuestos a través de la función Y, en otro caso mostrará el mensaje **Nota Incorrecta**.

La fórmula de cadenas queda así:

**=SI(Y(B2>0;B2<5);"Insuficiente";SI(Y(B2>=5;B2<6);"Suficiente";SI(
Y(B2>=6;B2<7);"Bien";SI(Y(B2>=7;B2<9);"Notable";SI(Y(B2<=9;B2<=10);"
Sobresaliente";"Nota Incorrecta"))))**

24.2.2 Funciones en cadenas de texto

Vemos a continuación las principales funciones que trabajan con cadenas de texto:

24.2.2.1 CONCAT

La función **Concat** sirve para unir varias cadenas de texto, que están separadas en diferentes celdas, en una sola. En versiones anteriores de Excel esta función se llamaba Concatenar.

La sintaxis de la función es la siguiente:

CONCAT (Texto1; Texto2;…)

▼ **Texto1**: elemento texto1 que se quiere unir.
▼ **Texto2**: elemento texto 2 que se quiere unir.

> ⓘ **NOTA**
>
> Se pueden unir hasta 255 elementos de texto.

En el siguiente ejemplo queremos unir los apellidos y nombre de un listado de clientes que aparecen por separado:

	A	B	C
1	Nombre	Primer Apellido	Segundo Apellido
2	Ana	Ángeles	Rodríguez
3	Naira	Gutierrez	Picapiedra
4	José	Víctor	Ángeles
5	Verónica	Montes	Carrasco
6	Raquel	Castillo	Copado
7	Yurena	Alonso	Rubio
8	Andrea	Ángeles	Calleja
9	Víctor	Rodrigo	Castilla
10	Miguel Ángel	Gómez	Castilla

La función sería: **=CONCAT(A2;" ";B2;" ";B3)**

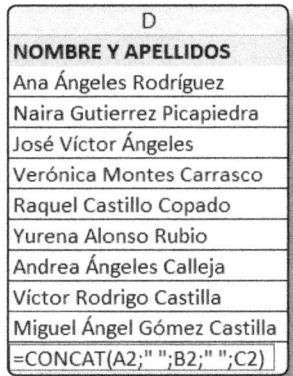

Se ha establecido un espacio en blanco (" ") para separar los contenidos de las celdas. Se puede incluir cualquier otro carácter de separación.

24.2.2.2 MAYUSC

La función **Mayusc** sirve para convertir una cadena de texto en letras mayúsculas:

La sintaxis de la función es la siguiente:

MAYUSC(Texto)

▶ **Texto**: elemento texto que se quiere convertir a letras mayúsculas.

Escribimos la función **=MAYUSC(A1)** en la celda B1:

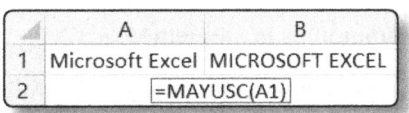

24.2.2.3 MINUSC

La función Minusc sirve para convertir una cadena de texto en letras minúsculas:

La sintaxis de la función es la siguiente:

MINUSC(Texto)

▶ **Texto**: elemento texto que se quiere convertir a letras minúsculas.

Escribimos la función **=MINUSC(A1)** en la celda B1:

	A	B
1	Microsoft Excel	microsoft excel
2	=MINUSC(A1)	

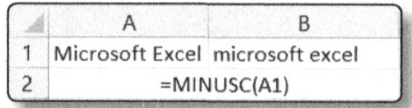

24.2.2.4 NOMPROPIO

La función **Nompropio** pone en mayúsculas el primer carácter de cada palabra:

La sintaxis de la función es la siguiente:

NOMPROPIO(Texto)

- **Texto**: cadenas que queremos que aparezcan con el primer carácter en mayúsculas.

Escribimos la función **=NOMPROPIO(A1)** en la celda B1:

	A	B
1	MICROSOFT eXcel	Microsoft Excel
2	=NOMPROPIO(A1)	

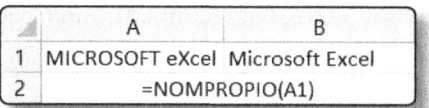

24.2.2.5 IZQUIERDA

La función **Izquierda** extrae un número de caracteres del principio de una cadena de texto:

La sintaxis de la función es la siguiente:

IZQUIERDA(Texto;[número de caracteres])

- **Texto**: texto del que queremos extraer los caracteres.
- **Número de caracteres**: argumento opcional, es el número de caracteres que queremos extraer desde la izquierda, si no se utiliza este argumento se extrae uno por defecto.

Escribimos la función **=IZQUIERDA(A1)** en la celda B1:

	A	B
1	Microsoft Excel	M

En este otro ejemplo escribimos la función **=IZQUIERDA(A1;9)** en la celda B1:

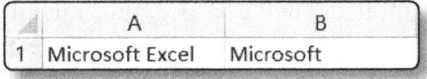

24.2.2.6 DERECHA

La función **Derecha** extrae un número de caracteres del final de una cadena de texto:

La sintaxis de la función es la siguiente:

DERECHA(Texto;[número de caracteres])

▸ **Texto**: texto del que queremos extraer los caracteres.
▸ **Número de caracteres**: argumento opcional, es el número de caracteres que queremos extraer desde el final, si no se utiliza este argumento se extrae uno por defecto.

Escribimos la función **=DERECHA(A1)** en la celda B1:

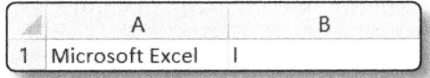

En este otro ejemplo escribimos la función **=DERECHA(A1;5)** en la celda B1:

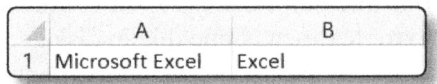

24.2.2.7 ESPACIOS

La función Espacios elimina los espacios en blanco de las cadenas de texto, excepto el espacio individual entre palabras.

La sintaxis de la función es la siguiente:

ESPACIOS(Texto)

▸ **Texto**: texto del que queremos eliminar los espacios en blanco.

Escribimos la función **=ESPACIOS(A1)** en la celda B1:

24.2.2.8 ENCONTRAR

La función Encontrar devuelve la posición inicial de una cadena de texto dentro de otra cadena de texto. Esta función distingue entre mayúsculas y minúsculas.

La sintaxis de la función es la siguiente:

ENCONTRAR(Texto buscado;Dentro del Texto;[número inicial])

- **Texto**: texto que queremos encontrar en la cadena.
- **Dentro del texto**: texto en el que queremos encontrar la cadena
- **Número inicial**: es el número a partir del cual empieza a contar hasta que encuentra el texto, si se omite por defecto es 1.

Escribimos la función **=ENCONTRAR("Eva";"Informe de Eva del año 2020";1).** El resultado es: 12.

24.2.2.9 HALLAR

La función Hallar devuelve la posición inicial de una cadena de texto dentro de otra cadena de texto. Esta función no distingue entre mayúsculas y minúsculas.

La sintaxis de la función es la siguiente:

HALLAR(Texto buscado;Dentro del Texto;[número inicial])

- **Texto**: texto que queremos encontrar en la cadena.
- **Dentro del texto**: texto en el que queremos encontrar la cadena
- **Número inicial**: es el número a partir del cual empieza a contar hasta que encuentra el texto, si se omite por defecto es 1.

Escribimos la función **=HALLAR("abad";"Juan Abad Salgado";1).** El resultado es: 6.

En la siguiente tabla tenemos que separar el nombre de los apellidos, teniendo en cuenta que aparecen espacios en blanco y que algunos no tienen el primer carácter en mayúsculas:

	A
1	NOMBRE Y APELLIDOS
2	Ana Ángeles Rodríguez
3	leire Gutierrez Picapiedra
4	José Víctor Ángeles
5	verónica montes carrasco
6	raquel Castillo copado

En la columna B incluimos la función **=espacios(A2)** para eliminar los espacios en blanco sobrantes.

En la columna C ponemos el primer carácter de cada palabra en mayúsculas utilizando la función: **=nompropio(B2).**

En la columna D hallamos el número de caracteres que tiene cada nombre utilizando la función: **=hallar(" ";C2;1).**

Para finalizar en la columna E extraemos con la función **=izquierda(C2;D2)**, de la celda D2 el nombre.

El resultado es el siguiente:

	A	B	C	D	E
1	**NOMBRE Y APELLIDOS**	**SIN ESPACIOS**	**NOMBRES PROPIOS**	**Nº CARACTERES**	**NOMBRES**
2	Ana Pérez Rodríguez	Ana Pérez Rodríguez	Ana Pérez Rodríguez	4	Ana
3	leire Gutierrez Picapiedra	leire Gutierrez Picapiedra	Leire Gutierrez Picapiedra	6	Leire
4	José sanz Martín	José sanz Martín	José Sanz Martín	5	José
5	verónica montes carrasco	verónica montes carrasco	Verónica Montes Carrasco	9	Verónica
6	raquel Castillo copado	raquel Castillo copado	Raquel Castillo Copado	7	Raquel

25

BASES DE DATOS Y FORMULARIOS

Excel permite la gestión de listados de datos como bases de datos y también la gestión de dichos datos a través de formularios.

En Excel podemos crear tres tipos diferentes de formularios:

- Formularios de datos.
- Hojas de cálculo con controles de formulario.
- Formularios de usuario en VBA.

25.1 FORMULARIOS DE DATOS

Los formularios de datos de Excel permiten introducir registros en nuestra hoja de cálculo, modificarlos y eliminarlos. También podemos hacer búsquedas de datos en los registros.

Excel puede generar automáticamente un formulario de datos para cualquier tabla. Debemos tener en cuenta que las fórmulas no se pueden modificar mediante el formulario, solo se mostrará el resultado del cálculo sin poder editarlo.

La herramienta **Formularios** no viene activa por defecto en Excel, para activarla vamos a **Archivo – Opciones – Barra de herramientas de acceso rápido**. En "Comandos disponible en:", seleccionamos **Comandos que no están en la cinta de opciones** y en la lista seleccionamos **Formulario**… A continuación, damos al botón **Agregar**>>.

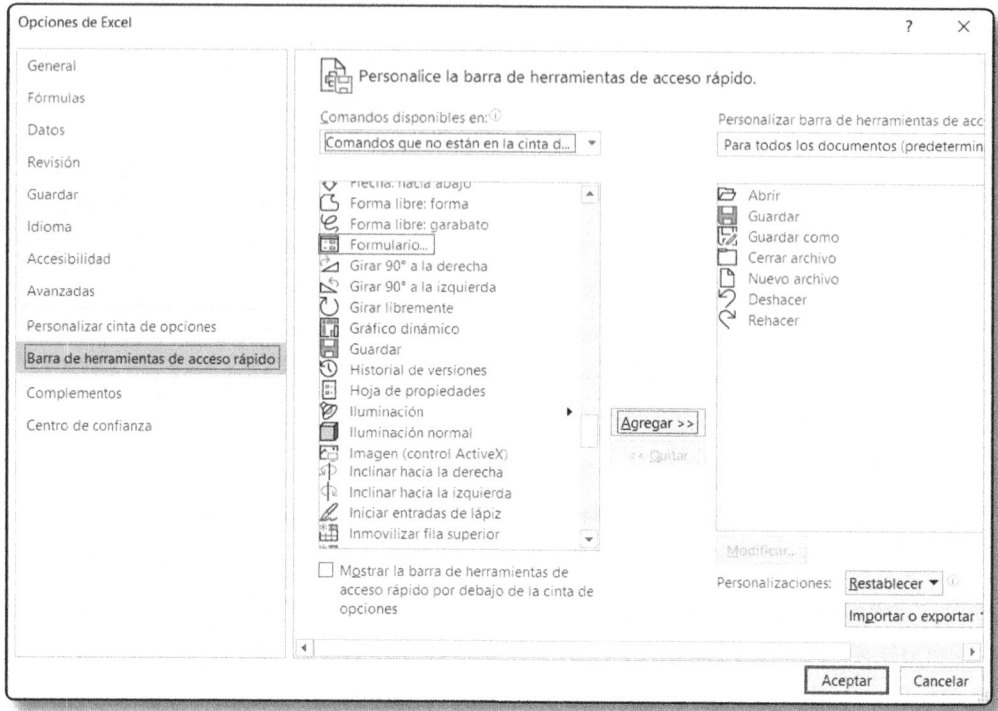

El botón aparece en la barra de herramientas de inicio rápido:

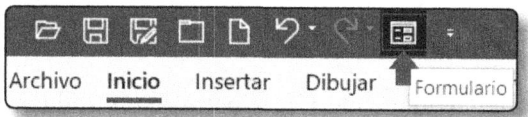

En la hoja de cálculo tenemos la siguiente estructura de base de datos:

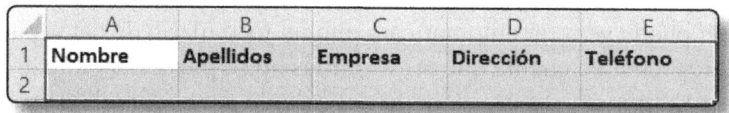

Seleccionamos el rango A1:E2 y le damos formato de tabla. Vamos a la ficha **Insertar – Tabla:**

Dejamos activa la opción "**La tabla tiene encabezados.**" y pulsamos **Aceptar**. El resultado es:

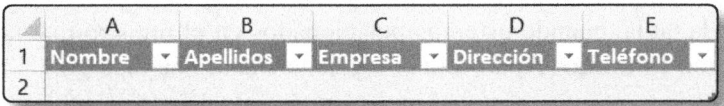

En cualquier momento podemos agregar más campos a la tabla si fuese necesario, estos aparecerán de forma automática en el cuadro **Formulario**.

25.1.1 Introducir registros

Nos posicionamos en cualquier celda de la tabla y pulsamos en el botón **Formulario** de la barra de inicio rápido (Excel detecta automáticamente la estructura de tabla y la herramienta formulario ya está operativa). Aparece el siguiente cuadro:

Completamos los datos del primer registro como aparece en la imagen y damos al botón **Nuevo**. Si nos equivocamos al introducir algún dato podemos hacer clic en el botón **Restaurar**. Se añade el registro y podemos seguir completando los datos del siguiente:

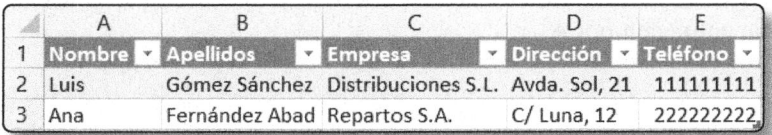

25.1.2 Eliminar registros

Con los botones **Buscar anterior** y **Buscar siguiente** nos movemos por los registros de la tabla, cuando estemos posicionados en el registro que no queramos damos al botón **Eliminar**. Aparecerá el siguiente cuadro de diálogo:

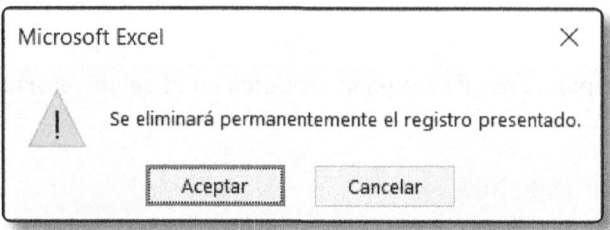

Si estamos seguros de querer eliminar el registro pulsamos en **Aceptar**. Si lo eliminamos por error tenemos la opción de **Deshacer**.

25.1.3 Buscar registros

La búsqueda de información dentro de la base de datos es muy sencilla. Por ejemplo, en la tabla vamos a localizar los clientes cuyo nombre empiece por A. En este caso el resultado tiene que mostrar los registros de Ana y Antonia.

	A	B	C	D	E
1	Nombre	Apellidos	Empresa	Dirección	Teléfono
2	Luis	Gómez Sánchez	Distribuciones S.L.	Avda. Sol, 21	111111111
3	Ana	Fernández Abad	Repartos S.A.	C/ Luna, 12	222222222
4	Juan	Sanz Teido	Logística S.L.	C/ Tierra, 34	333333333
5	Antonia	Pérez Rivera	Compras S.A.	C/ Neptuno, 1	444444444

Accedemos al cuadro de diálogo **Formulario** y pulsamos en el botón **Criterios**. Los campos de datos se ponen en blanco para que introduzcamos los criterios por los que queramos filtrar los datos.

Escribimos el siguiente criterio de búsqueda en el campo **Nombre: A*** (el asterisco sustituye a un conjunto de caracteres), para que busque los nombres de clientes que empiecen por A.

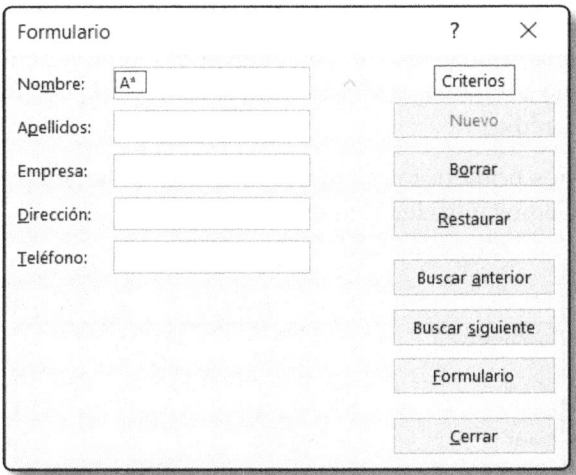

Pulsamos en el botón **Buscar siguiente** para ir visualizando los datos de los registros que cumplen el criterio de búsqueda. En nuestro caso los de Ana y Antonia.

También podemos establecer criterios del tipo: > 100, <65 , <> Juan, *S.A., etc.

25.2 HOJAS DE CÁLCULO CON CONTROLES DE FORMULARIO

Excel permite la creación de formularios con controles que gestionan los datos de nuestra hoja.

En el siguiente diseño podemos ver distintos controles que ayudarán a elegir el tipo de vivienda, complementos que podemos añadir a la vivienda, la entidad bancaria, el importe de entrada y las cuotas a devolver:

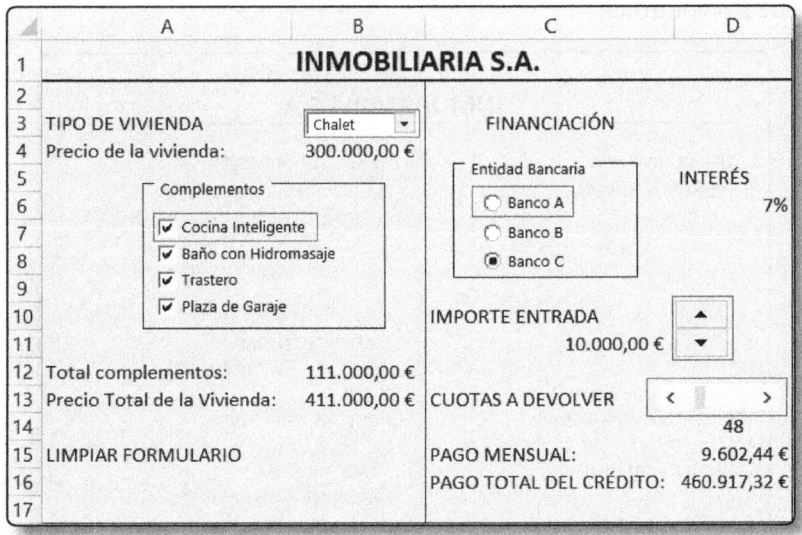

La hoja **Inmobiliaria** gestiona los datos de la venta de tipos de vivienda a las que podemos añadir una serie de complementos. Además, calcula según con la entidad bancaria que contratemos y la entrada de capital, el pago mensual del crédito y el pago total del crédito.

Introducimos primero los siguientes datos en la hoja a partir de la columna F. (también los podemos introducir en otra hoja del libro).

F	G	H	I
Datos controles			
Tipo vivienda			
Piso	150.000,00 €		
Dúplex	200.000,00 €		
Ático	250.000,00 €		
Chalet	300.000,00 €		
Complementos			Precios
Cocina Inteligente	20.000,00 €	VERDADERO	20.000,00 €
Baño con Hidromasaje	6.000,00 €	VERDADERO	6.000,00 €
Trastero	15.000,00 €	VERDADERO	15.000,00 €
Plaza Garaje	70.000,00 €	VERDADERO	70.000,00 €
Financiación			
1	9%		
2	8%		
3	7%		
Importe Entrada			

En la celda **G8** insertamos la fórmula. **=SI($H8=VERDADERO;I8;0)** y rellenamos hasta **G11**. Las cantidades de los complementos serán utilizadas posteriormente.

A continuación, introducimos el resto de los datos del formulario para pasar al diseño de los controles:

	A	B	C	D
1		INMOBILIARIA S.A.		
2				
3	TIPO DE VIVIENDA		FINANCIACIÓN	
4	Precio de la vivienda:			
5				INTERÉS
6				
7				
8				
9				
10			IMPORTE ENTRADA	
11			10.000,00 €	
12	Total complementos:			
13	Precio Total de la Vivienda:		CUOTAS A DEVOLVER	
14				60
15	LIMPIAR FORMULARIO		PAGO MENSUAL:	
16			PAGO TOTAL DEL CRÉDITO:	
17				

Los controles de formulario se insertan desde la ficha **Programador** -grupo **Controles – Botón Insertar**:

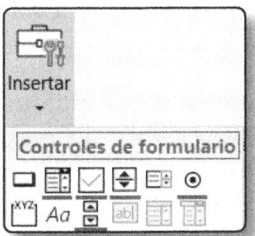

Los controles que vamos a utilizar para el diseño del formulario son: cuadro combinado, cuadro de grupo, casilla, control de número, botón de opción, y barra de desplazamiento.

25.2.1 Control de cuadro combinado

Estos controles muestran una lista desplegable con distintas opciones de las cuales sólo podemos seleccionar una. Elegimos control cuadro combinado, y lo dibujamos a partir de B3. Luego con el botón derecho del ratón accedemos a sus propiedades desde la opción **Formato de control**:

Aparece el siguiente cuadro de diálogo:

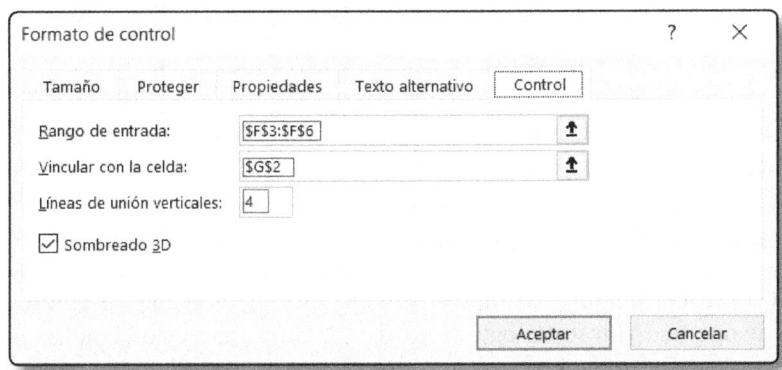

Completamos las siguientes opciones de la ficha **Control**:

▶ **Rango de entrada:** seleccionamos **F3:F6**, es donde se encuentran los 4 tipos de vivienda que podemos elegir.

▶ **Vincular con la celda:** en **G2** se muestra el resultado numérico según el tipo de vivienda elegida (Piso: 1, Dúplex: 2, Ático:3, Chalé: 4)

▶ **Líneas de unión verticales**: las opciones del rango de entrada que se verán en la lista al desplegarla, en nuestro caso las 4.

▶ **Sombreado 3D:** para dar sombra al cuadro.

Pulsamos en **Aceptar**. El resultado es:

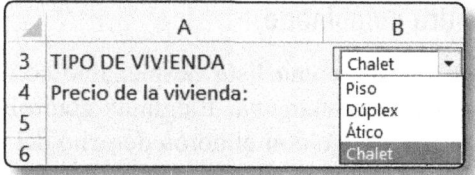

Cuando seleccionamos el tipo de vivienda de la lista desplegable, en la celda G2 se escribirá el número que le corresponda (en este caso 4 - Chalé).

En **B4** introducimos la fórmula: **=SI(G2=1;G3;SI(G2=2;G4;SI(G2=3;G5 ;G6)))**, y aparece el precio de la vivienda que hemos seleccionado anteriormente.

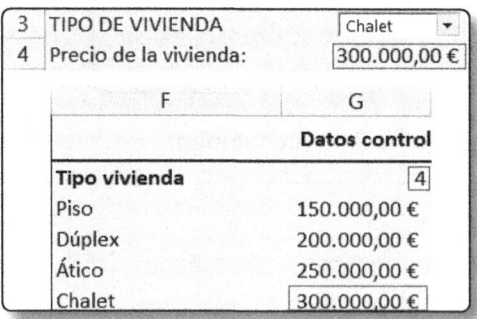

25.2.2 Control cuadro de grupo o marco

El control de cuadro de grupo se usa en combinación con los controles casilla y botones de opción. Al insertar este control en la hoja aparece un cuadro contenedor con un texto descriptivo en la parte superior. El texto se puede personalizar.

25.2.3 Control casilla

Este control permite activar o desactivar una o varias opciones, según nuestras necesidades. Dibujamos a continuación un cuadro de grupo e insertamos 4 controles casilla:

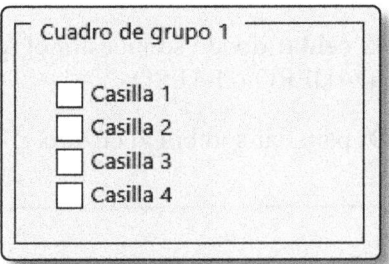

Cambiamos la descripción del cuadro de grupo y de los controles casilla para que tengan el siguiente aspecto:

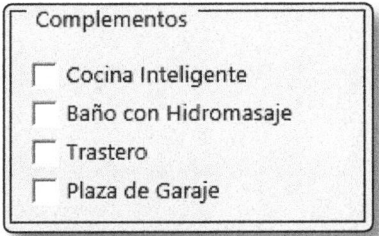

Hacemos clic en el botón derecho del ratón sobre el control **Cocina Inteligente** y vamos a la opción **Formato de control...**

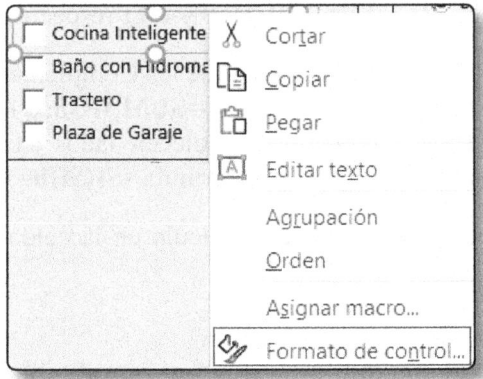

En el cuadro de diálogo configuramos las siguientes opciones en la ficha **Control**:

- **Valor**: es el valor que tendrá la casilla de verificación, puede aparecer sin Activar, Activada o en estado Mixto.
- **Vincular con la celda:** donde se muestra el resultado del control (**H8**), puede ser VERDADERO o FALSO.
- **Sombreado 3D:** para dar sombra al cuadro.

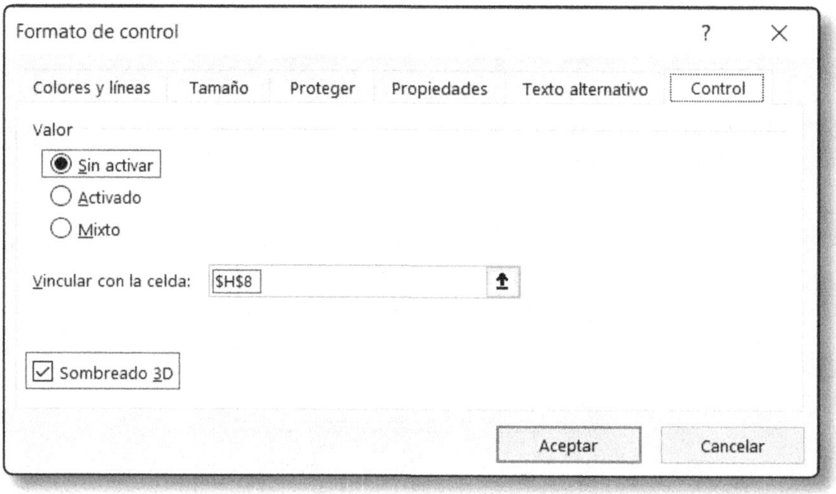

Seguimos las mismas instrucciones para los otros controles de casilla que tienen que vinculares con las celdas **H9, H10** y **H11** respectivamente.

En la celda B12 realizamos la suma de los Complementos que se marquen a través del control, introduciendo la fórmula: **=SUMA(G8:G11)**. Este rango cambia automáticamente según los Complementos seleccionados y está relacionado con el cálculo que realizamos anteriormente con la fórmula **=SI($H8=VERDADERO;I8;0).**

El precio total de la vivienda se calcula en la celda B13 con la fórmula: **=B4+B12**.

25.2.4 Control botón de opción

Estos controles de formulario solo permiten activar una opción y por eso se dice que son autoexcluyentes (al seleccionar una opción se desactiva la anterior).

Dibujamos a continuación un cuadro de grupo e insertamos 4 controles de botón de opción. Cambiamos la descripción de las etiquetas de los controles para que tengan el siguiente aspecto:

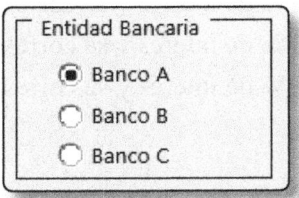

Hacemos clic en el botón derecho del ratón sobre el control **Banco A** y vamos a la opción **Formato de control...**

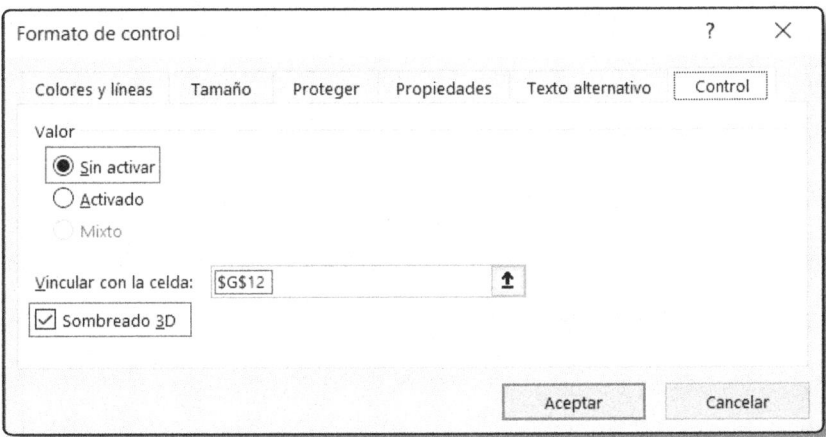

En el cuadro de diálogo configuramos las siguientes opciones en la ficha **Control**:

- ◤ **Valor**: es el valor que tendrá el botón de opción, puede aparecer Sin activar o Activado.

- ◤ **Vincular con la celda:** donde se visualiza el resultado del control (**G12**). Es un valor numérico. En este caso muestra un valor del 1 al 3, porque hay tres botones de opción

- ◤ **Sombreado 3D:** para dar sombra al cuadro.

En la celda **D6** mostramos el interés seleccionado con anterioridad a través de los botones de opción. La fórmula es: **=SI(G12=1;G13;SI(G12=2;G14;G15))**, Dependiendo del contenido de la celda G12 muestra un tipo de interés u otro:

- ◤ **G13** contiene un 9 % de interés y se corresponde con el Banco A.
- ◤ **G14** contiene un 8 % de interés y se corresponde con el Banco B.
- ◤ **G15** contiene un 7 % de interés y se corresponde con el Banco C.

25.2.5 Control de número

Este control permite incrementar o disminuir una cantidad. Dibujamos a continuación un control de número a partir de la celda D10.

Hacemos clic en el botón derecho del ratón sobre el control y vamos a la opción **Formato de control...**

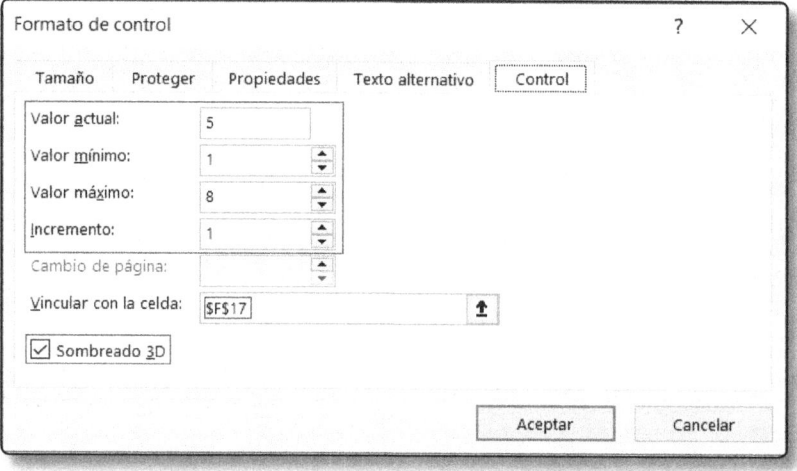

En el cuadro de diálogo configuramos las siguientes opciones en la ficha **Control**:

- ◤ **Valor actual**: es el valor actual que tiene el control (0).
- ◤ **Valor mínimo**: es el valor mínimo (0).
- ◤ **Valor máximo**: es el valor máximo (30.000).
- ◤ **Incremento:** es el incremento que tendrá el valor (1).
- ◤ **Vincular con la celda:** donde se visualiza el resultado del control (**F17**). Es un valor numérico. En este caso muestra un valor del 1 (Valor mínimo) al 8 (Valor máximo).
- ◤ **Sombreado 3D:** para dar sombra al cuadro.

Calculamos el **Importe de la entrada** en la celda **C11,** introduciendo la fórmula =F17*10000. Multiplicamos F17 por 10.000 porque el **Valor máximo** del control es de **30.000**, así podemos utilizar cantidades mayores. El importe de la entrada en nuestro ejemplo puede variar desde 10.000 hasta 80.000 €.

25.2.6 Control barra de desplazamiento

Este control es muy parecido al control de número. También permite incrementar o disminuir una cantidad, pero además incluye un puntero de desplazamiento. Dibujamos a continuación un control de barra de desplazamiento en horizontal a partir de la celda D13 (también se puede hacer en vertical).

Hacemos clic en el botón derecho del ratón sobre el control y vamos a la opción **Formato de control...**

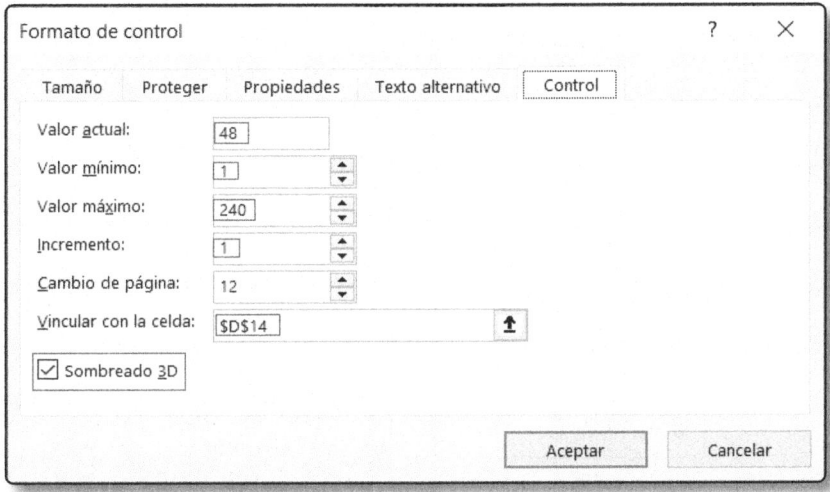

En el cuadro de diálogo configuramos las siguientes opciones en la ficha **Control**:

- ⚑ **Valor actual**: es el valor actual que tiene el control (0).

- ⚑ **Valor mínimo**: es el valor mínimo (0).

- ⚑ **Valor máximo**: es el valor máximo (100).

- ⚑ **Incremento:** es el incremento que tendrá el valor (1).

- ⚑ **Cambio de página:** se refiere al número de saltos (10) que da el puntero cuando hacemos clic dentro de la barra de desplazamiento.

▸ **Vincular con la celda:** donde se visualiza el resultado del control (**D14**). Es un valor numérico. En este caso muestra un valor del 1 (Valor mínimo) al 240 (Valor máximo).

▸ **Sombreado 3D:** para dar sombra al cuadro.

Para finalizar calculamos el Pago Mensual utilizando la función **PAGO**. Introducimos en la celda D15 la fórmula: **=ABS((PAGO(D6/12;D14;B13-C11)))**. Anidamos con la función ABS al principio, para que PAGO devuelva el valor absoluto, ya que esta función devuelve un valor negativo en color rojo.

En la celda D16 calculamos el Pago Total que hacemos una vez amortizado el crédito, introducimos en la celda D16 la fórmula: **=D15*D14.**

En el siguiente ejemplo el tipo de vivienda elegido es un Piso (150.000€), con trastero y plaza de garaje (85.000 €), que hacen un total de 235.000 €. El Banco elegido es el C, que tiene un interés del 7%. De entrada, se aportan 10.000 €, a devolver en 20 años (240 cuotas). La cuota mensual resultante asciende a: 1.744,42 €:

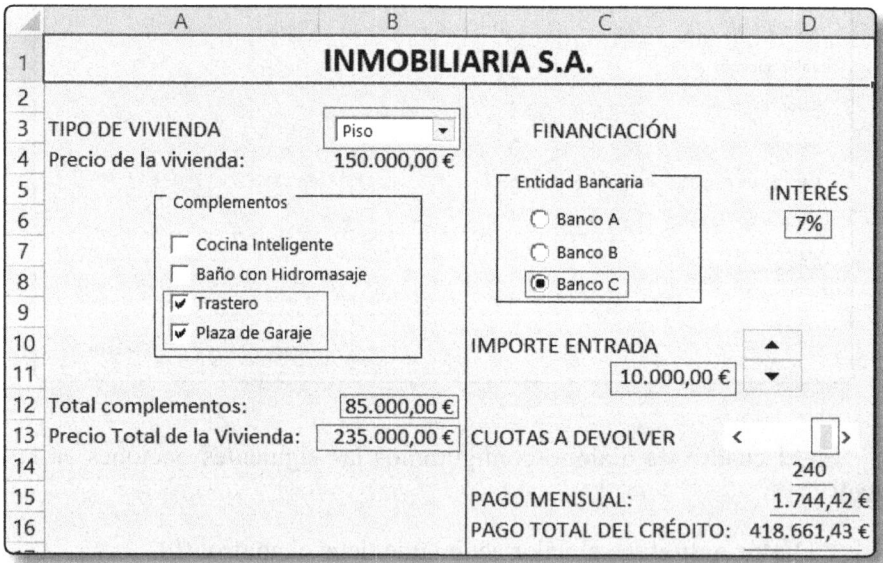

26

USO Y CREACIÓN DE MENÚS

La cinta de opciones de Excel se puede personalizar, veamos las opciones que permite configurar:

- ▶ **Activar pestañas** que no vienen por defecto como la de Programador o Dibujar. También desactivar aquellas que no queremos utilizar.

- ▶ **Crear pestañas nuevas con sus grupos y comandos específicos** para nuestro trabajo diario con la hoja de cálculo.

- ▶ **Asignar tareas específicas a los comandos** a través de las **macros** que hayamos diseñado.

26.1 ACTIVAR O DESACTIVAR PESTAÑAS

Desde **Archivo – Opciones – Personalizar cinta de opciones**, en el panel **Pestañas principales** podemos activar o desactivar las pestañas que deseemos utilizar. En este caso activamos las pestañas "Dibujar" y "Programador".

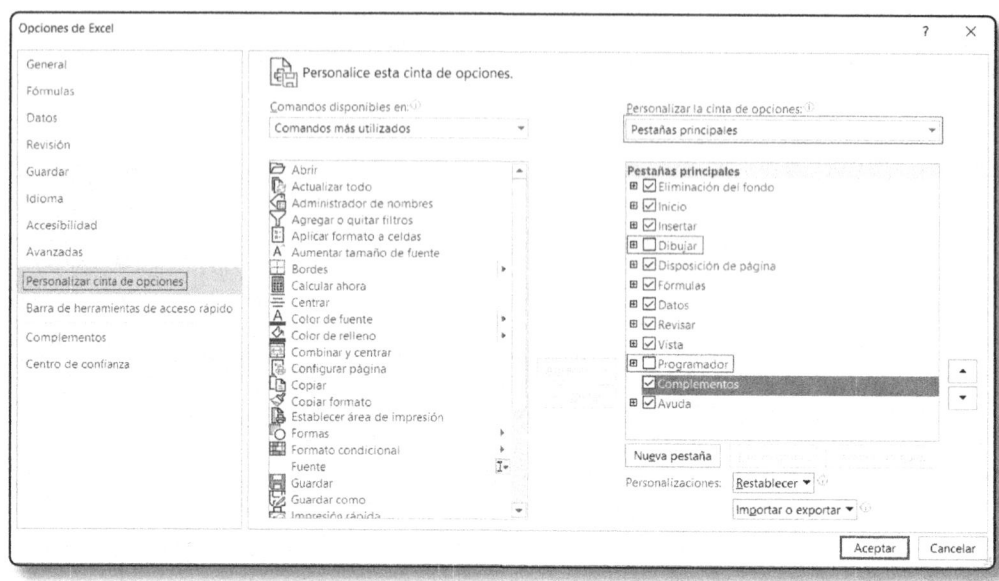

26.2 CREAR PESTAÑAS NUEVAS

En el cuadro de diálogo anterior pulsamos sobre el botón **Nueva pestaña** y se crea una nueva ficha, con un nombre por defecto: **Nueva pestaña (personalizada)**.

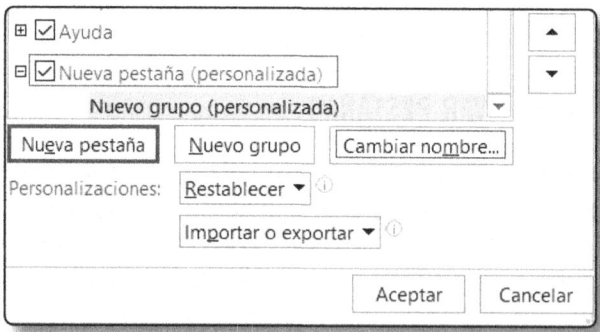

Pulsamos en el botón **Cambiar nombre...** y escribimos uno:

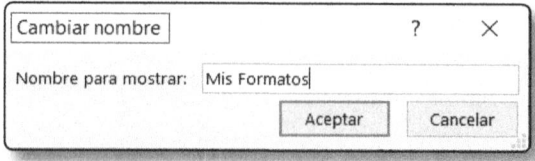

A continuación, seleccionamos **Nuevo grupo (personalizada)** y pulsamos de nuevo en el botón **Cambiar nombre...**, aparece el siguiente cuadro de diálogo:

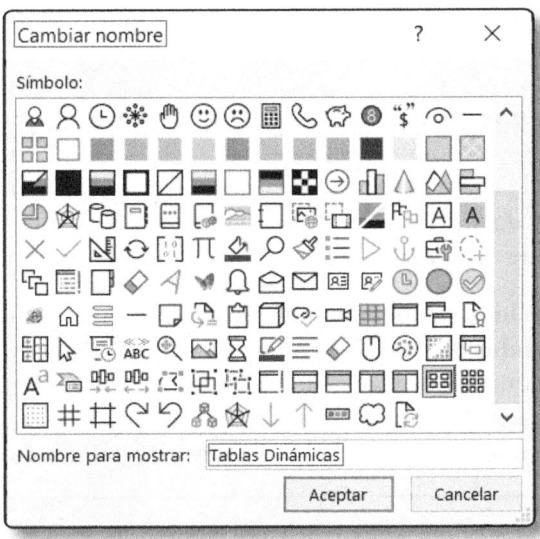

En **Nombre para mostrar** escribimos el nombre del grupo y pulsamos **Aceptar**. Desde la lista desplegable de Comandos disponibles en, seleccionamos todos los comandos (aparecen por orden alfabético) y localizamos el de **Actualizar todo** (comando de que actualiza las tablas dinámicas del libro). Pulsamos en **Agregar** y aparece en el grupo **Tablas Dinámicas**, que habíamos creado.

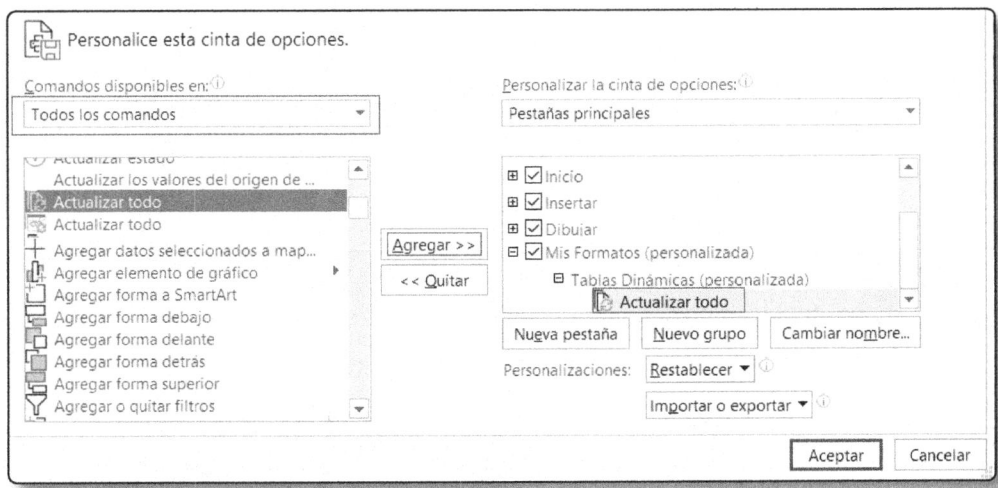

En la cinta de opciones aparecerá una nueva pestaña o ficha con el nombre **Mis Formatos**, dentro de ella el nombre del grupo, en este caso **Tablas Dinámicas,** con el comando **Actualizar todo**:

26.3 ASIGNAR MACROS A BOTONES EN LA CINTA DE OPCIONES

La ejecución de una macro también se puede asignar a un botón dentro de un grupo de cualquiera de las pestañas de la cinta de opciones. Lo habitual es hacerlo dentro de un grupo de una pestaña que hayamos creado anteriormente.

Vamos a **Archivo – Opciones – Personalizar cinta de opciones**. En la lista desplegable **"Comandos disponibles en:"** seleccionaos **Macros**. En la lista hacemos clic en la macro que queramos asignar y pulsamos en el botón **Agregar**. Previamente en el panel de la derecha hemos seleccionado el grupo y la Pestaña donde queremos incluir la macro. En nuestro caso el grupo **Macros** de la Pestaña **Mis Comandos**.

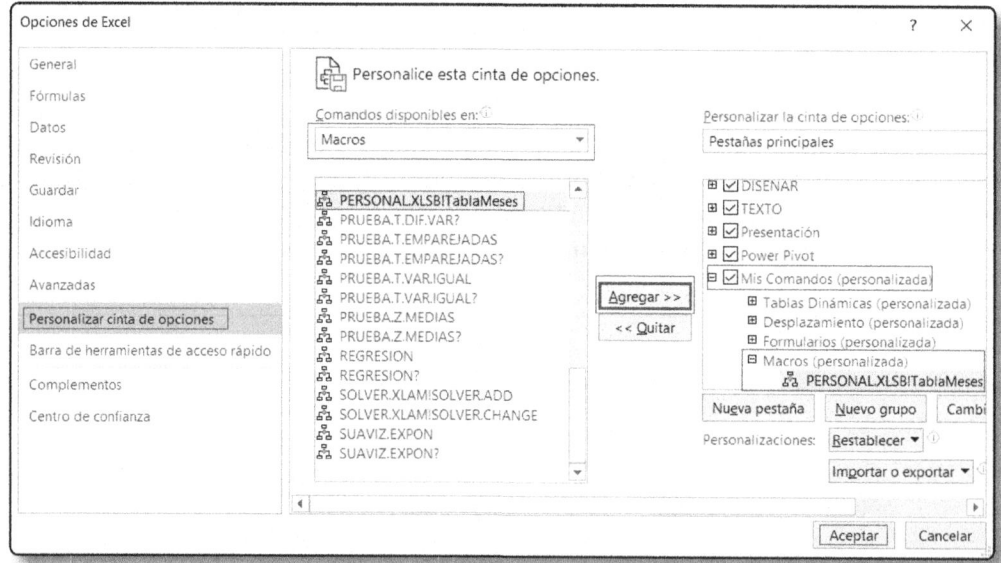

Es resultado es el siguiente:

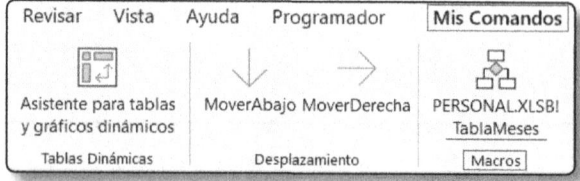

27

USO Y CREACIÓN DE PLANTILLAS

Si utilizamos habitualmente el mismo diseño o los mismos datos en un libro, podemos guardarlo como plantilla, con el objetivo de usar la plantilla para crear más libros a partir de ella y no tener que empezar desde cero.

Además de usar nuestras plantillas, tenemos la posibilidad de utilizar plantillas incluidas en la instalación de Excel e incluso descargar nuevas plantillas desde Microsoft Office Online.

27.1 CREAR UNA PLANTILLA

Diseñamos los contenidos de nuestro libro de trabajo para realizar otros libros a partir de este. Vamos a **Archivo – Guardar**, ponemos el nombre al libro y en el cuadro de diálogo en la opción **Tipo** seleccionamos **Plantilla de Excel (*.xltx)**:

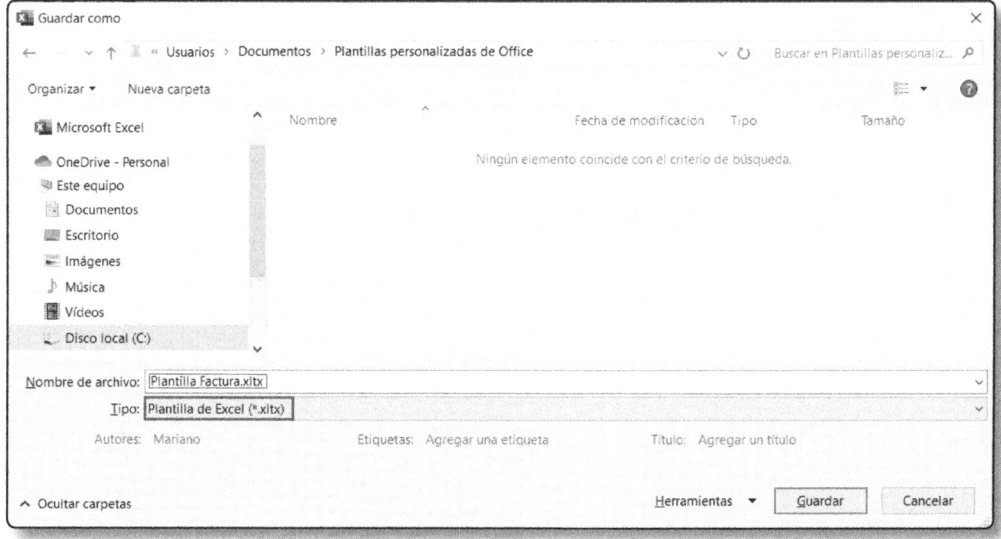

> **ⓘ NOTA**
>
> Es importante que no se modifique la ruta, ya que, si guardamos la plantilla en cualquier otra ubicación, Excel no la muestra en la pestaña **Personal**.

27.2 UTILIZAR UNA PLANTILLA DE EXCEL

Si queremos cargar una plantilla para el diseño de un nuevo libro, vamos a **Archivo - Nuevo** y dentro de la pestaña **Personal** seleccionamos la plantilla a partir de la cual queremos diseñar nuestro nuevo libro:

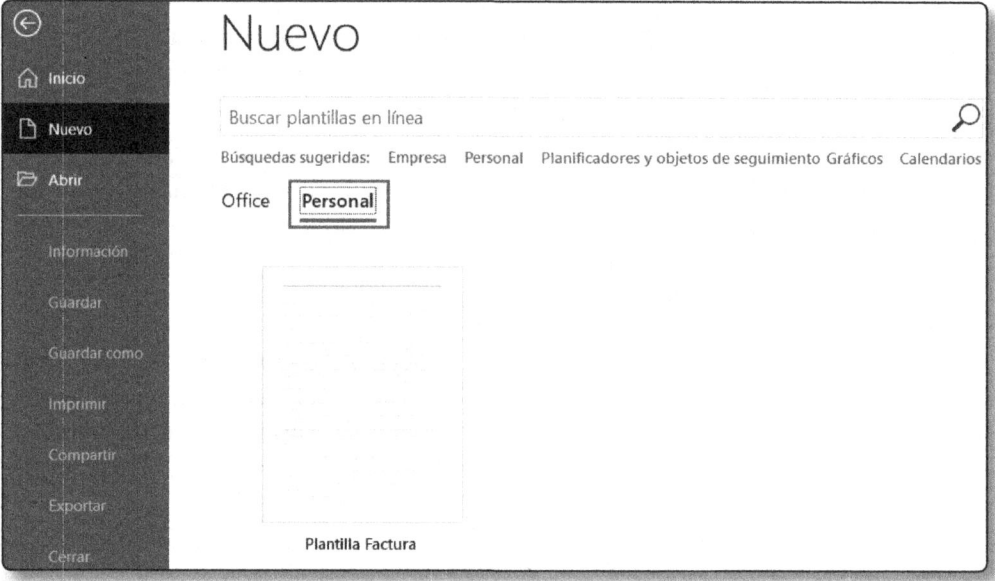

27.3 UTILIZAR PLANTILLAS ONLINE

Desde **Archivo - Nuevo** podemos utilizar la opción **Búsquedas sugeridas** para seleccionar la plantilla según las temáticas que ofrece Office:

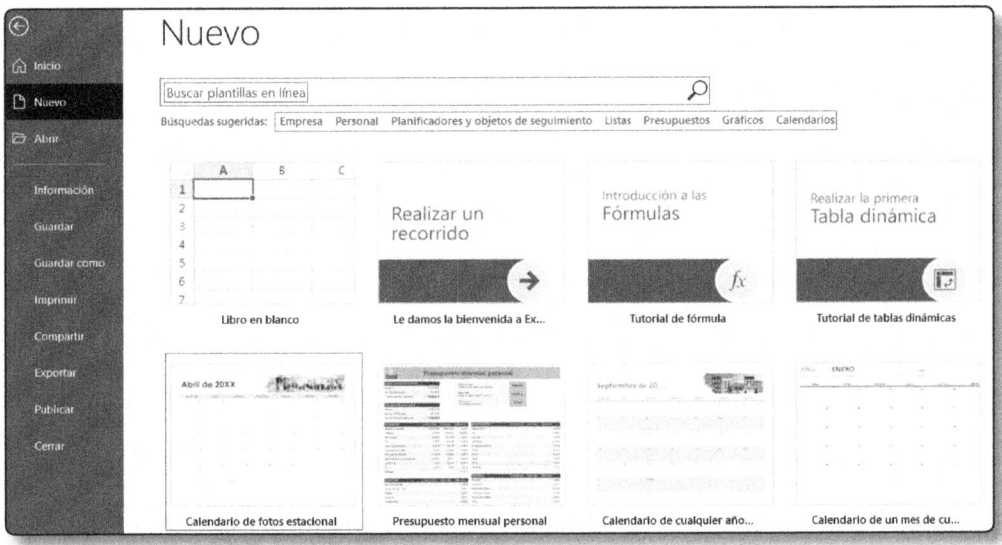

También podemos utilizar la caja de texto **Buscar plantillas en línea** (Excel se conectará al sitio web de Office) para localizar plantillas relacionadas con otra temática que no aparezca por defecto en las Búsquedas sugeridas.

Plantillas en línea de la temática Empresa:

Plantillas en línea de la temática Calendarios:

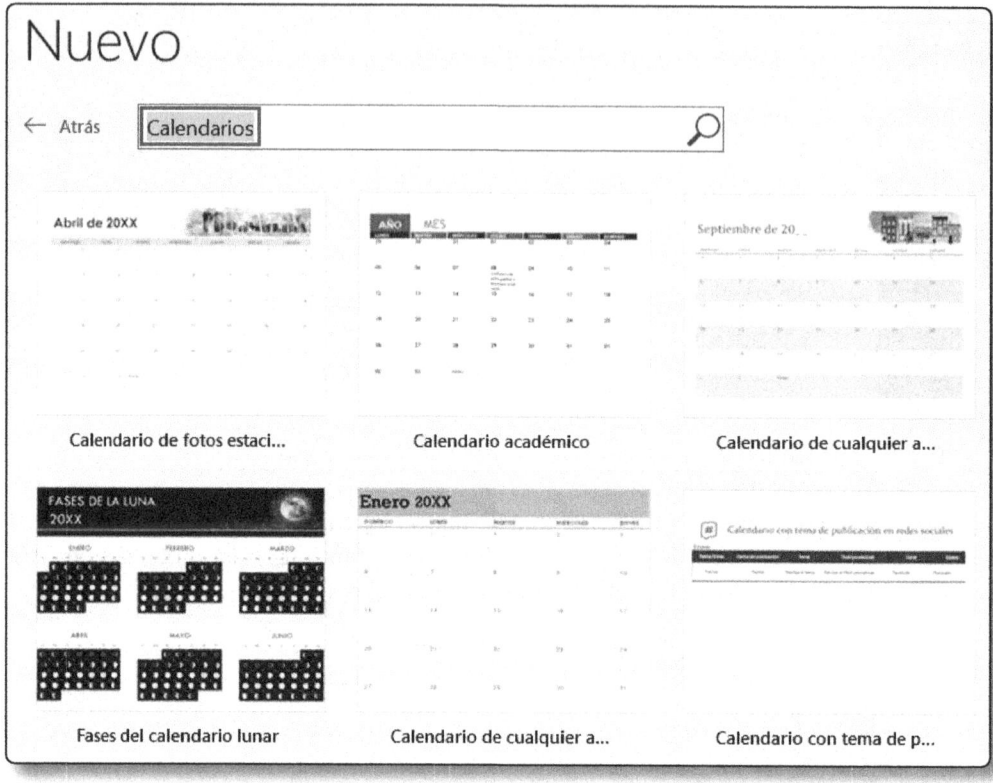

28

GESTIÓN DE LA BASE DE DATOS

En Excel es habitual tener listados muy amplios de datos con los que tenemos que realizar cálculos. Las funciones de bases de datos están especializadas en manejar estos listados y realizar cálculos utilizando criterios para llevarlos a cabo.

28.1 FUNCIONES DE BASES DE DATOS

Entre las funciones de bases de datos de Excel, encontramos las siguientes:

28.1.1 Bdsuma

Suma los valores en el campo (columna) de los registros que coinciden con las condiciones especificadas.

La sintaxis de la función es:

BDSUMA(Base_de_datos;Nombre_de_campo;Criterios)

▶ **Base de datos:** rango donde se encuentra la base de datos o listado. Se suelen utilizar nombres de rango.

▶ **Nombre de campo:** es el rótulo entre comillas dobles de la columna o un número que representa la posición de la columna en la lista.

▶ **Criterios:** es el rango de celdas que contiene las condiciones especificadas. El rango incluye un rótulo de columna y una celda bajo el rótulo para el criterio.

Veamos un ejemplo; de la siguiente tabla queremos obtener todas las unidades vendidas en la provincia de Málaga.

	A	B	C	D	E	F	G
1	Fecha	Comercial	Provincia	Articulos	Unidades	Precio unidad	Total
2	01/03/2018	Ana	Málaga	Pasta de dientes	22	3,04 €	66,88 €
3	12/02/2018	Antonio	Málaga	Pasta de dientes	13	3,04 €	39,52 €
4	08/05/2018	Eva	Madrid	Gel	65	4,56 €	296,40 €
5	02/11/2017	Jorge	Madrid	Pasta de dientes	97	3,04 €	294,88 €
6	06/12/2017	Jorge	Málaga	Pasta de dientes	60	3,04 €	182,40 €
7	09/01/2018	Jorge	Valencia	Pasta de dientes	85	3,04 €	258,40 €
8	23/12/2017	Jose	Barcelona	Colonia	95	21,74 €	2.065,30 €
9	04/04/2018	Julián	Madrid	Gel	45	4,56 €	205,20 €
10	26/01/2018	Julián	Madrid	Gel	54	4,56 €	246,24 €
11	19/11/2017	María	Barcelona	Gel	77	4,56 €	351,12 €
12	25/05/2018	Pablo	Madrid	Gel	97	4,56 €	442,32 €
13	18/03/2018	Rodrigo	Valencia	Pasta de dientes	45	3,04 €	136,80 €
14	21/04/2018	Rosa	Málaga	Pasta de dientes	83	3,04 €	252,32 €

Pulsamos en el botón Insertar Función y accedemos al cuadro de diálogo **Argumentos de la función**:

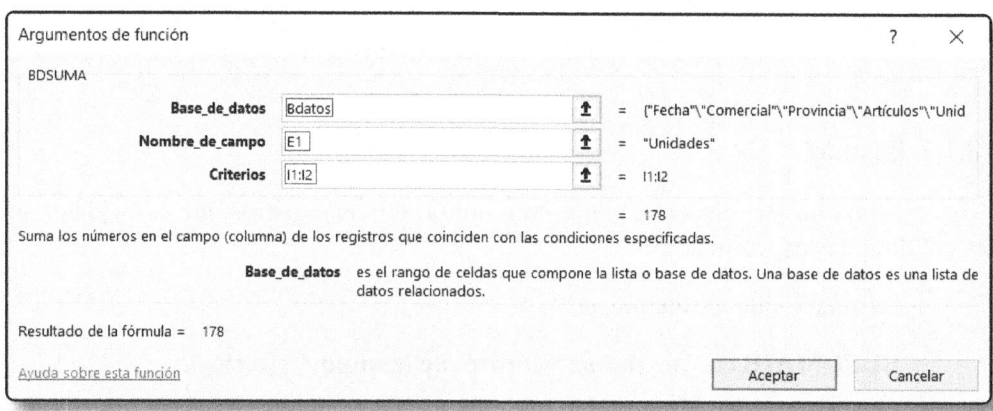

La función tiene varias formas de resolverse:

▼ **=BDSUMA(A1:G14;E1;I1:I2)**.

▼ **=BDSUMA(Bdatos;"unidades";I1:I2):** se utiliza nombre de rango para el listado y el nombre de la columna entre comillas dobles.

▼ **=BDSUMA(Bdatos;5;I1:I2):** aquí se utiliza el número de columna.

El resultado es el siguiente:

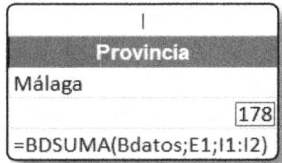

El número unidades vendidas en la provincia de Málaga es de 178.

28.1.2 Bdsuma con varios criterios

Excel ofrece la posibilidad de utilizar varios criterios en las funciones de bases de datos lo que supone una gran ventaja para los listados donde se necesitan realizar cálculos que cumplan varias condiciones a la vez.

La diferencia está en el segundo argumento donde ampliamos los criterios o condiciones a cumplir para el cálculo según nuestras necesidades.

Vemos un ejemplo; en la siguiente tabla queremos obtener la suma de las Unidades de las provincias que sean Madrid y además que el artículo sea Gel.

	A	B	C	D	E	F	G
1	Fecha	Comercial	Provincia	Artículos	Unidades	Precio unidad	Total
2	01/03/2018	Ana	Málaga	Pasta de dientes	22	3,04 €	66,88 €
3	12/02/2018	Antonio	Málaga	Pasta de dientes	13	3,04 €	39,52 €
4	08/05/2018	Eva	Madrid	Gel	65	4,56 €	296,40 €
5	02/11/2017	Jorge	Madrid	Pasta de dientes	97	3,04 €	294,88 €
6	06/12/2017	Jorge	Málaga	Pasta de dientes	60	3,04 €	182,40 €
7	09/01/2018	Jorge	Valencia	Pasta de dientes	85	3,04 €	258,40 €
8	23/12/2017	Jose	Barcelona	Colonia	95	21,74 €	2.065,30 €
9	04/04/2018	Julián	Madrid	Gel	45	4,56 €	205,20 €
10	26/01/2018	Julián	Madrid	Gel	54	4,56 €	246,24 €
11	19/11/2017	María	Barcelona	Gel	77	4,56 €	351,12 €
12	25/05/2018	Pablo	Madrid	Gel	97	4,56 €	442,32 €
13	18/03/2018	Rodrigo	Valencia	Pasta de dientes	45	3,04 €	136,80 €
14	21/04/2018	Rosa	Málaga	Pasta de dientes	83	3,04 €	252,32 €

Copiamos la cabecera de campos en otro lugar de la hoja (o bien en otra hoja), y establecemos los criterios justo debajo de las cabeceras de las columnas, en este caso en Provincia y en Artículos:

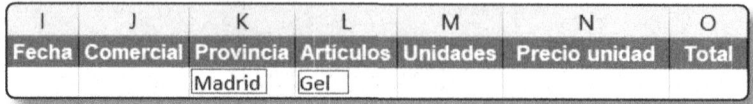

Todos los criterios que se coloquen en cada campo y en la misma fila se tienen que cumplir a la vez (el conector de unión es Y).

La función es la siguiente:

=BDSUMA(A1:G14;E1;I1:O2). El resultado es 261 unidades.

También podemos utilizar nombres de rango:

=BDSUMA(Bdatos;E1;Criterios1)

Si se incluyen criterios una fila más abajo quiere decir que se pueden cumplir unas condiciones u otras (el conector de unión es O).

En el siguiente ejemplo queremos obtener la suma de las unidades vendidas de las provincias que sean Madrid y que el artículo sea Gel, y, por otro lado, pero en el mismo resultado, que el comercial sea Jorge y el artículo sea Pasta de dientes:

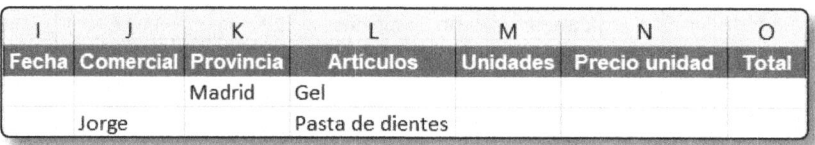

La función es la siguiente:

=BDSUMA(A1:G14;E1;I1:O3). El resultado es 261 unidades.

También podemos utilizar nombres de rango:

=BDSUMA(Bdatos;E1;Criterios2)

 **NOTA**

Utilizar varios criterios también lo podemos aplicar en las siguientes funciones de bases de datos.

28.1.3 Bdpromedio

Obtiene el promedio de los valores de una columna, lista o base de datos, que coinciden con las condiciones especificadas.

La sintaxis de la función es:

BDPROMEDIO(Base_de_datos;Nombre_de_campo;Criterios)

▶ **Base de datos:** rango donde se encuentra la base de datos o listado. Se suelen utilizar nombres de rango.

▶ **Nombre de campo:** es el rótulo entre comillas dobles de la columna o un número que representa la posición de la columna en la lista.

▶ **Criterios:** es el rango de celdas que contiene las condiciones especificadas. El rango incluye un rótulo de columna y una celda bajo el rótulo para la condición.

Veamos un ejemplo; en la tabla anterior queremos obtener el promedio de las unidades vendidas en la provincia de Madrid.

Pulsamos en el botón Insertar Función y accedemos al cuadro de diálogo **Argumentos de la función**:

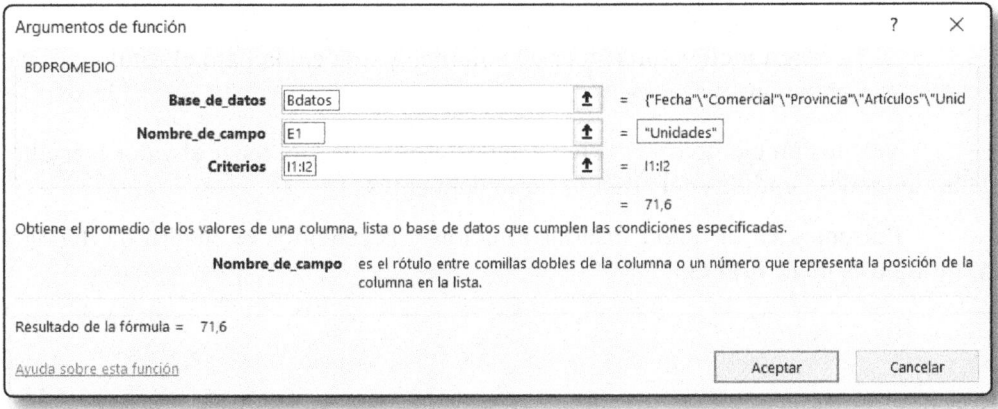

La función tiene varias formas de resolverse:

▶ **=BDPROMEDIO(A1:G14;E1;I1:I2).**

▶ **=BDPROMEDIO(Bdatos;"unidades";I1:I2):** se utiliza nombre de rango para el listado y el nombre de la columna entre comillas dobles.

▶ **=BDPROMEDIO(Bdatos;5;I1:I2):** aquí se utiliza el número de columna.

El rango de criterios y el resultado es el siguiente:

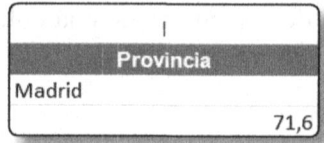

El promedio de unidades vendidas en la provincia de Madrid es de 71,6.

28.1.4 Bdmax

Obtiene el valor mayor de los valores de una columna, lista o base de datos, que coinciden con las condiciones especificadas.

La sintaxis de la función es:

BDMAX(Base_de_datos;Nombre_de_campo;Criterios)

▸ **Base de datos:** rango donde se encuentra la base de datos o listado. Se suelen utilizar nombres de rango.

▸ **Nombre de campo:** es el rótulo entre comillas dobles de la columna o un número que representa la posición de la columna en la lista.

▸ **Criterios:** es el rango de celdas que contiene las condiciones especificadas. El rango incluye un rótulo de columna y una celda bajo el rótulo para la condición.

Veamos un ejemplo; en la tabla anterior queremos obtener el valor más alto de las unidades vendidas del artículo Pasta de dientes.

Pulsamos en el botón Insertar Función y accedemos al cuadro de diálogo **Argumentos de la función**:

Argumentos de función		? ✕
BDMAX		
Base_de_datos	Bdatos ⬆	= {"Fecha"\"Comercial"\"Provincia"\"Artículos"\"Unid
Nombre_de_campo	E1 ⬆	= "Unidades"
Criterios	I1:I2 ⬆	= I1:I2
		= 97

Devuelve el número máximo en el campo (columna) de registros de la base de datos que coinciden con las condiciones especificadas.

        Nombre_de_campo es el rótulo entre comillas dobles de la columna o un número que representa la posición de la columna en la lista.

Resultado de la fórmula = 97

Ayuda sobre esta función   Aceptar   Cancelar

La función tiene varias formas de resolverse:

▶ **=BDMAX(A1:G14;E1;I1:I2)**.

▶ **=BDMAX(Bdatos;"unidades";I1:I2):** se utiliza nombre de rango para el listado y el nombre de la columna entre comillas dobles.

▶ **=BDMAX(Bdatos;5;I1:I2):** aquí se utiliza el número de columna.

El rango de criterios y el resultado es el siguiente:

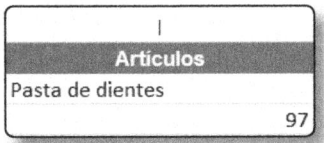

El valor mayor de unidades vendidas del artículo Pasta de dientes es de 97.

28.1.5 Bdmin

Obtiene el valor menor de los valores de una columna, lista o base de datos, que coinciden con las condiciones especificadas.

La sintaxis de la función es:

BDMIN(Base_de_datos;Nombre_de_campo;Criterios)

▶ **Base de datos:** rango donde se encuentra la base de datos o listado. Se suelen utilizar nombres de rango.

▶ **Nombre de campo:** es el rótulo entre comillas dobles de la columna o un número que representa la posición de la columna en la lista.

▶ **Criterios:** es el rango de celdas que contiene las condiciones especificadas. El rango incluye un rótulo de columna y una celda bajo el rótulo para la condición.

Veamos un ejemplo; en la tabla anterior queremos obtener el valor menor de las unidades vendidas del artículo Gel.

Pulsamos en el botón **Insertar Función** y accedemos al cuadro de diálogo **Argumentos de función**:

Argumentos de función		? ✕
BDMIN		
Base_de_datos	Bdatos ⬆	= {"Fecha"\"Comercial"\"Provincia"\"Artículos"\"Unid
Nombre_de_campo	E1 ⬆	= "Unidades"
Criterios	I1:I2 ⬆	= I1:I2
		= 45

Devuelve el número menor del campo (columna) de registros de la base de datos que coincide con las condiciones especificadas.

Nombre_de_campo es el rótulo entre comillas dobles de la columna o un número que representa la posición de la columna en la lista.

Resultado de la fórmula = 45

Ayuda sobre esta función   Aceptar   Cancelar

La función tiene varias formas de resolverse:

▸ **=BDMIN(A1:G14;E1;I1:I2)**.

▸ **=BDMIN(Bdatos;"unidades";I1:I2):** se utiliza nombre de rango para el listado y el nombre de la columna entre comillas dobles.

▸ **=BDMIN(Bdatos;5;I1:I2):** aquí se utiliza el número de columna.

El rango de criterios y el resultado es el siguiente:

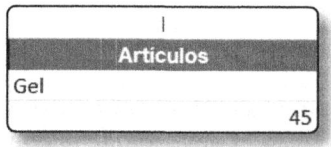

El valor menor de unidades vendidas del artículo Gel es de 45.

28.1.6 Bdcontar

Cuenta las celdas con valores numéricos en un campo (columna) de registros de una lista o base de datos, siempre que coincidan con las condiciones especificadas.

La sintaxis de la función es:

BDCONTAR(Base_de_datos;Nombre_de_campo;Criterios)

▶ **Base de datos:** rango donde se encuentra la base de datos o listado. Se suelen utilizar nombres de rango.

▶ **Nombre de campo:** es el rótulo entre comillas dobles de la columna o un número que representa la posición de la columna en la lista.

▶ **Criterios:** es el rango de celdas que contiene las condiciones especificadas. El rango incluye un rótulo de columna y una celda bajo el rótulo para la condición.

Veamos un ejemplo; en la tabla anterior queremos contar los artículos que tienen unidades vendidas del artículo Gel o bien aquellos cuyo precio de la unidad sea mayor a 20 €.

Pulsamos en el botón **Insertar Función** y accedemos al cuadro de diálogo **Argumentos de función**:

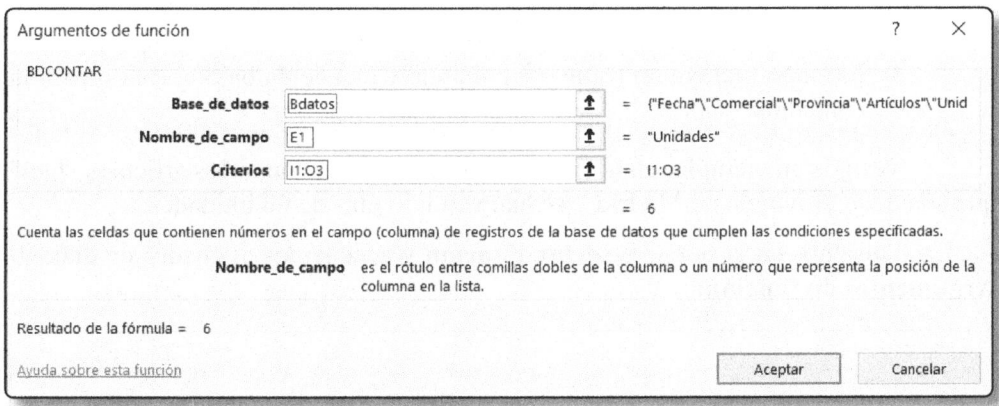

La función tiene varias formas de resolverse:

▶ **=BDCONTAR(A1:G14;E1;I1:O3)**.

▶ **=BDCONTAR(Bdatos;"unidades";I1:O3):** se utiliza nombre de rango para el listado y el nombre de la columna entre comillas dobles.

▶ **=BDCONTAR(Bdatos;5;I1:O3):** aquí se utiliza el número de columna.

El rango de criterios es el siguiente:

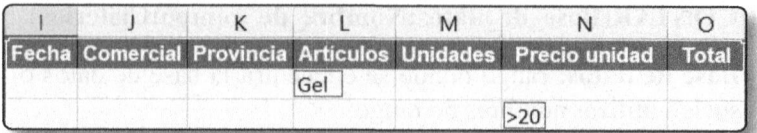

I	J	K	L	M	N	O
Fecha	Comercial	Provincia	Artículos	Unidades	Precio unidad	Total
			Gel			
					>20	

El resultado de la función es 6.

28.1.7 Bdcontara

Cuenta las celdas que no están en blanco de un campo (columna) de registros de lista o base de datos, siempre que coincidan con las condiciones especificadas.

La sintaxis de la función es:

BDCONTARA(Base_de_datos;Nombre_de_campo;Criterios)

▼ **Base de datos:** rango donde se encuentra la base de datos o listado. Se suelen utilizar nombres de rango.

▼ **Nombre de campo:** es el rótulo entre comillas dobles de la columna o un número que representa la posición de la columna en la lista.

▼ **Criterios:** es el rango de celdas que contiene las condiciones especificadas. El rango incluye un rótulo de columna y una celda bajo el rótulo para la condición.

Veamos un ejemplo; en la tabla anterior queremos contar los artículos "Gel" que son de la provincia de Madrid y se han vendido más de 60 unidades.

Pulsamos en el botón **Insertar Función** y accedemos al cuadro de diálogo **Argumentos de función**:

Argumentos de función				? ✕
BDCONTARA				
Base_de_datos	Bdatos	⬆	=	{"Fecha"\"Comercial"\"Provincia"\"Artículos"\"Unid
Nombre_de_campo	D1	⬆	=	"Artículos"
Criterios	I1:O2	⬆	=	I1:O2
			=	2

Cuenta el número de celdas que no están en blanco en el campo (columna) de los registros de la base de datos que cumplen las condiciones especificadas.

Criterios es el rango de celdas que contiene las condiciones especificadas. El rango incluye un rótulo de columna y una celda bajo el rótulo para una condición.

Resultado de la fórmula =   2

Ayuda sobre esta función   Aceptar   Cancelar

La función tiene varias formas de resolverse:

▼ **=BDCONTARA(A1:G14;D1;I1:O2)**.

▼ **=BDCONTARA(Bdatos;"artículos";I1:O2):** se utiliza nombre de rango para el listado y el nombre de la columna entre comillas dobles.

▼ **=BDCONTARA(Bdatos;4;I1:O2):** aquí se utiliza el número de columna.

El rango de criterios es el siguiente:

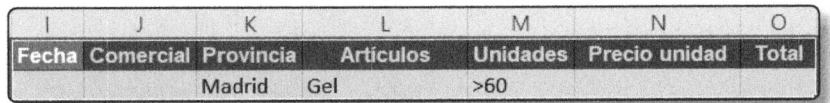

I	J	K	L	M	N	O
Fecha	**Comercial**	**Provincia**	**Artículos**	**Unidades**	**Precio unidad**	**Total**
		Madrid	Gel	>60		

El resultado de la función es 2.

28.1.8 Bdextraer

Extrae un **único valor** de una columna de una lista o una base de datos que cumple las condiciones especificadas.

La sintaxis de la función es:

BDEXTRAER(Base_de_datos;Nombre_de_campo;Criterios)

▼ **Base de datos:** rango donde se encuentra la base de datos o listado. Se suelen utilizar nombres de rango.

▼ **Nombre de campo:** es el rótulo entre comillas dobles de la columna o un número que representa la posición de la columna en la lista.

▼ **Criterios:** es el rango de celdas que contiene las condiciones especificadas. El rango incluye un rótulo de columna y una celda bajo el rótulo para la condición.

Veamos un ejemplo; en la tabla anterior queremos extraer el nombre del comercial que pertenezca a la provincia de Málaga, el artículo sea "Pasta de dientes" y se hayan vendido menos de 15 unidades.

Pulsamos en el botón **Insertar Función** y accedemos al cuadro de diálogo **Argumentos de función**:

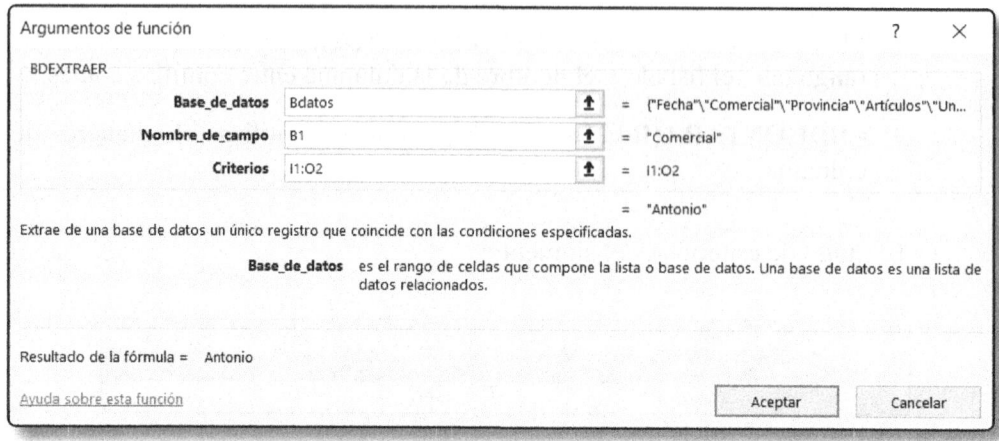

La función tiene varias formas de resolverse:

▼ **=BDEXTRAER(A1:G14;B1;I1:O2)**.

▼ **=BDEXTRAER(Bdatos;"comercial";I1:O2):** se utiliza nombre de rango para el listado y el nombre de la columna entre comillas dobles.

▼ **=BDEXTRAER(Bdatos;2;I1:O2):** aquí se utiliza el número de columna.

El rango de criterios es el siguiente:

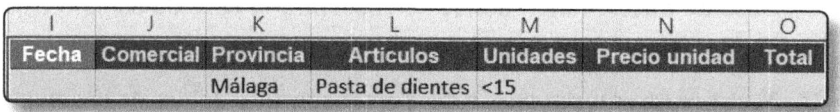

I	J	K	L	M	N	O
Fecha	Comercial	Provincia	Artículos	Unidades	Precio unidad	Total
		Málaga	Pasta de dientes	<15		

El resultado de la función es "Antonio".

Si hay más de un registro que cumple los criterios establecidos el resultado de la función es #¡NUM!.

28.1.9 Bdproducto

Multiplica los valores de un campo (columna) de registros de una lista o base de datos que cumplen las condiciones especificadas.

La sintaxis de la función es:

BDPRODUCTO(Base_de_datos;Nombre_de_campo;Criterios)

▼ **Base de datos:** rango donde se encuentra la base de datos o listado. Se suelen utilizar nombres de rango.

▼ **Nombre de campo:** es el rótulo entre comillas dobles de la columna o un número que representa la posición de la columna en la lista.

▼ **Criterios:** es el rango de celdas que contiene las condiciones especificadas. El rango incluye un rótulo de columna y una celda bajo el rótulo para la condición.

Veamos un ejemplo; en la tabla anterior queremos multiplicar el precio unidad si el comercial es Jorge, el artículo es "Pasta de dientes" y se han vendido más de 65 unidades.

Pulsamos en el botón **Insertar Función** y accedemos al cuadro de diálogo **Argumentos de función**:

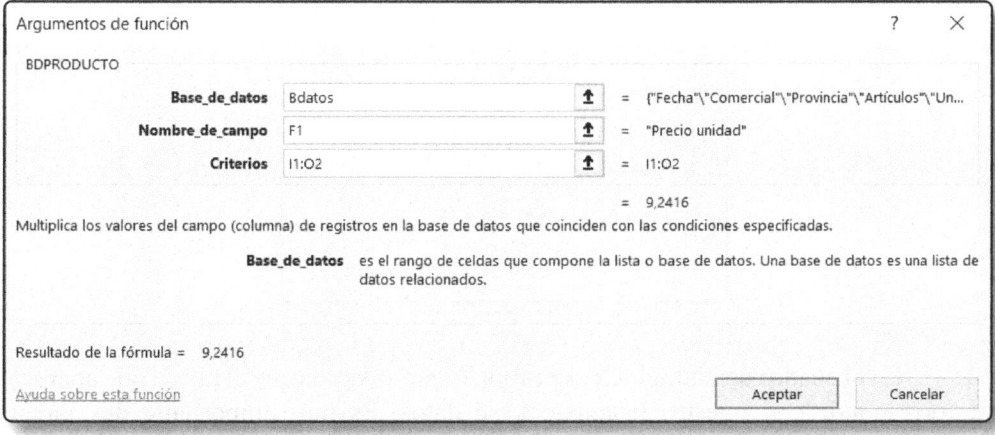

La función tiene varias formas de resolverse:

▼ **=BDPRODUCTO(A1:G14;F1;I1:O2)**.

▼ **=BDPRODUCTO(Bdatos;"precio unidad";I1:O2):** se utiliza nombre de rango para el listado y el nombre de la columna entre comillas dobles.

▼ **=BDPRODUCTO(Bdatos;6;I1:O2):** aquí se utiliza el número de columna.

El rango de criterios es el siguiente:

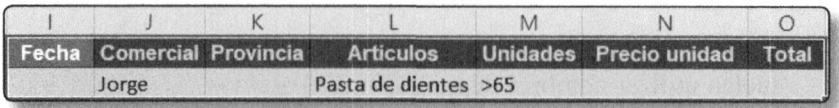

	I	J	K	L	M	N	O
	Fecha	Comercial	Provincia	Articulos	Unidades	Precio unidad	Total
		Jorge		Pasta de dientes	>65		

En este caso hay dos registros que cumplen la condición y el resultado de la función es 9,2416.

28.2 UTILIZAR TABLAS EN LAS FUNCIONES DE BASES DE DATOS

Otra opción muy práctica que ofrece Excel es poder insertar una tabla para nuestro listado o base de datos. Si creamos filas nuevas de datos en nuestra base de datos o listados, los resultados de nuestras funciones se van a actualizar automáticamente.

Seleccionamos el rango de datos, en nuestro caso A1:G14 y vamos a **Insertar – Tabla** o pulsamos **Ctrl + T**:

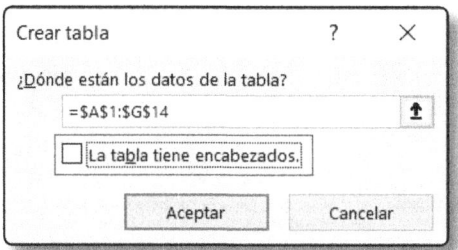

En el cuadro de diálogo **Crear tabla**, comprobamos que el rango que aparece se corresponde con nuestro listado o base datos. Es muy importante desmarcar la opción "**La tabla tiene encabezados**", para que la función de base de datos identifique el campo de la operación.

La función es la siguiente:

=BDSUMA(Tabla1;E2;Criterios1)

A continuación, si insertamos una fila la final de la tabla con nuevos datos, la función se actualiza automáticamente.

	A	B	C	D	E	F	G
1	Columna ▼	Columna ▼	Columna ▼	Columna4 ▼	Columna ▼	Columna6 ▼	Columna7 ▼
2	Fecha	Comercial	Provincia	Artículos	Unidades	Precio unidad	Total
3	01/03/2018	Ana	Málaga	Pasta de dientes	22	3,04 €	66,88 €
4	12/02/2018	Antonio	Málaga	Pasta de dientes	13	3,04 €	39,52 €
5	08/05/2018	Eva	Madrid	Gel	65	4,56 €	296,40 €
6	02/11/2017	Jorge	Madrid	Pasta de dientes	97	3,04 €	294,88 €
7	06/12/2017	Jorge	Málaga	Pasta de dientes	60	3,04 €	182,40 €
8	09/01/2018	Jorge	Valencia	Pasta de dientes	85	3,04 €	258,40 €
9	23/12/2017	Jose	Barcelona	Colonia	95	21,74 €	2.065,30 €
10	04/04/2018	Julián	Madrid	Gel	45	4,56 €	205,20 €
11	26/01/2018	Julián	Madrid	Gel	54	4,56 €	246,24 €
12	19/11/2017	María	Barcelona	Gel	77	4,56 €	351,12 €
13	25/05/2018	Pablo	Madrid	Gel	97	4,56 €	442,32 €
14	18/03/2018	Rodrigo	Valencia	Pasta de dientes	45	3,04 €	136,80 €
15	21/04/2018	Rosa	Málaga	Pasta de dientes	83	3,04 €	252,32 €
16	05/10/2017	Raquel	Madrid	Gel	51	4,56 €	232,56 €

Aunque en la tabla aparece una nueva fila con los rótulos Columna…, no interfieren en nuestro objetivo. La función se actualiza y da como resultado 312 Uds.:

I	J	K	L	M	N	O
Fecha	Comercial	Provincia	Artículos	Unidades	Precio unidad	Total
		Madrid	Gel			
312						
=BDSUMA(Bdatos;E2;Criterios1)						

29

ANÁLISIS DE SENSIBILIDAD Y CREACIÓN DE ESCENARIOS

Los análisis de datos en Excel permiten usar distintos conjuntos de valores en una o en varias fórmulas para obtener distintos resultados.

Excel proporciona las herramientas **Tablas de datos con variables** y **Escenarios** para ayudarnos en estas tareas.

29.1 TABLAS DE UNA Y DE DOS VARIABLES

Una Tabla de datos es un rango de celdas en las que puede cambiar los valores de algunas de las celdas y obtener respuestas diferentes a un problema.

Las tablas de datos trabajan solo con una o dos variables, pero pueden aceptar distintos valores para las mismas.

29.1.1 Tablas de una variable

Vamos a ver la utilidad y el funcionamiento de las tablas de una variable.

En la siguiente hoja hemos calculado la cantidad mensual a pagar (C3) durante un número de periodos y un interés fijo. Lo realizamos con la función **Pago**:

	A	B	C
1	Interés por periodo	Número periodos o Cuotas	Hipoteca
2	4%	180	57.523,89 €
3		Cantidad mensual:	425,50 €

La fórmula es la siguiente:

=ABS(PAGO(A2/12;B2;C2))

Hemos utilizado la función **PAGO** anidada dentro de la función **ABS**, para obtener el valor absoluto, ya que Pago devuelve el resultado en color rojo y en negativo.

Tenemos la necesidad de calcular las cuotas mensuales con otros tipos de interés. Creamos una tabla donde se incluyen los tipos de interés requeridos. En la celda **F1** hacemos referencia a la celda donde tenemos el resultado de la función **Pago**, en este caso incluimos la fórmula =C3 (Excel necesita este dato para saber cómo debe operar con los valores que hemos incluido en la columna E).

E	F
	425,50 €
2,00%	
2,50%	
3,00%	
3,50%	
4,00%	
4,50%	
5,00%	

Seleccionamos **desde E1 a F8** y vamos a **Datos – Previsión – Tabla de datos**:

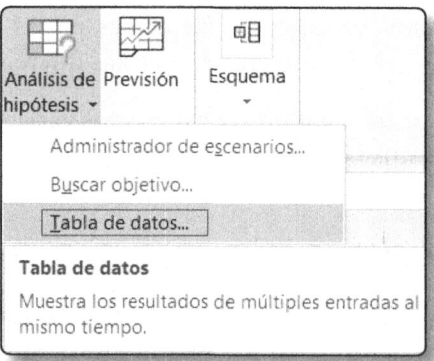

En **Celda de entrada (columna),** introducimos la variable de datos que está en la celda **A2** (el 4% de interés). Los datos que hemos incluido en la columna E, hacen referencia a diferentes intereses, para que Excel sepa que debe sustituir esos nuevos valores en el cálculo de la función **Pago**, usamos como referencia la celda donde está el valor original que se ha usado en la fórmula.

Es importante recordar, que los valores que vamos a indicar tanto en la celda de entrada de fila como en la de columna, siempre serán valores externos a la nueva tabla cuyos valores estamos calculando:

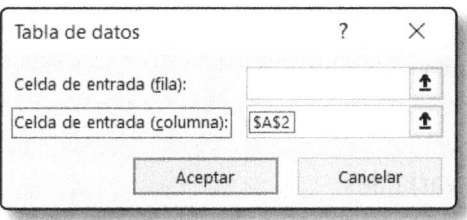

Damos a **Aceptar**, el resultado es:

E	F
	425,50 €
2,00%	370,17 €
2,50%	383,56 €
3,00%	397,25 €
3,50%	411,23 €
4,00%	425,50 €
4,50%	440,05 €
5,00%	454,90 €

Realizamos otro ejemplo colocando los datos en filas:

E	F	G	H	I	J	K	L
	2,00%	2,50%	3,00%	3,50%	4,00%	4,50%	5,00%
425,50 €							

En la celda **E2** hacemos referencia a la celda donde tenemos el resultado de la función Pago, en este caso incluimos la fórmula **=C3**.

Seleccionamos el rango **E1:L2** y vamos a **Datos – Previsión – Tabla de datos.** En **Celda de entrada (fila),** introducimos la variable de datos que está en la celda A2 (el 4% de interés):

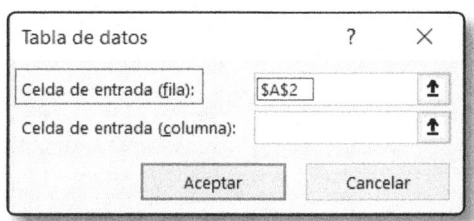

Damos a **Aceptar**, el resultado es:

E	F	G	H	I	J	K	L
	2,00%	2,50%	3,00%	3,50%	4,00%	4,50%	5,00%
425,50 €	370,17	383,56	397,25	411,23	425,50	440,05	454,90

29.1.2 Tablas de dos variables

Vamos a utilizar las dos variables de datos que pueden cambiar, en este caso el porcentaje de interés y el número de las cuotas. El objetivo es tener una tabla con los cálculos para estas dos variables.

Presentamos los datos en la hoja:

E	F	G	H	I	J
425,50 €	125	150	175	180	200
2,00%					
2,50%					
3,00%					
3,50%					
4,00%					
4,50%					
5,00%					

En la celda **E1** hacemos referencia a la celda donde tenemos el resultado de la función Pago, en este caso incluimos la fórmula =C3.

Seleccionamos el rango **E1:J8** y vamos a **Datos – Previsión – Tabla de datos.**

En **Celda de entrada (fila),** introducimos la variable de datos que está en la celda **B2** (las cuotas), y en **Celda de entrada (columna),** introducimos la variable de datos que está en la celda **A2** (el interés):

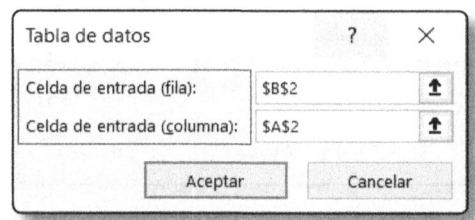

Damos a **Aceptar**, el resultado es:

E	F	G	H	I	J
425,50 €	**125**	**150**	**175**	**180**	**200**
2,00%	510,17	433,74	379,24	370,17	338,45
2,50%	523,19	446,93	392,60	383,56	351,98
3,00%	536,41	460,35	406,24	397,25	365,84
3,50%	549,83	474,03	420,17	411,23	380,03
4,00%	563,46	487,95	434,38	425,50	394,53
4,50%	577,29	502,11	448,87	440,05	409,35
5,00%	591,33	516,51	463,64	454,90	424,48

En los resultados de las tablas podemos hacer cambios según nuestras necesidades. Por ejemplo, en la celda J1 incluimos otro número de cuotas (190). Se recalcularán los importes de las cuotas para los distintos tipos de interés. Pero no podremos realizar modificaciones en ninguna de las celdas cuyos valores hemos calculado a través de esta Tabla de datos, ya que Excel los considera como parte de una matriz. Si intentamos dichas modificaciones aparecería el siguiente mensaje:

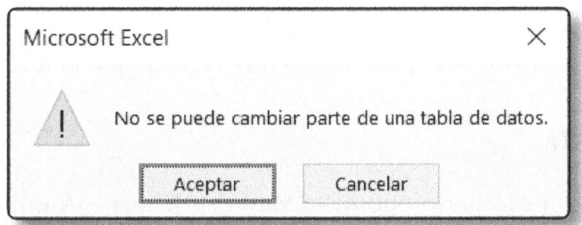

29.2 ESCENARIOS

Un **Escenario** es un conjunto de valores que Excel guarda y puede sustituir automáticamente en la hoja de cálculo. Podemos crear y guardar diferentes grupos de valores como escenarios y, a continuación, cambiar entre estos escenarios para ver los distintos resultados.

Un escenario puede tener un máximo de 32 valores distintos y podemos crear tantos escenarios como necesitemos.

Una vez que creados los escenarios, tenemos la opción de generar **Informes de Resumen**.

29.2.1 Crear escenarios

En la siguiente hoja hemos calculado la cantidad mensual a pagar (C3) durante un número de periodos y un interés fijo. Lo realizamos con la función **Pago**:

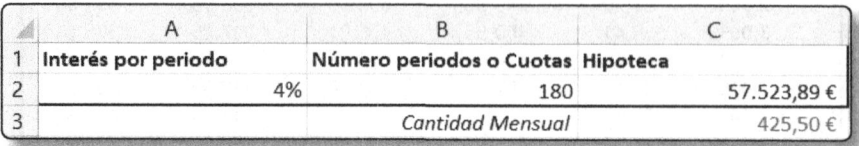

	A	B	C
1	Interés por periodo	Número periodos o Cuotas	Hipoteca
2	4%	180	57.523,89 €
3		*Cantidad Mensual*	425,50 €

Vamos a crear tres escenarios diferentes:

- ► **Optimista**: en este escenario suponemos que encontramos una entidad que ofrece un interés del 3,5% y además permite ampliar las cuotas un año más, serían 192 en total.

- ► **Real**: es el que tenemos actualmente, con un interés del 4% y un número de cuotas de 180.

- ► **Pesimista**: en este caso la entidad ofrece un interés del 5% y además obliga a devolver el préstamo o hipoteca un año antes: 168 cuotas.

29.2.1.1 OPTIMISTA

Para crear el escenario optimista vamos a **Datos – Análisis de hipótesis – Administrador de escenarios...**

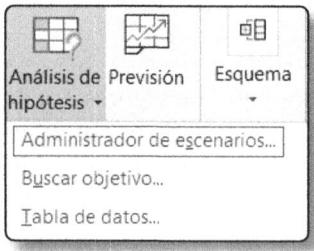

En el cuadro de diálogo que aparece pulsamos en **Agregar...**

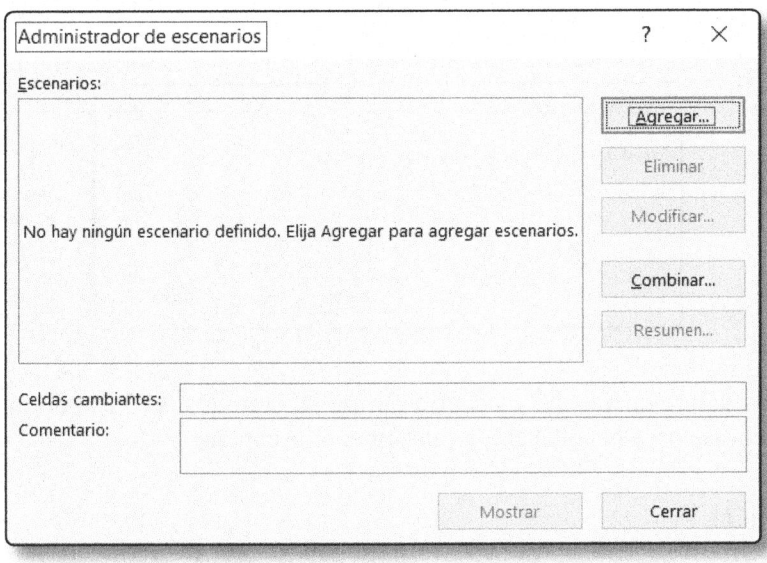

En el siguiente cuadro completamos los siguientes datos: el **Nombre del escenario (Optimista)**, las **Celdas cambiantes (A2:B2)** que contienen el interés y el número de cuotas respectivamente. También tenemos la posibilidad de introducir aclaraciones sobre el diseño de cada escenario en la opción **Comentario**.

Pulsamos en Aceptar:

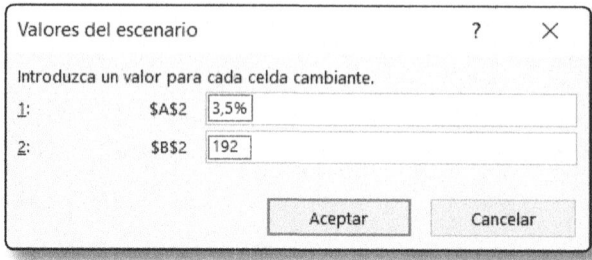

Los valores para este escenario optimista eran dos, el 3,5% de interés para **A2** y 192 cuotas para la celda **B2,** y pulsamos en Aceptar.

29.2.1.2 REAL

Para el siguiente escenario completamos los datos: en el **Nombre del escenario (Real)**, las **Celdas cambiantes (A2:B2)** que contienen el interés y el número de cuotas respectivamente. También completamos la opción **Comentario**.

Agregar escenario	? ✕

Nombre del escenario:

`Real`

Celdas cambiantes:

`A2:B2`   ⬆

Use CTRL+clic en las celdas para seleccionar las celdas cambiantes no adyacentes.

Comentario:

```
Creado por Mariano el 27/04/2020
Interés: 4%
Número de cuotas: 180
```

Protección

☑ Evitar cambios

☐ Ocultar

Aceptar   Cancelar

Pulsamos en Aceptar:

Valores del escenario	? ✕
Introduzca un valor para cada celda cambiante.	
1: $A$2	0,04 ó 4%
2: $B$2	180
Agregar Aceptar Cancelar	

Los valores para el escenario real son: el 4% de interés para **A2** y 180 cuotas para la celda **B2,** pulsamos en **Agregar.**

29.2.1.3 PESIMISTA

Para el siguiente escenario completamos los datos: en el **Nombre del escenario (Pesimista)**, las **Celdas cambiantes (A2:B2)** que contienen el interés y el número de cuotas respectivamente. También completamos la opción **Comentario**.

Agregar escenario	? ✕
Nombre del escenario:	
Pesimista	
Celdas cambiantes:	
A2:B2	⬆
Use CTRL+clic en las celdas para seleccionar las celdas cambiantes no adyacentes.	
Comentario:	
Creado por Mariano el 27/04/2020 Interés: 5% Número de cuotas: 168	
Protección	
☑ Evitar cambios	
☐ Ocultar	
Aceptar Cancelar	

Pulsamos en Aceptar:

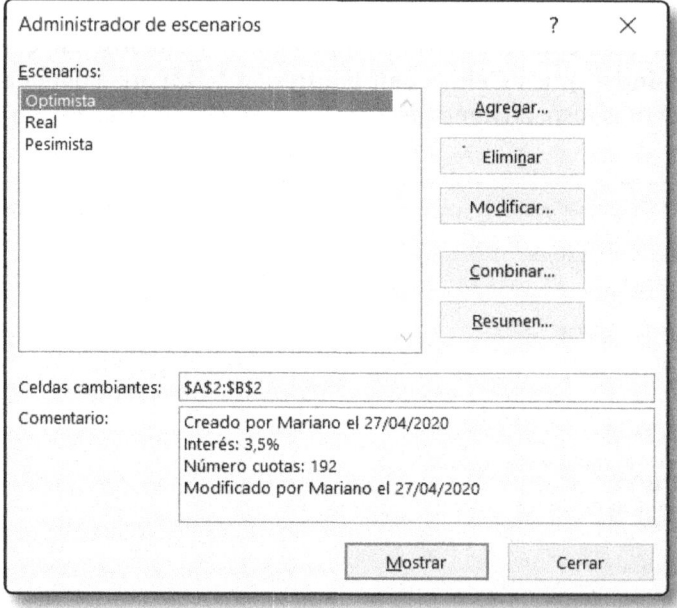

Los valores para el escenario real son: el 5% de interés para **A2** y 168 cuotas para la celda **B2,** pulsamos en Aceptar.

En el cuadro de diálogo Administrador de Escenarios aparecen los tres escenarios creados anteriormente:

29.2.2 Mostrar escenarios

Una vez creados los escenarios podemos ver el resultado de cada uno dando al botón **Mostrar** del cuadro de diálogo **Administrador de escenarios**.

Respecto a los tres escenarios creados anteriormente, si seleccionamos el **Optimista** y pulsamos en **Mostrar** el resultado es:

Si seleccionamos el **Pesimista** y pulsamos en **Mostrar** el resultado es:

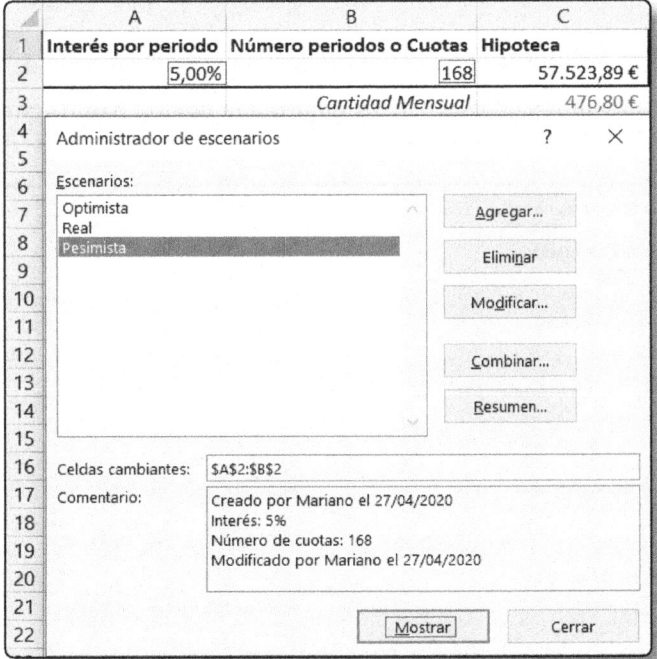

Si seleccionamos el **Real** y pulsamos en **Mostrar** el resultado es:

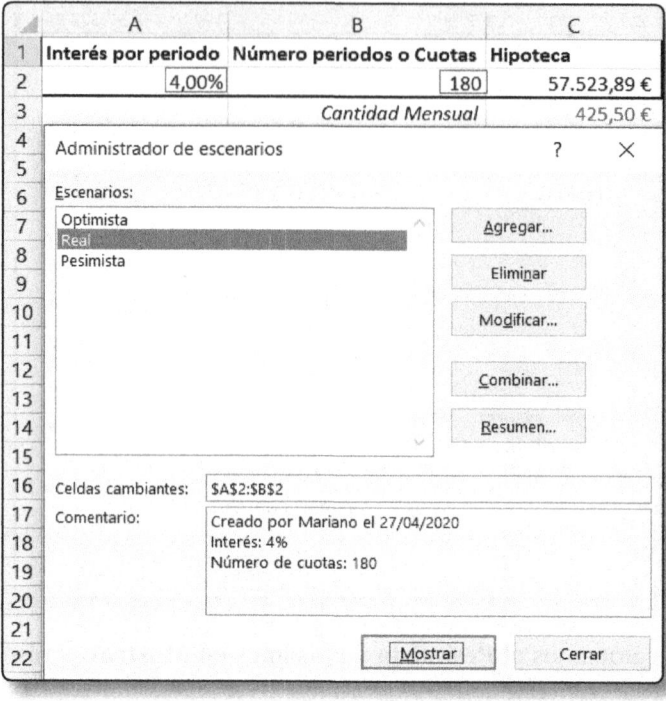

29.2.3 Modificar escenarios

Si seleccionamos un escenario y damos a la opción **Modificar...** accedemos a sus opciones de configuración y podremos cambiarlas:

29.2.4 Proteger y ocultar escenarios

Desde los cuadros de diálogo de Agregar y Modificar escenarios se pueden activar dos propiedades de **Protección** del escenario:

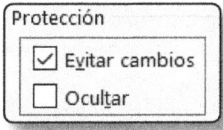

- ▶ **Evitar cambios**: Evita que se modifique el escenario cuando la hoja de cálculo está protegida. Esta opción viene activa por defecto.

- ▶ **Ocultar**: Oculta el escenario, cuando la hoja de cálculo está protegida.

29.2.5 Informes de resumen de escenarios

Cuando se tienen varios escenarios creados, podemos comparar sus resultados para tomar la decisión más adecuada en cada caso, analizando y comparando los valores de las celdas que cambian, así como ver en qué medida cambian las celdas resultantes.

Vamos a realizar un informe de resumen con todos los escenarios creados y le diremos a Excel que

En el cuadro de diálogo **Administrador de escenarios** pulsamos en el botón **Resumen**:

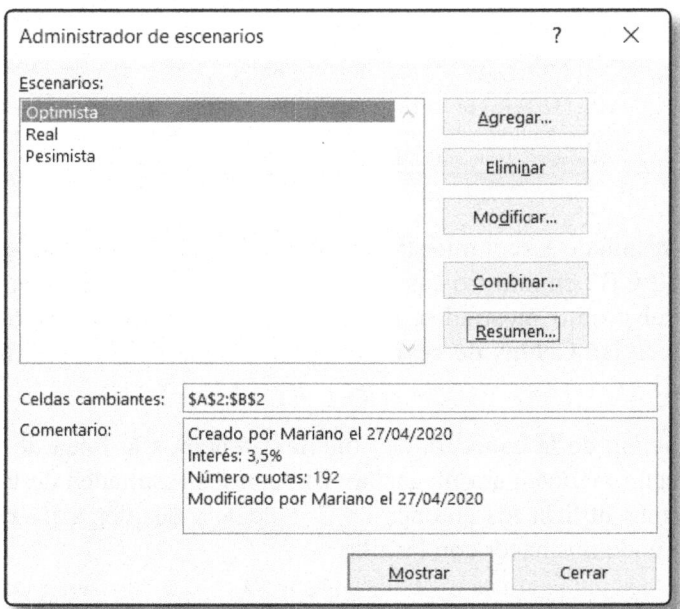

Aparece el cuadro de diálogo **Resumen del escenario**:

En **Celdas de resultado** dejamos la que viene por defecto (C3), es la que tiene el resultado de la función Pago, en **Tipo de informe** dejamos seleccionada la opción **Resumen** y damos a **Aceptar**.

El resultado del resumen aparece en una nueva hoja de cálculo, con el nombre Resumen del escenario, que se añade al libro donde estamos trabajando:

En el resultado Excel muestra primero los **Valores actuales** con las celdas cambiantes (A2 y B2 en nuestro caso). A continuación, los tres escenarios creados, el Optimista (el último mostrado), el Real y el Pesimista. En la última fila del informe aparecen las **Celdas de resultado** con los importes de las cuotas para los tres escenarios.

Por encima de la cabecera de columnas tenemos la línea de esquema con el botón del signo menos, para plegar la vista con los resultados de los escenarios. También podemos utilizar los botones 1 y 2 y plegar y desplegar los resultados. De igual forma lo podemos hacer con las filas.

29.2.6 Informes de tabla dinámica de escenarios

El resultado de los escenarios lo podemos transformar en una Tabla dinámica de Excel. En el cuadro de diálogo **Resumen del escenario** seleccionamos **Informe de tabla dinámica de escenario:**

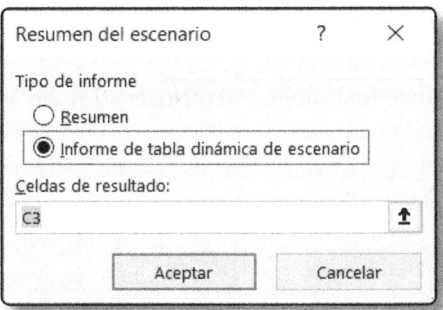

En **Celdas de resultado** dejamos la que viene por defecto (C3), es la que tiene el resultado de la función Pago, en **Tipo de informe** dejamos seleccionada la opción **Resumen** y damos a **Aceptar**. En el resultado vemos la tabla dinámica con su panel de configuración:

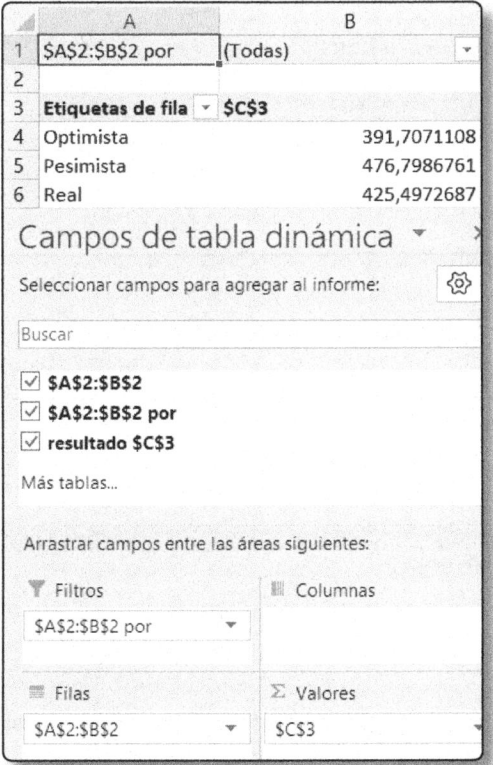

29.2.7 Combinar escenarios

En el mismo libro de Excel se pueden tener varios escenarios dentro de la misma hoja o en hojas distintas, así como en diferentes libros. Excel permite combinarlos, mostrándolos en el **Administrador de escenarios**, y resumirlos como hemos visto anteriormente. Si los escenarios están en diferentes libros, éstos deberán estar abiertos.

Entramos el cuadro de diálogo **Administrador de escenarios**:

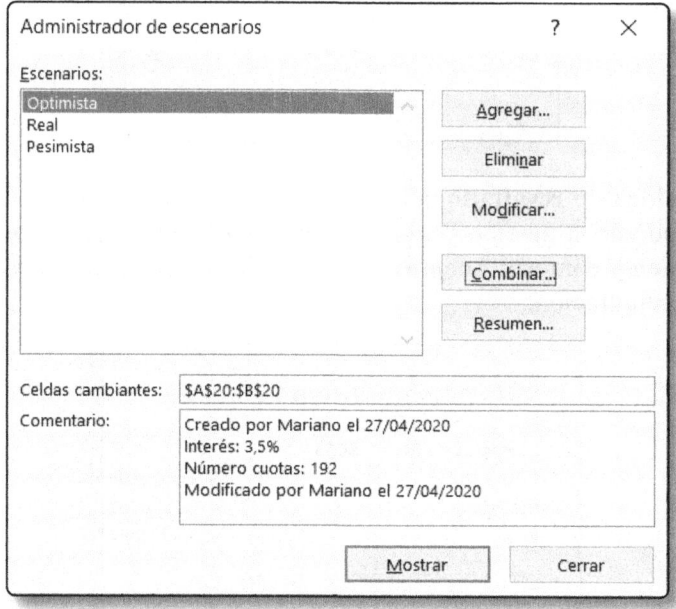

En el cuadro de diálogo pulsamos en **Combinar**:

Seleccionamos el libro que contiene el escenario, y la hoja donde está diseñado. En nuestro caso los escenarios están en el mismo libro. Seleccionamos la hoja (Escenario Gastos) y pulsamos en **Aceptar**.

El nuevo escenario se agregará en la ventana del Administrador de escenarios.

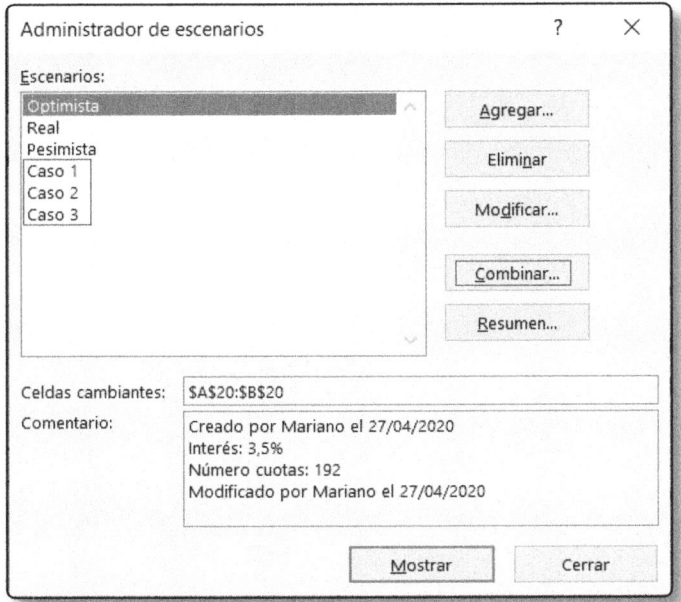

Repetir los mismos pasos para cada escenario. En el ejemplo, se han agregado 3 escenarios nuevos (Caso 1, Caso 2 y Caso 3).

Pulsamos en el botón **Resumen...**, y se muestra un resumen de todos los escenarios, tal y como hemos visto anteriormente.

30

CONCEPTOS BÁSICOS DE PROGRAMACIÓN

En Excel una **Macro** (abreviatura de Macroinstrucción) es una serie ordenada de instrucciones escritas en un lenguaje de programación llamado **VBA** (Visual Basic para aplicaciones). Las Macros se ejecutan posteriormente cuando lo indiquemos nosotros, o bien cuando ocurra algo durante la utilización de Excel.

Visual Basic es un entorno de programación orientado a objetos. En Visual Basic se programa todo lo que está relacionado con lo que pasa con un objeto. Si tenemos un botón, podemos programar lo que pasa cuando hacemos "clic", "doble clic", pasamos el cursor por encima, pulsamos el botón derecho del ratón, etc. A cada **Objeto** (botón) le corresponden unos **Eventos** (cosas que le pasan al objeto).

Utilizar el término de Objeto, en programación es bastantes parecido a lo que hacemos en la vida real.

Veamos un ejemplo. Vamos a pensar en un coche (objeto) para explicar la programación orientada a objetos:

El coche (objeto) tiene una serie de características asociadas (**Propiedades**), marca, modelo, y color. También tiene unas funcionalidades (**Métodos**), llevar personas, arrancar, frenar, parar, etc.

Los programas orientados a objetos utilizan muchos objetos para las tareas que queremos realizar, además unos objetos están contenidos dentro de otros objetos. Por ejemplo, nuestro coche será un objeto dentro del objeto Aparcamiento, y a su vez tiene otros objetos, por ejemplo, el objeto rueda, que tendrá también sus propias características (**propiedades**) y funcionalidades (**métodos**).

Excel facilita una jerarquía de objetos que sirven para automatizar o personalizar el trabajo diario. Así, por ejemplo, tenemos:

- El objeto **Application** es el objeto superior y representa a la aplicación Excel.

- El objeto **WorkBook** se refiere a los distintos libros abiertos dentro de la aplicación Excel. Depende del objeto Application.

- El objeto **WorkSheet** es el conjunto de hojas de un libro. Depende del objeto WorkBook.

- El objeto **Range** se refiere a una celda o a un rango de celdas. Normalmente depende de un objeto WorkSheet.

En resumen, un objeto Application puede contener varios Libros (WorkBooks), que contienen hojas (WorkSheets), que a su vez contienen otros objetos (por ejemplo, Range).

31

VISUAL BASIC PARA APLICACIONES (VBA)

Microsoft VBA (Visual Basic para aplicaciones - Visual Basic for Applications) es el lenguaje de macros de Microsoft Visual Basic que se utiliza para programar aplicaciones de Windows.

La automatización de tareas repetitivas o creación de Macros es uno de los usos más comunes de Visual Basic.

Cuando queremos acceder al contenido de una Macro para ver cómo está diseñada o bien poder modificarla, tenemos que acceder al editor de Visual Basic. El programa Visual Basic viene integrado con Excel.

Desde la pestaña **Desarrollador**, vamos al grupo **Código** y pulsamos en **Visual Basic**. También podemos acceder con el teclado pulsando la combinación **ALT+F11**.

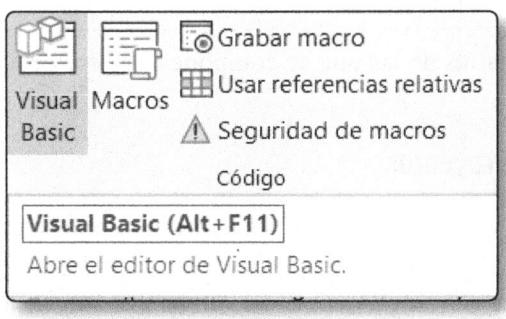

Accedemos a la siguiente ventana:

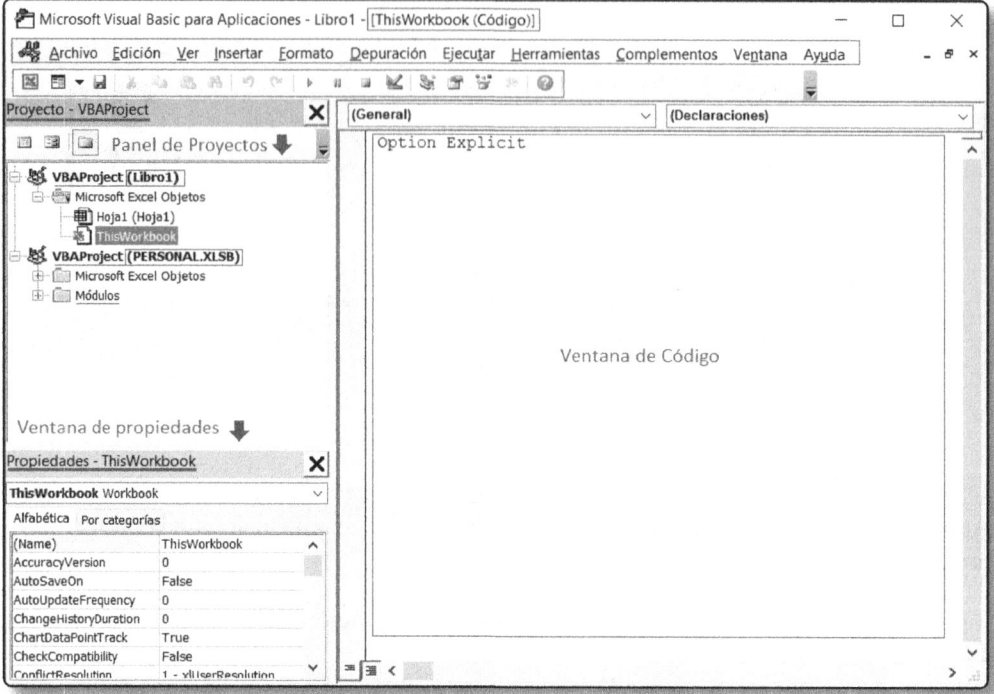

En la parte superior debajo del título de la ventana tenemos la barra de **Menús** y la barra de herramientas **Estándar**. El primer panel que aparece debajo a la izquierda es el **Panel de Proyectos** y debajo la **Ventana de Propiedades**. A la derecha tenemos la **Ventana de Código**.

31.1 EL EDITOR DE VISUAL BASIC

Veamos las partes de las que se compone el editor de Visual Basic:

31.1.1 El panel de Proyectos

En el panel de proyectos encontramos una estructura de carpetas, cada una de las cuales se corresponde con un proyecto. En la imagen vemos la carpeta correspondiente con el proyecto del Libro1 y la carpeta correspondiente al proyecto del libro Personal.

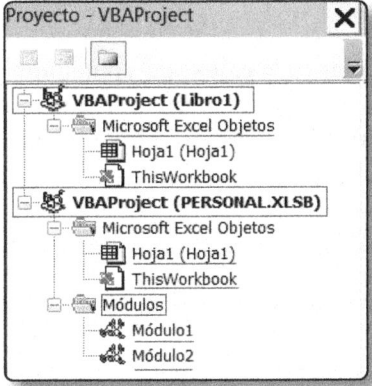

Cada proyecto dispone de dos carpetas: **Microsoft Excel Objetos** y **Módulos**. En el primer proyecto aún no aparece la carpeta Módulos porque aún no tiene ninguna Macro grabada en su interior o bien no hemos desarrollado código en un módulo nuevo.

Dentro de la carpeta Microsoft Excel Objetos aparecen las hojas (Hoja1) y un objeto que hace referencia al propio libro llamado **ThisWorkbook.**

Haciendo doble clic en **Módulo1** vemos el código de programación de ese módulo en el panel de la derecha o **ventana de Código**.

31.1.2 La ventana de Propiedades

En este panel se muestran las propiedades del elemento que tengamos seleccionado en el panel de proyectos. En el caso de tener seleccionada la **Hoja1**, el resultado es el siguiente:

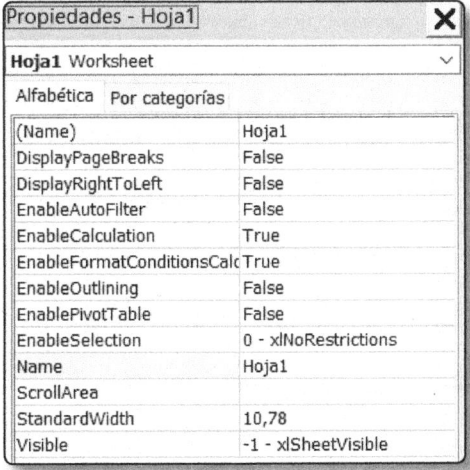

31.1.3 La ventana de Código

En la siguiente imagen vemos el contenido de uno de los módulos seleccionado previamente, se trata del código de dos Macros, que se corresponden con los procedimientos **MoverDerecha**() y **MoverAbajo**().

```
(General)

Option Explicit

Sub MoverDerecha()
'
' MoverDerecha Macro
' Mover el curso a la derecha después de una entrada
'
' Acceso directo: Ctrl+Mayús+D
'
    Application.MoveAfterReturnDirection = xlToRight
End Sub
Sub MoverAbajo()
'
' MoverAbajo Macro
' Mover el curso hacia abajo después de una entrada
'
' Acceso directo: Ctrl+Mayús+A
'
    Application.MoveAfterReturnDirection = xlDown
End Sub
```

31.1.4 Las barras de herramientas

Desde el menú **Ver – Barras de herramientas** podemos activar o desactivar las barras de herramientas según nuestras necesidades. La única barra que viene activa por defecto con el editor es la barra de herramientas estándar.

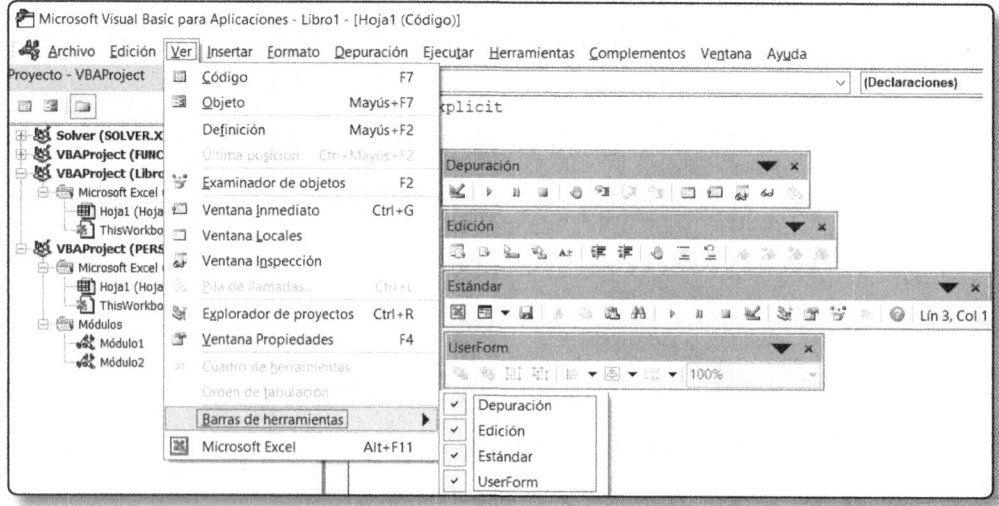

Las barras de herramientas son flotantes, las podemos arrastrar y colocar con el ratón dónde nos resulte más práctico.

31.1.5 Los comentarios, las sangrías y los saltos de línea

Los **comentarios** son textos que podemos incluir en las macros y Visual Basic no los reconoce como código. Los comentarios siempre van precedidos del carácter ' (comilla simple) y aparecen por defecto en color verde.

Los comentarios sirven como notas aclaratorias o ayuda sobre el desarrollo del código. También podemos convertir en comentarios líneas de código y viceversa según nuestras necesidades.

Teniendo activa la barra de herramientas de **Edición**, seleccionamos previamente las líneas que queremos pasar a comentarios y pulsamos en el botón **bloque con comentarios**:

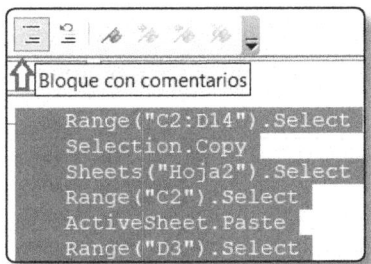

El botón a la derecha del anterior se llama **bloque sin comentarios** y hace el paso contrario.

Las **sangrías** son espacios que se establecen a la izquierda de las líneas de código para desplazar unos bloques de otros. Se pueden establecer con la tabulación o el botón **Sangría derecha** de la barra de herramientas edición.

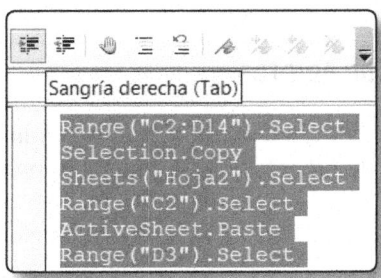

Los **saltos de línea** permiten que las líneas de código que son muy largas las podamos escribir en varias líneas sin que se dividan. Para crearlos al final de la línea hay que introducir un espacio en blanco y el carácter de subrayado. Así la línea no queda "cortada":

```
ActiveSheet.Hyperlinks.Add Anchor:=ActiveSheet.Cells(nrFila, 1), Address:="",
SubAddress:=wksHoja.Name & "!A1", TextToDisplay:=wksHoja.Name
```

31.1.6 La ayuda del editor de Visual Basic

El editor de Visual Basic ofrece una serie de ayudas mientras estamos escribiendo código:

31.1.6.1 AYUDA SOBRE LA LISTA DE PROPIEDADES Y MÉTODOS

Al escribir el nombre de un objeto, escribimos a continuación un punto y se despliega una lista con todas las propiedades y métodos del objeto:

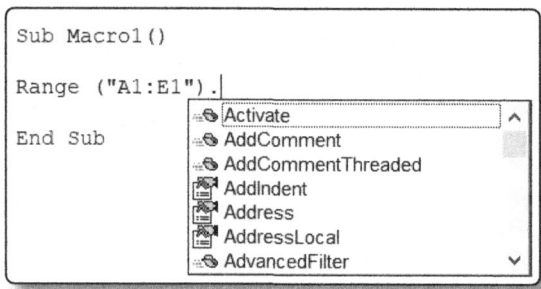

Cuando seleccionamos una opción pulsamos la tecla el **TAB** para incluirla o hacemos doble clic con el ratón.

31.1.6.2 EL EXAMINADOR DE OBJETOS

Hacemos clic con el botón derecho del ratón en la ventana de código, vamos a la opción "**Examinador de Objetos**" y la seleccionamos:

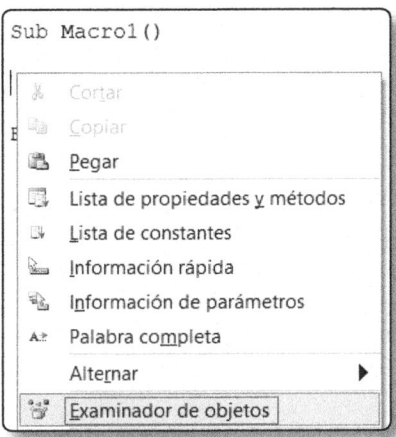

Aparece un listado con todos los objetos de Excel y en la ventana de la derecha los miembros que pertenecen a ese objeto:

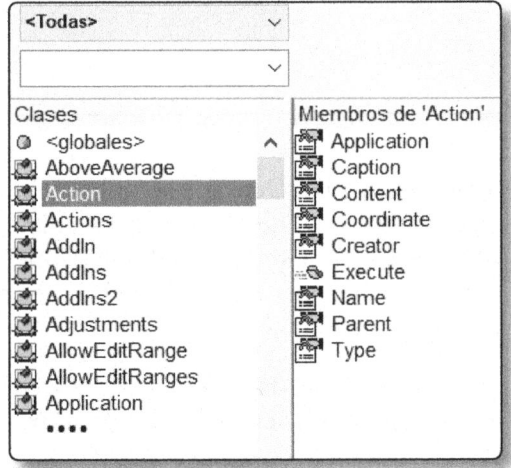

31.1.6.3 LA OPCIÓN DE AYUDA DE VISUAL BASIC

Pulsando F1 o desde el menú Ayuda accedemos a la ayuda en línea sobre Visual Basic. Seleccionando una instrucción o comando de Visual Basic y pulsado F1 se obtiene ayuda online sobre esa instrucción o comando.

31.2 LAS MACROS Y EL DESARROLLO DE CÓDIGO

Las macros se pueden desarrollar como Módulos y también pueden pertenecer a un Objeto. En este segundo caso sólo se ejecutan cuando pase "algo" con el objeto.

Las macros de los Módulos pueden ser ejecutadas o llamadas desde cualquier hoja de Excel y en cualquier momento.

Los Módulos tienen un encabezado que comienza por la instrucción **Sub** (subrutina) más el nombre del procedimiento junto con (). A continuación, se desarrolla su contenido y finalmente se cierra con la instrucción **End Sub**.

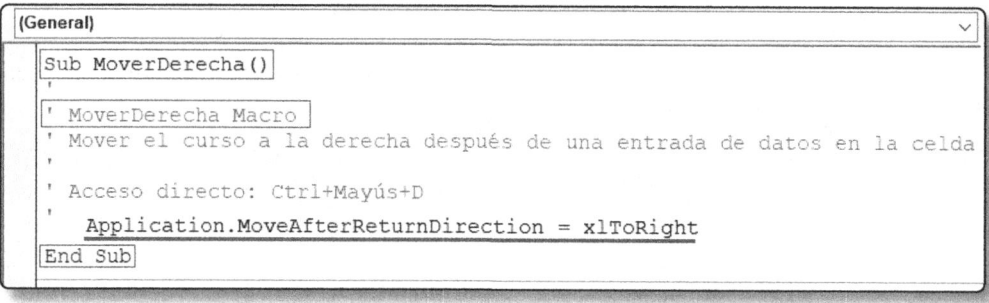

En el ejemplo anterior, MoverDerecha() es el nombre del procedimiento. Las líneas siguientes son comentarios que aparecen en color verde, hasta la línea con el código: Application.MoveAfterReturnDirection=xlToRight. Esta instrucción hace que el cursor se mueva a la derecha cuando introducimos datos en una celda. A continuación, se cierra el procedimiento con End Sub.

Para ejecutar el contenido de la macro desde el editor de Visual Basic tenemos que pulsar **F5** o bien hacer clic en el botón **Ejecutar**:

Si incluimos un nuevo procedimiento aparece automáticamente una línea horizontal para separarle del anterior.

Además de los procedimientos Sub, están los Function (funciones) y Property (procedimientos de propiedad).

31.2.1 Procedimientos Sub

Hay dos tipos de procedimientos Sub, los **generales** y los **asociados a eventos**. Un procedimiento general es un procedimiento declarado en un módulo y la referencia a este tipo de procedimiento se define explícitamente en el código. Un procedimiento asociado a un evento se ejecuta de forma automática en ciertos eventos de un objeto.

31.2.2 Procedimiento Sub general

Son los más utilizados, veamos un ejemplo de procedimiento general.

En el siguiente código del procedimiento **fin**, se pregunta a través de un cuadro de diálogo si el usuario quiere salir de Excel, en caso afirmativo sale de la aplicación:

```
Sub fin()
        If MsgBox("¿Salir de Excel?", vbQuestion + vbYesNo) = vbYes Then
                Application.Quit
        End If
End Sub
```

31.2.3 Procedimiento Sub asociado a un evento

El siguiente procedimiento asociado a un evento, abre automáticamente el libro facturas cuando se abre el libro año:

```
Sub Workbook_open()
        Workbooks.Open Filename:="c:\empresa\facturas.xlsx"
        Windows("año2020.xlsx").Activate
End Sub
```

31.3 EJECUTAR LOS PROCEDIMIENTOS

Las distintas opciones para ejecutar los procedimientos son:

▰ Asociarlos a un botón de comando o una opción de menú.

▰ Accediendo con **ALT+F8** al cuadro de diálogo de **macros**, seleccionamos el nombre del procedimiento y hacemos clic en el botón **Ejecutar**.

▰ Pulsando la tecla de función **F8** ("Depurar paso a paso"), ejecutamos el código del procedimiento línea a línea.

Cuando estamos en una **depuración paso a paso** en la primera instrucción de nuestro procedimiento el color de fondo es amarillo, esto indica que si pulsamos de nuevo **F8** será la instrucción para ejecutar, y así sucesivamente con las demás instrucciones hasta llegar al final del procedimiento.

31.4 LOS OBJETOS Y LOS MÉTODOS

En la **Hoja1** introducimos los siguientes datos:

	A	B	C	D
1				
2			Número	Mes
3			1	Enero
4			2	Febrero
5			3	Marzo
6			4	Abril
7			5	Mayo
8			6	Junio
9			7	Julio
10			8	Agosto
11			9	Septiembre
12			10	Octubre
13			11	Noviembre
14			12	Diciembre

El libro se llama **Programación.xlsm** (debe de llevar extensión **XLSM** cuando contiene macros o código de programación en Visual Basic).

Desde el editor de Visual Basic vamos a **Insertar – Módulo**. En el módulo escribimos el contenido del procedimiento **Sub ObjetosExcel():**

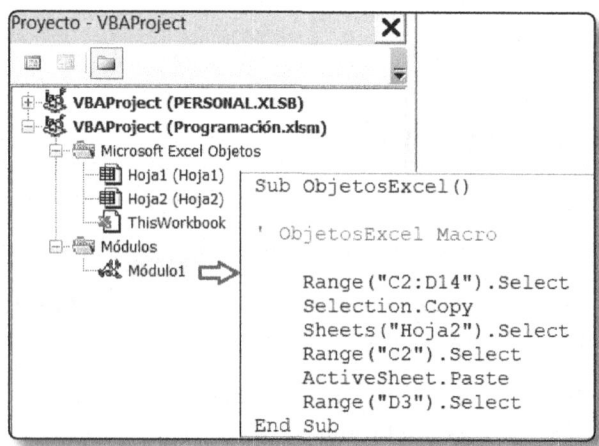

```
Sub ObjetosExcel()

' ObjetosExcel Macro

    Range("C2:D14").Select
    Selection.Copy
    Sheets("Hoja2").Select
    Range("C2").Select
    ActiveSheet.Paste
    Range("D3").Select
End Sub
```

En las líneas de código vamos a ver la utilización de los objetos y los métodos:

▸ El objeto **Range** se refiere al rango de celdas **("C2:D14")**, y a continuación utilizamos el método "**.Select**", para seleccionarlo.

▸ **Selection.Copy**, indica que el objeto seleccionado lo vamos a copiar.

▸ El objeto **Sheets** es para hacer referencia a una Hoja del Libro. En este caso a **"Hoja2"**, y el método para seleccionar dicha hoja es "**.Select**".

▸ **Range("C2").Select** es el objeto referido a la celda C2 que queda seleccionada a través del método "**.Select**".

▸ **ActivateSheet.Paste** es el objeto hoja activa junto con el método "**.Paste"**, que pega el contenido.

▸ **Range("D3").Select** es el objeto referido a la celda D3 que queda seleccionada a través del método.

Pulsamos **F5** para ejecutar el código o el botón **Ejecutar**. También podemos acceder al cuadro de diálogo de macros (**ALT+F8**), seleccionar la macro y hacer clic en ejecutar:

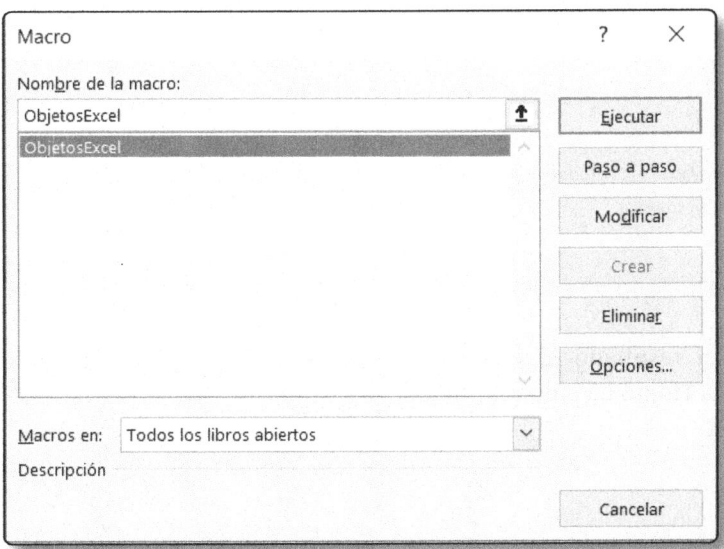

En el resultado comprobamos que el rango C2:D14 de la Hoja1 ha sido copiado en la misma ubicación en la Hoja2.

Si queremos seguir desarrollando procedimientos podemos incluir uno nuevo a continuación del módulo anterior o bien ir a **Insertar – Módulo** para insertar un nuevo módulo de programación y en él desarrollar un nuevo procedimiento.

Vamos a incluir un nuevo procedimiento a continuación del anterior llamado MetodosExcel, con el siguiente contenido:

```
Sub MétodosExcel()
    Sheets("Hoja2").Select
    Range("D3:D14").ClearContents
End Sub
```

En este caso el objeto **Range** selecciona el rango "D3:D14" y el método **.ClearContents** borra el contenido del rango.

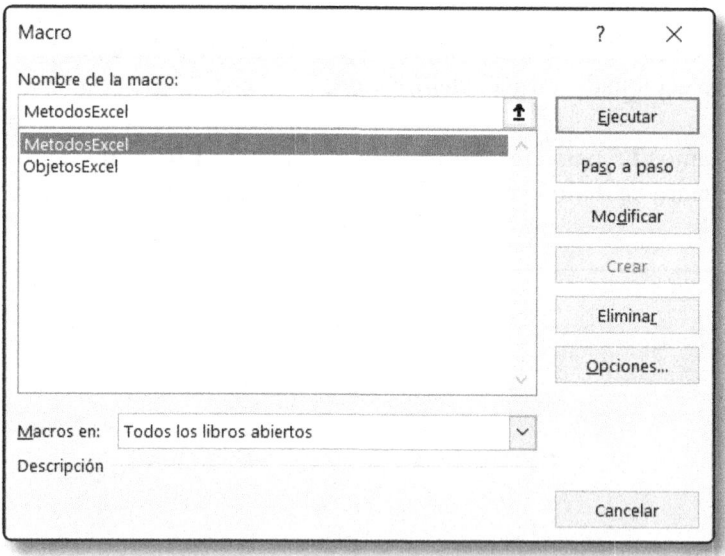

En el resultado al ejecutarlo comprobamos que el contenido del rango D3:D14 de la Hoja2 ha sido eliminado.

31.5 LOS OBJETOS Y LAS PROPIEDADES DE VISUAL BASIC

Veamos ejemplos de código dónde se muestran objetos junto a una propiedad.

En el siguiente procedimiento, la propiedad Name del objeto Sheets ("Hoja1"), lee el nombre de la hoja. El resultado se visualiza en la celda A1:

```
Sub PropiedadesExcel()
        Range("A1") = Sheets("Hoja1").Name
End Sub
```

En este otro procedimiento, el nombre Factura es asignado por la propiedad Name del objeto Sheets. La hoja de cálculo tiene ahora dicho nombre:

```
Sub PropiedadesExcel()
        Sheets("Hoja1").Name = "Factura"
End Sub
```

Y en este se utiliza la propiedad ".Interior.Color" que rellena con color el contenido de la celda A1:

```
Sub PropiedadesExcel()
        Range("A1").Interior.Color = RGB(200, 78, 12)
End Sub
```

31.6 TRABAJAR CON CELDAS, RANGOS, HOJAS Y LIBROS

A continuación, se muestra cómo hacer referencia a celdas y rangos, hojas y libros de Excel, con la programación del código Visual Basic.

31.6.1 Utilización de celdas y rangos

Vamos a desarrollar código para hacer referencia a celdas y rangos, y programar sus propiedades y métodos.

31.6.1.1 HACER REFERENCIA A CELDAS

En el siguiente procedimiento se hace referencia a una celda introduciendo en ella valores de tipo texto, número y fecha:

```
Sub Operar_Celdas()
        Range("A1") = "hola"
        Range("A2") = 100
        Range("A3") = #1/1/2020#
End Sub
```

El resultado es el siguiente:

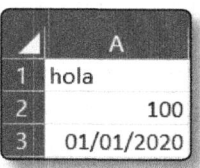

Procedimiento donde se hace referencia a una celda utilizando la propiedad Cells que tiene como argumentos, primero el número de fila y segundo el número de columna, y utilizamos el método Clear para eliminar su contenido:

```
Sub Operar_Celdas()
        Cells(3, 1).Clear
End Sub
```

En este se hace referencia a la celda en la que estemos posicionados previamente y en ella se introduce un valor:

```
Sub Operar_Celdas()
        ActiveCell.Value = 50
End Sub
```

31.6.1.2 HACER REFERENCIA A RANGOS

Procedimiento en el cual se hace referencia a un rango introduciendo en él un texto:

```
Sub Operar_Rangos()
        Range("A1:A3") = "Bienvenidos a la programación en VBA"
End Sub
```

El resultado es el siguiente:

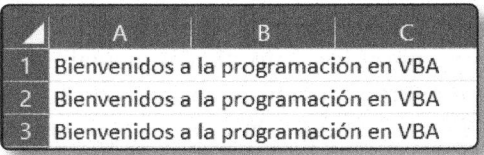

En el siguiente procedimiento se hace referencia al rango anterior utilizando la propiedad Cells (hace referencia a dos coordenadas) y se utiliza el método Select para seleccionar el contenido de las celdas del rango:

```
Sub Operar_Rangos()
          Range(Cells(1, 1), Cells(1, 3)).Select
End Sub
```

Procedimiento donde se hace referencia a dos rangos separándolos por una coma. En las celdas de los rangos se introduce el texto "Prueba":

```
Sub Operar_Rangos()
          Range("A1:A3,C1:C3")="Prueba"
End Sub
```

En este otro se utiliza el método Clear para eliminar el contenido:

```
Sub Operar_Rangos()
          Range("A1:A3,C1:C3").Clear
End Sub
```

En el procedimiento que viene a continuación,. se hace referencia a la celda A1 (Cells (1,1)), con el método Copy, se copia su contendido al portapapeles. ActiveCell se refiere a la celda activa y Offset se refiere a un desplazamiento de 3 filas hacia abajo y 2 columnas hacia la derecha. Posicionados en A1 el destino es C4. El método PasteSpecial junto con Paste:=xlPasteValues pega el contenido del portapapeles.

```
Sub Operar_Rangos()
          Cells(1, 1).Copy
          ActiveCell.Offset(3, 2).PasteSpecial Paste:=xlPasteValues
End Sub
```

31.6.1.3 HACER REFERENCIA A NOMBRES DE RANGO

También se puede utilizar el nombre de rango en el código de VBA. A la celda D1 le damos el nombre de rango "Fecha_actual". En el siguiente ejemplo hacemos referencia al nombre de rango incluyéndolo entre corchetes. Mediante el método Value le atribuimos la función Date para incluir la fecha actual:

```
Sub Operar_Nombre_Rango()
        [Fecha_actual].Value = Date
End Sub
```

31.6.2 Utilización de filas y columnas

Vemos ahora cómo referenciar filas y columnas a través del código VBA.

31.6.2.1 HACER REFERENCIA A FILAS

En el siguiente procedimiento, se hace referencia a la fila 5 a través del objeto Range("5:5"), y se utiliza el método Select para seleccionarla:

```
Sub Operar_Filas()
        Range("5:5").Select
End Sub
```

En el siguiente vemos otra forma de hacer referencia a la fila 5, con la propiedad Rows, haciendo de objeto. A continuación, se utiliza el método Delete para eliminar la fila:

```
Sub Operar_Filas()
        Rows("5:5").Delete
End Sub
```

31.6.2.2 HACER REFERENCIA A COLUMNAS

Procedimiento donde se hace referencia a la columna C a través del objeto Range("C:C"), y se utiliza el método ColumnWidth para establecer el ancho en 25 puntos:

```
Sub Operar_Columnas()
            Range("C:C").ColumnWidth = 25
End Sub
```

En el siguiente se hace referencia a la columna C a través de la propiedad Columns, y se utiliza el método AutoFit para autoajustar el contenido de la columna:

```
Sub Operar_Columnas ()
            Columns("C:C").AutoFit
End Sub
```

31.6.3 Utilización de hojas

Vamos a realizar referencias a las hojas mediante la utilización del código de VBA. Creamos un libro llamado utilizarhojas.xlsm con las hojas: Hoja1, Hoja2 y Hoja3.

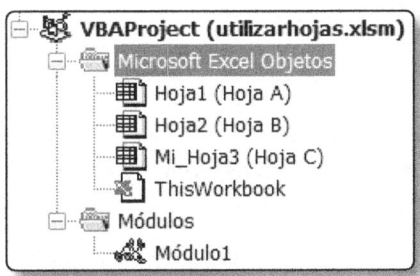

Personalizamos el nombre de la Hoja3, desde la ventana de propiedades dentro de la propiedad (Name), incluimos el nombre de la hoja: "Mi_Hoja3". Después veremos cómo utilizar el nombre personalizado de la hoja en nuestro código VBA.

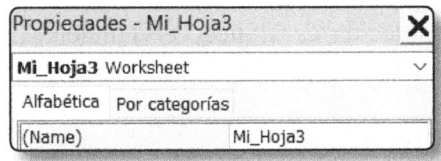

En el siguiente procedimiento mediante el objeto Sheets se hace referencia a la hoja, poniendo entre paréntesis y entre comillas el nombre. El método Activate es para activarla. A continuación, nos posicionamos en la celda A1.

```
Sub Operar_Hoja1()
        Sheets("Hoja A").Activate
        Range("A1").Select
End Sub
```

Otra forma sería utilizar el objeto Worksheets. En este caso utilizamos otro método llamado Select que también sirve para activarla.

```
Sub Operar_Hoja2()
        Worksheets("Hoja B").Select
        Range("A1").Select
End Sub
```

En este otro hacemos referencia a la hoja por su índice, que es la posición que ocupa dentro del libro. Se utiliza el objeto Sheets y entre paréntesis el número que ocupa la hoja (3). El método Name asigna el nombre "Factura" a la hoja.

```
Sub Operar_Hoja3()
        Sheets(3).Name = "Factura"
End Sub
```

En el siguiente hacemos referencia a la hoja por el nombre personalizado que le pusimos anteriormente desde la ventana propiedades. La propiedad Vivible y la opción xlSheetHidden establece que la hoja quede oculta.

```
Sub Operar_Hoja4()
        Mi_Hoja3.Visible = xlSheetHidden
End Sub
```

Posicionándonos en la pestaña de otra hoja y haciendo clic en el botón derecho, tenemos la opción de Mostrar y volver a mostrar la hoja oculta.

Si la opción establecida es xlSheetVeryHidden, la hoja queda totalmente oculta:

```
Mi_Hoja3.Visible = xlSheetVeryHidden
```

Podemos volver a visualizar la hoja con la opción xlSheetVisible:

```
Mi_Hoja3.Visible = xlSheetVisible
```

En el siguiente hacemos referencia a la hoja por el nombre personalizado y la eliminamos con el método Delete:

```
Sub Operar_Hoja5()
            Mi_Hoja3.Delete
End Sub
```

31.6.4 Utilización de libros

En el siguiente procedimiento hacemos referencia al libro con el objeto Workbooks y el nombre del libro entre paréntesis incluyendo la extensión (el libro debe estar abierto). El método Activate es para activarlo:

```
Sub Operar_Libro1()
            Workbooks("utilizarhojas.xlsm").Activate
End Sub
```

En el procedimiento hacemos referencia al libro y utilizamos el método Close para cerrarlo:

```
Sub Operar_Libro2()
            Workbooks("utilizarhojas.xlsm").Close
End Sub
```

En el procedimiento hacemos referencia al libro y utilizamos el método Save para grabarlo:

```
Sub Operar_Libro3()
            Workbooks("utilizarhojas.xlsm").Save
End Sub
```

En el procedimiento hacemos referencia al libro y utilizamos el método Close para cerrarlo, incluyendo la opción SaveChanges:=True para grabarlo:

```
Sub Operar_Libro4()
            Workbooks("utilizarhojas.xlsm").Close SaveChanges:=True
End Sub
```

En el procedimiento hacemos referencia al libro activándolo con la propiedad ActiveWorkbook y grabamos su contenido con el método Save:

```
Sub Operar_Libro5()
        ActiveWorkbook.Save
End Sub
```

En el procedimiento hacemos referencia al libro que contiene el código VBA que estamos ejecutando, utilizamos la propiedad ThisWorkbook y grabamos su contenido con el método Save:

```
Sub Operar_Libro6()
        ThisWorkbook.Save
End Sub
```

31.6.5 Utilización de la aplicación

Vamos a realizar referencias a la aplicación Excel mediante la utilización del código de VBA.

Algunas de las propiedades más importantes del objeto **Application** son:

- ▶ **ActiveWorkbook**: devuelve un objeto Workbook que representa el libro de Excel activo.

- ▶ **ActiveSheet**: devuelve un objeto Worksheet que representa a la hoja que esté actualmente seleccionada (activa).

- ▶ **ActiveCell**: devuelve un objeto Range que representa la celda activa dentro de la hoja activa en el libro de Excel activo.

- ▶ **ThisWorkbook:** esta propiedad devuelve un objeto Workbook que representa al libro que contiene la macro que está siendo ejecutada.

Procedimiento donde se hace referencia a Excel, con la instrucción Application, primero ponemos un nombre a la hoja activa y a continuación, situamos el indicador de celda en A1 con la instrucción Goto y Range("A1"),True:

```
Sub Aplicacion_Excel()
        Application.ActiveSheet.Name = "Informe de Ventas"
        Application.Goto Range("A1"), True
End Sub
```

En el siguiente, con la instrucción Application y la función InputBox, pedimos introducir un número de copias que recogemos en la variable impresiones, luego se muestra el contenido recogido en la variable:

```
Sub Aplicacion_Excel()
        Dim impresiones as integer
          impresiones = Application.InputBox(Prompt:="Número de copias:",
        Title:="Imprimir", Default:=1, Type:=1)
        Range("a1") = impresiones
End Sub
```

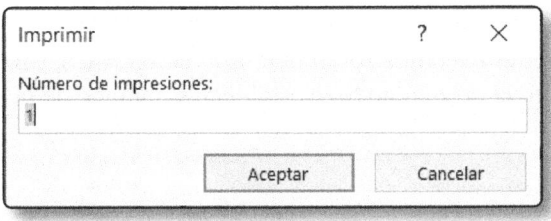

31.7 FORMATOS DE CELDA

Vamos a ver algunos formatos de celdas que podemos aplicar a través de código de Visual Basic.

En el siguiente procedimiento hacemos referencia a la celda A1 con el objeto Range ("A1"). Utilizamos la propiedad **Font** que hace referencia a la fuente, a su vez esta propiedad hace de objeto sobre la propiedad **Bold** que da formato de negrita (=True):

```
Sub Formato_Negrita()
              Range("A1").Font.Bold=True
End Sub
```

Al escribir texto en la celda A1, aparece en negrita.

En el siguiente hacemos referencia a la celda A2. Utilizamos la propiedad **Font** que hace referencia a la fuente, a su vez esta propiedad hace de objeto sobre la propiedad **Italic** que da formato de cursiva (=True):

```
Sub Formato_Cursiva()
            Range("A2").Font.Italic=True
End Sub
```

En el siguiente hacemos referencia a la celda A3. Utilizamos la propiedad **Font**, a continuación, la propiedad **Color** da formato de color. La combinación RGB(0,112,192) establece color Azul:

```
Sub Formato_Color_Fuente()
            Range("A3").Font.Color=RGB(0,112,192)
End Sub
```

En el siguiente hacemos referencia a la celda A4. Utilizamos la propiedad **Font**, a continuación, la propiedad **Size** establece el tamaño de la fuente en 16 puntos (=16):

```
Sub Formato_Tamaño_Fuente()
            Range("A4").Font.Size=16
End Sub
```

En el siguiente hacemos referencia a la celda A5. Utilizamos la propiedad **Interior** para rellenar con color, a continuación, la propiedad **Color** y la combinación RGB(255,255,0) establece color Amarillo:

```
Sub Formato_Relleno_Color()
            Range("A5").Interior.Color=RGB(255,255,0)
End Sub
```

En el siguiente hacemos referencia a la celda A6. Utilizamos la propiedad **Borders** para bordear con color la celda, a continuación, la propiedad **Color** y la combinación RGB(255,0,0) establece color Rojo:

```
Sub Formato_Borde_Color()
            Range("A6").Borders.Color = RGB(255,0, 0)
End Sub
```

31.8 FORMATOS DE NÚMERO

Vamos a ver algunos formatos numéricos que podemos aplicar a través de código de Visual Basic.

En el siguiente procedimiento hacemos referencia a la celda A1. Utilizamos la propiedad **NumberFormat** y el formato numérico con dos decimales (=”0.00”):

```
Sub Formato_Numérico()
          Range(“A1”).NumberFormat = “0.00”
End Sub
```

En el siguiente hacemos referencia a la celda A2. Utilizamos la propiedad NumberFormat y el formato moneda con dos decimales:

```
Sub Formato_Numérico()
          Range(“A2”).NumberFormat =”#.##0,00 €”
End Sub
```

En el siguiente hacemos referencia a la celda A3. Utilizamos la propiedad NumberFormat y el formato porcentaje con dos decimales:

```
Sub Formato_Numérico()
          Range(“A3”).NumberFormat =”0.00%”
End Sub
```

31.9 EVENTOS EN VBA

En Visual Basic un **Evento** es una acción concreta que se hace sobre un objeto. El uso de eventos asociados a los procedimientos permite al usuario definir código que harán "cosas" cuando se abre un libro o un formulario, se activa una hoja, etc.

31.9.1 Utilización de eventos en una hoja

Para introducir código en un procedimiento que se ejecute con la hoja hacemos doble clic en la hoja correspondiente (Hoja1), se abre la ventana de código y en la primera lista desplegable seleccionamos la opción **Worksheet.** En el siguiente desplegable se encuentran los eventos para hoja, seleccionamos el evento **Activate.** Se genera automáticamente el código de entrada y de salida:

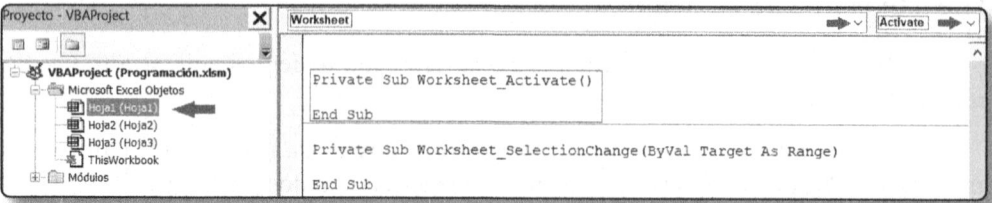

El segundo procedimiento (de salida) lo eliminamos y en el primer procedimiento (de entrada) introducimos la función **Msgbox** con el mensaje "Hoja1 Activada":

```
Private Sub Worksheet_Activate()
        MsgBox ("Hoja1 Activada")
End Sub
```

El resultado al seleccionar la Hoja1 es:

31.9.2 Utilización de eventos en un libro

Para introducir código en un procedimiento que se ejecute con un libro hacemos doble clic en ThisWorkbook, se abre la ventana de código y en la primera lista desplegable seleccionamos la opción **Workbook.** En el siguiente desplegable aparece por defecto el evento **Open.** Se genera automáticamente el código:

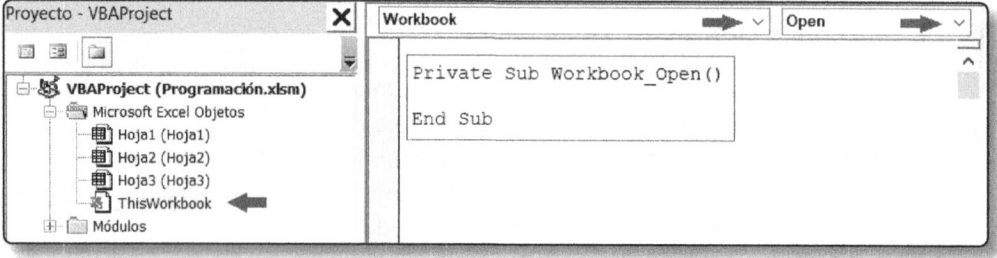

Introducimos la función **Msgbox** con el mensaje "Bienvenido al libro Programación":

```
Private Sub Workboot_Open()
MsgBox ("Bienvenido al libro Programación")
End Sub
```

El resultado al abrir el libro es:

31.10 UTILIZACIÓN DE VARIABLES

Las variables permiten almacenar valores u objetos, después son usadas en cálculos, comparaciones, etc. Una variable se identifica a través de un nombre y el tipo de datos que va a contener.

Para declarar o "dimensionar" una variable en Visual Basic, se escribe la **instrucción de la declaración**, el **nombre de la variable**, la instrucción **As** y a continuación el **tipo de datos** que va a contener (los veremos más adelante).

La **instrucción de la declaración** puede ser:

- **Dim**: las variables declaradas con Dim a nivel de módulo están disponibles para todos los procedimientos del módulo. No son accesibles desde ningún otro módulo. Si están declaradas a nivel de procedimiento están disponibles únicamente dentro de ese procedimiento.

- **Private**: las variables declaradas con Private solamente están disponibles para el módulo en que son declaradas.

- **Public**: las variables declaradas con Public son accesibles desde todos los módulos de todos los proyectos activos.

- **Static**: las variables declaradas con Static, solo conservan el valor mientras se ejecuta el código.

31.10.1 Seguimiento de variables

En muchos casos es muy práctico hacer un seguimiento de los valores de las variables y ver cómo se comportan en distintas partes de nuestro procedimiento. Para ello, se activa la opción **Ventana Locales** desde el menú ver:

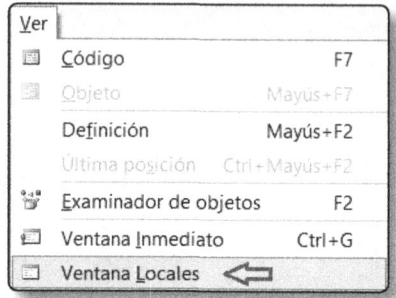

En la parte inferior aparece la **Ventana Locales**. Desde ella se ven las variables, los valores que tienen y el tipo de datos de cada una. Con la tecla de función **F8 (Paso a paso por instrucciones)** podemos ver cómo cambian los contenidos de las variables según se va ejecutando las líneas del programa.

VBAProject.C_Variables.Ejemplo_Variable		
Expresión	Valor	Tipo
⊞ C_Variables		C_Variables/C_Variables
numero1	0	Integer
numero2	0	Integer

31.10.2 Declaraciones explícitas de variables

Cuando declaramos las variables nos aseguramos de que VBA entienda con qué tipos de variables estamos trabajando sin necesidad de que VBA por defecto lo averigüe. Se logra mayor eficiencia en los procedimientos haciéndolos más rápidos al ejecutarse y ahorrando espacios de almacenamiento.

Es recomendable por ello, al programar en Visual Basic indicar la obligatoriedad de la declaración de variables utilizando la instrucción **Option Explicit**. Si hacemos referencia a una variable no declarada previamente, el editor nos avisa.

La instrucción Option Explicit se estable en la declaración de cada módulo. Para insertar esta opción de forma automática en cada nuevo módulo, hay que activar **"Requerir declaración de variables"** del Menú Herramientas – Opciones – Pestaña Editor:

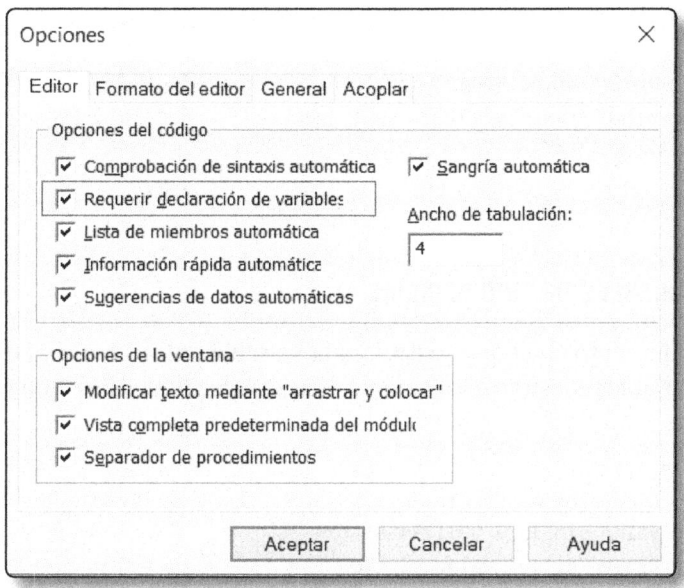

31.10.3 Tipos de variables para almacenar valores

Los tipos de variables que permiten almacenar distintos tipos de datos son:

31.10.3.1 VARIABLES DE TIPO ENTERO

En el siguiente procedimiento se declara la variable **valor** de tipo **Integer** (numérico). Puede contener hasta un máximo de 5 dígitos. Se le asigna el valor 12345 y a continuación se muestra el contenido en la celda A1:

```
Sub Variable_1 ()
        Dim valor As Integer
        valor = 12345
        Range("A1") = valor
End Sub
```

31.10.3.2 VARIABLES DE TIPO ENTERO LARGO

En el siguiente procedimiento se declara la variable **valor** de tipo **Long**, se le asigna el valor 1234567891 (hasta 10 dígitos) y se muestra su contenido en la celda A1:

```
Sub Variable_2 ()
        Dim valor As Long
        valor = 1234567891
        Range("A1") = valor
End Sub
```

31.10.3.3 VARIABLES DE TIPO DECIMAL

Procedimiento en el que se declara la variable **valor_decimal** de tipo **Single**. Este tipo de variable muestra valores numéricos con decimales hasta un máximo de 6:

```
Sub Variable_3()
        Dim valor As Single
        valor_single = 50.123456
        Range("A1") = valor_single
End Sub
```

31.10.3.4 VARIABLES DE TIPO DECIMAL DOBLE

Procedimiento en el que se declara la variable **valor_decimal** de tipo **Single**. Este tipo de variables muestra valores numéricos con decimales (hasta 13):

```
Sub Variable_4()
        Dim valor As Double
        valor_double = 50.123456891234
        Range("A1") = valor_double
End Sub
```

31.10.3.5 VARIABLES DE TIPO TEXTO

En el siguiente se declara la variable **texto** de tipo **String**, se le asigna el contenido "Bienvenido a Excel" y se muestra su contenido en la celda A1:

```
Sub Variable_5()
        Dim texto As String
        texto = "Bienvenido a Excel"
        Range("A1") = texto
End Sub
```

31.10.3.6 VARIABLES DE TIPO LÓGICO

En el siguiente se declara la variable **logica** de tipo **Boolean**. Este tipo de variables pueden tener únicamente dos valores, verdadero (1) o falso (0):

```
Sub Variable_6()
        Dim logica As Boolean
        logica = True
        Range("A1") = logica
        logica = False
        Range("A2") = logica
End Sub
```

31.10.3.7 VARIABLES DE TIPO FECHA

En el siguiente se declara la variable **fecha_actual** de tipo **Date**. Podemos asignarle una fecha o bien introducir la fecha actual con la función **Date.** A continuación, mostramos el contenido de la variable con la función MsgBox:

```
Sub Variable_7()
        Dim fecha_actual As Date
        fecha_actual = 1/1/2020
        fecha_actual=Date
        MsgBox fecha_actual
End Sub
```

31.10.3.8 VARIABLES DE TIPO HORA

En el siguiente se declara la variable **hora_actual** de tipo **Date**. Le asignamos la hora actual con la función **Now**, a continuación, mostramos el contenido de la variable y después solo la hora incluyendo delante la instrucción **hour**:

```
Sub Variable_8()
        Dim hora_actual As Date
        hora_actual = Now
        MsgBox hora_actual
        MsgBox hour (hora_actual)
End Sub
```

31.10.3.9 VARIABLES DE TIPO VARIANT

En el siguiente se declara la variable de **múltiples valores** tipo **Variant**, se le asigna el contenido "Bienvenido a la programación en BVA". Este tipo de declaración sirve para introducir cualquier tipo de valor de los vistos anteriormente en la variable, hay que tener en cuenta que ocupan más espacio en memoria cuando se declaran:

```
Sub Variable_9()
        Dim mensaje As Variant
        mensaje = "Bienvenido a la programación en BVA"
        MsgBox=mensaje
        mensaje=123
        MsgBox=mensaje
         mensaje=123.50
         MsgBox=mensaje
End Sub
```

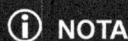 **NOTA**

Se puede declarar más de una variable a la vez dentro de la misma línea, siempre que sean del mismo tipo de datos y separándolas por comas:

Dim valor1, valor2 As Integer

Dim texto1, texto2 As String

31.10.4 Variables de tipo Objeto

Estas variables pueden almacenar objetos como rangos, hojas y libros. El objetivo de declarar los objetos dentro de las variables es que Visual Basic cuando utiliza las variables, lo hace de forma más rápida que con los objetos.

Las variables que permiten almacenar Objetos son:

31.10.4.1 VARIABLES OBJETO DE TIPO RANGO

En el procedimiento se declara la variable **rango** de tipo **Range**. A diferencia de las variables de tipo valor, en estas hay que utilizar la instrucción **Set** para asignarle el contenido. En este caso se asigna el contenido de la celda A1:

```
Sub Variable_Objeto1()
        Dim rango As Range
        Set rango = Range("A1")
End Sub
```

31.10.4.2 VARIABLES OBJETO DE TIPO HOJA

En el procedimiento se declara la variable **hoja** de tipo **Worksheet**. Le damos el contenido a la variable con la instrucción Set. Si queremos referirnos a la hoja utilizamos el nombre de objeto junto con la propiedad. En este caso para darle el nombre factura:

```
Sub Variable_Objeto2()
        Dim hoja As Worksheet
        Set hoja = Sheets("Hoja1")
        hoja.name=" factura"
End Sub
```

31.10.4.3 VARIABLES OBJETO DE TIPO LIBRO

En el procedimiento se declara la variable **libro** de tipo **Workboot**. Se asigna el contenido a la variable con la instrucción Set, en este caso la instrucción para activar el libro:

```
Sub Variable_Objeto3()
        Dim libro As Workboot
        Set libro = ActiveWorkboot
End Sub
```

31.11 LA FUNCIÓN MSGBOX

La función **MsgBox** es una de las más utilizadas en Visual Basic y permite mostrar cuadros de diálogo con mensajes. La sintaxis de la función MsgBox es:

MsgBox ("Texto del cuadro de diálogo",[Botones],[Título de la ventana],[Texto por defecto del cuadro de diálogo],[Coordenadas de ubicación del cuadro de diálogo (expresadas en twips)],[Nombre del archivo de ayuda contextual],[Número del contexto de ayuda]).

Los parámetros que aparecen entre corchetes son opcionales.

Las constantes del argumento **Botones** (Buttons) son:

Constante	Valor	Descripción
vbOKOnly	0	Muestra solo el botón Aceptar.
vbOKCancel	1	Muestra los botones Aceptar y Cancelar
vbAbortRetryIgnore	2	Muestra los botones Anular, Reintentar e Ignorar.
vbYesNoCancel	3	Muestra los botones Sí, No y Cancelar.
vbYesNo	4	Muestra los botones Sí, No.
vbRetryCancel	5	Muestra los botones Reintentar y Cancelar.
vbCritical	16	Muestra el icono Mensaje crítico.
vbQuestion	32	Muestra el icono Consulta de advertencia.
vbExclamation	48	Muestra el icono Mensaje de advertencia.
vbInformation	64	Muestra el icono Mensaje de información.
vbDefaultButton1	0	El primer botón es el valor predeterminado.
vbDefaultButton2	256	El segundo botón es el valor predeterminado.
vbDefaultButton3	512	El tercer botón es el valor predeterminado.
vbDefaultButton4	768	El cuarto botón es el valor predeterminado.
vbApplicationModal	0	Modal de aplicación; el usuario debe responder al cuadro de mensaje antes de continuar trabajando en la aplicación actual.
vbSystemModal	4096	Modal de sistema; todas las aplicaciones se suspenden hasta que el usuario responde al cuadro de mensaje.
vbMsgBoxHelpButton	16384	Agrega el botón Ayuda al cuadro de mensaje.
VbMsgBoxSetForeground	65536	Especifica la ventana del cuadro de mensaje como la ventana en primer plano.
vbMsgBoxRight	524288	Se alinea el texto a la derecha.
vbMsgBoxRtlReading	1048576	Especifica que el texto debe mostrarse de derecha a izquierda en sistemas en hebreo y árabe.

Los valores se dividen en cinco grupos:

▶ El primer grupo (0, 1, 2, 3, 4, 5) permite indicar los botones que se mostrarán en el cuadro de diálogo.

▶ El segundo grupo (16, 32, 48, 64) determina el tipo de icono mostrado.

▶ El tercer grupo (0, 256, 512, 768) es útil para indicar el botón predeterminado.

▶ El cuarto grupo (0, 4096) es la modalidad del cuadro de diálogo.

▶ El quinto grupo, son los valores restantes que permiten indicar la alineación del texto y si se muestra un botón de Ayuda.

En el siguiente procedimiento la función MsgBox muestra el mensaje "Bienvenido a la programación en VBA" a través del cuadro de diálogo:

```
Sub Mensaje1()
        Msgbox "Bienvenido a la programación en VBA"
End Sub
```

En el siguiente se declaran dos variables de tipo texto. MsgBox muestra un mensaje junto al contenido de las variables, utilizando el símbolo & para concatenar o unir:

```
Sub Mensaje2()
        Dim nombre, apellido As String
        nombre = "Juan"
        apellido = "Sánchez"
        MsgBox "El nombre es " & nombre & " y el apellido " & apellido
End Sub
```

En el siguiente MsgBox muestra el mensaje "Bienvenid@s" visualizando los botones de comando SI y No:

```
Sub Mensaje3()
        MsgBox "Bienvenid@s", vbYesNo + vbExclamation, "Mensaje especial"
End Sub
```

En el siguiente se usa la función MsgBox para mostrar un mensaje de error grave en un cuadro de diálogo con los botones Sí y No. El botón No se especifica como respuesta predeterminada. El valor devuelto por la función MsgBox depende del botón elegido por el usuario.

```
Sub Mensaje4()
        Dim mensaje, estilo, titulo, respuesta, cadena
        mensaje = "¿Quieres continuar?"
        estilo = vbYesNo + vbCritical + vbDefaultButton2
        titulo = "Ejemplo MsgBox"
        respuesta = MsgBox(mensaje, estilo, titulo)
End Sub
```

31.12 LA FUNCIÓN INPUTBOX

La función **InputBox** muestra un cuadro de diálogo que permite escribir un valor. InputBox asigna el valor a una variable o a un objeto según nuestras necesidades.

La Sintaxis de la función InputBox es:

InputBox ("Texto del cuadro de diálogo",[Título de la ventana],[Texto por defecto del cuadro de diálogo],[Coordenadas de ubicación del cuadro de diálogo (expresadas en twips)],[Nombre del archivo de ayuda contextual],[Número del contexto de ayuda]).

31.12.1 Función InputBox con variable

En el procedimiento se declara una variable de tipo double. La función InputBox pide introducir un valor que se multiplica por el 21%. A continuación, se muestra el resultado en la celda A1:

```
Sub Datos_Mesaje1()
        Dim variable As Double
        variable = InputBox("Introducir la cantidad", "Entrada de Datos:")
        Range("A1")=variable * 0.21
End Sub
```

31.12.2 Función InputBox con objeto

En el procedimiento se declaran dos variables de tipo string. La función InputBox pide introducir una dirección de celda y luego con otra función InputBox se introduce el texto para la celda. Con la propiedad Value del objeto celda se muestra el contenido de la variable en la celda:

```
Sub Datos_Mensaje2()
        Dim celda, texto As String
        celda = InputBox("Dirección de la celda", "Entrada de Datos:")
        texto = InputBox("Contenido de la celda", "Entrada de Datos:")
        ActiveSheet.Range(celda).Value = texto
End Sub
```

En el siguiente se declaran dos variables de tipo integer. La función InputBox pide introducir dos números y se muestra la suma de estos:

```
Sub Datos_Mensaje3()
        Dim var_a,var_b As Integer
        var_a = InputBox("Introduce un número entero", "Valor 1",
        "Introducir número", 1, 1)
        var_b = InputBox("Introduce otro número entero", "Valor 2",
        "Introducir número", 1, 1)
        msgbox ("La suma de los números es " & var_a + var_b)
End Sub
```

La coordenada 1,1 ubica el cuadro de diálogo en la pantalla.

31.13 ESTRUCTURAS EN VBA

Las estructuras de Visual Basic permiten tomar decisiones y ejecutar instrucciones dependiendo de si se cumplen ciertas condiciones. Visual Basic dispone de varios tipos de estructuras que utilizaremos en cada caso, según nuestras necesidades.

31.13.1 Estructuras If

Las estructuras **If** permiten ejecutar instrucciones en función del resultado de una condición o de varias condiciones. Los diferentes tipos de estructuras If:

31.13.1.1 IF...THEN

Permite introducir una condición y ejecutar varias instrucciones separadas por dos puntos dentro de la misma línea de código.

La sintaxis de la estructura es:

If (Condición) Then (Instrucción1) : (Instrucción2)...

En el siguiente preguntamos por el contenido de la celda A1, si es el número 100, suena un pitido (Beep) y se muestra un mensaje.

```
Sub condicion()
            If (Range("A1") = 100) Then Beep : MsgBox "A1 contiene el
               número 100"
End Sub
```

31.13.1.2 IF...THEN...END IF

Permite introducir una condición y ejecutar varias instrucciones en distintas líneas de código.

La sintaxis de la estructura es:

```
If (Condición) Then
            (Instrucción1)
            (Instrucción2)
   ...
End If
```

En el siguiente se pide introducir un número por teclado. Se comprueba si es un valor mayor que cero. Si esta condición se cumple, se ejecutan dos líneas de código para visualizar un mensaje y mostrar el número en la celda A1:

```
Sub valor_positivo()
            Dim numero As Integer
            numero = Val(InputBox("Introduce un número", "Introducir valor"))
            If numero > 0 Then
                        MsgBox ("El número introducido es mayor de 0")
                        ActiveSheet.Range("a1").Value = numero
            End If
End Sub
```

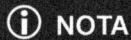 **NOTA**

La función **Val** transforma en valor el número recogido por InputBox

31.13.1.3 IF...THEN...ELSEIF...ELSE...END IF

Permite introducir una condición y ejecutar varias instrucciones en distintas líneas de código, si no se cumple tenemos la opción Else (en otro caso), para poder otras instrucciones.

La sintaxis de la estructura es:

```
If (Condición) Then
          (Instrucción1)
          (Instrucción2)
              …
Else
          (Instrucción1)
          (Instrucción2)
              …
End If
```

Procedimiento que pide introducir un número por teclado, se comprueba si es un valor positivo o negativo, mostrando un mensaje que lo indica:

```
Sub valor_positivo()
        Dim numero As Integer



        numero= Val(InputBox("Introduce un número", "Introducir valor"))
        If numero > 0 Then
                MsgBox ("El número introducido es positivo")
        Else
                MsgBox ("El número introducido es negativo")
        End If
End Sub
```

31.13.2 Estructura Select Case

La estructura Select Case es muy utilizada en Visual Basic cuando se trata de ejecutar y clasificar instrucciones en función de una única variable con varios posibles resultados.

La sintaxis de la estructura es:

```
Select Case Variable
        Case 1
        (Instrucción1)
        (Instrucción2)
         …
        Case 2
        (Instrucción1)
        (Instrucción2)
         …
        Case …
        Case Else
        (Instrucción1)
        (Instrucción2)
         …
End Select
```

Procedimiento que pide introducir dos números por teclado y un operador. Dependiendo del operador elegido, se muestra la operación con los números en la hoja de cálculo:

```
Sub pedir_numeros()
Dim num1, num2, resultado As Integer
Dim operador As String
num1 = num2 = resultado = 0
num1 = Val(InputBox("Introducir un número", "Introducir número"))
num2 = Val(InputBox("Introducir otro número", "Introducir otro número"))
operador= InputBox("Elegir el operador:  +  -  *  /  ", "Seleccionar operador")
        Select Case operador
                Case "+"
                        resultado = num1 + num2
                Case "-"
                        resultado = num1 - num2
                Case "*"
                        resultado = num1 * num2
                Case "/"
```

```
                                    resultado = num1 / num2
                    Case Else
                                    resultado = 0
            End Select
    Range("a1").Value = resultado
    End Sub
```

31.13.3 Estructura For Next

Esta estructura es conocida por "estructura de bucle". Las estructuras de bucle son capaces de repetir un número de veces determinado una serie de instrucciones.

La sintaxis de la estructura es:

```
For Valor Inicial To Valor Final
            (Instrucción1)
            (Instrucción2)
            …
Next valor
```

En el procedimiento que viene a continuación, a través del bucle For Next se introducen 5 números a través de un cuadro de diálogo. Con el acumulador se van sumando entre ellos y al final se muestra el resultado en la celda A1:

```
Sub ForNext()
Dim i, valor As Integer
Dim acumulador As Double
        For i = 1 To 5
                        valor = val(InputBox("Introduce un número"))
                        acumulador = acumulador + valor
        Next i
        Range("A1") = acumulador
End Sub
```

31.13.4 Estructura For Each Next

La estructura For Each Next recorre una colección de objetos y realiza acciones mientras hace el recorrido.

La sintaxis de la estructura es:

```
Elemento For Each en el grupo
            (Instrucción1)
            (Instrucción2)
            [Exit For]
            (Instrucción3)
            …
Elemento Next
```

En el siguiente procedimiento se declara una variable como objeto rango y se selecciona. El bucle se mueve dentro del objeto rango A1:A5 La estructura if comprueba si la celda tiene contenido (en este caso no hace nada), o si por el contrario está vacía (escribe en la celda "Visual Basic"). A continuación, se desplaza una fila hacia abajo y cero columnas hacia la derecha (var.Offset(1,0).Select):

```
Sub ForEachNext()
            Dim var As Range
            Range("A1").Select
            For Each var In Range("A1:A5")
                        If var <> "" Then
                        var.Offset(1, 0).Select
            Else
                        var = "Visual Basic"
            End If
            Next var
End Sub
```

31.13.5 Estructura Do While

Esta estructura permite ejecutar líneas de código hasta que se cumpla una condición que hará parar el bucle.

La sintaxis de la estructura es:

```
Do
            (Instrucción1)
            (Instrucción2)
            …
Loop While Condición
```

En el procedimiento se van contando números hasta el 5, estos números se suman entre ellos y se muestra el resultado:

```
Sub BubleDoWhile()
Dim contador, acumulador As Integer
            Do
                        contador = contador + 1
                        acumulador = acumulador + contador
            Loop While contador < 5
              MsgBox "El Contador ha llegado a " & contador & " y el acumulador
tiene
" & acumulador
End Sub
```

31.13.6 Estructura While Wend

Esta estructura permite ejecutar líneas de código mientras se cumpla una condición, cuando deje de cumplirse se parará el bucle. A diferencia de la estructura Do While, la primera vez ya debe de cumplirse la condición para entrar en el bucle y ejecutar las instrucciones:

La sintaxis de la estructura es:

```
While Condición
            (Instrucción1)
            (Instrucción2)
            ...
Wend
```

En el procedimiento al igual que en el anterior, se cuentan números y se muestra la suma de estos al final. Si incluimos la línea "contador=5", antes del comienzo de la estructura While, la estructura no se ejecutaría ni una sola vez:

```
Sub BubleWhile()
Dim contador, acumulador As Integer
'contador=5
            While contador < 5
                        contador = contador + 1
                        acumulador = acumulador + contador
            Wend
MsgBox "El Contador ha llegado al " & contador & " y el acumulador tiene " & acumulador
End Sub
```

31.14 CONTROL DE ERRORES EN VISUAL BASIC

Cuando se desarrolla código de programación en Visual Basic se pueden cometer dos tipos de errores; los de compilación y los que se producen en tiempo de ejecución.

31.14.1 Errores de compilación

Son aquellos que se producen cuando estamos editando código, habitualmente son detectados por el propio editor de Visual Basic.

En la siguiente línea de código se ha olvidado incluir un paréntesis, cuando bajamos de línea aparece el siguiente cuadro de diálogo avisando del error:

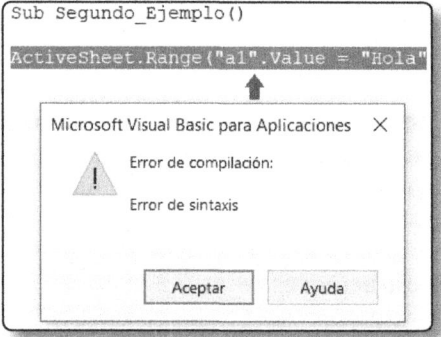

Corregimos el error y continuamos con el diseño del procedimiento.

31.14.2 Errores en tiempo de ejecución

Son aquellos que se producen cuando estamos ejecutando el procedimiento. En el siguiente ejemplo se divide el contenido de la celda A1 (está vacía) entre cero. Al intentar ejecutar el procedimiento se produce un error número 6 de "Desbordamiento":

```
Sub Segundo_Ejemplo()

Range("b1") = Range("a1") / 0

End Sub
```

Microsoft Visual Basic

Se ha producido el error '6' en tiempo de ejecución:

Desbordamiento

| Continuar | Finalizar | Depurar | Ayuda |

Si pulsamos en **Depurar,** la línea que contiene el error se resaltará en color amarillo. Si pulsamos en **Finalizar,** volvemos a la edición del procedimiento. En cualquiera de los dos casos debemos subsanar el error para el buen funcionamiento del procedimiento.

31.14.3 Omitir errores en tiempo de ejecución

Visual Basic ofrece la posibilidad de utilizar una instrucción que hace que, si cometemos un error en alguna instrucción, la ejecución del programa siga adelante y no se vea interrumpida.

Procedimiento en el cual se hace referencia a una celda inexistente (XFE1) en la hoja de cálculo. Cuando ejecutamos el programa, esa línea de código con error, no se tiene en cuenta utilizando la instrucción **On Error Resume Next**:

```
Sub Omitir_Errores()
        On Error Resume Next
        Range("XFE1").Activate
        Range("A1") = "El error no detiene la ejecución del procedimiento"
End Sub
```

31.14.4 Gestión de errores con GoTo

La instrucción GoTo hace que la ejecución del programa salte a otro lugar del procedimiento cuando se produzca un error de código.

En el siguiente se hace referencia a una celda inexistente (A1.048.577) en la hoja de cálculo. Al ejecutar el programa, se produce un salto a través de la instrucción **On Error GoTo Fin**. Fin es la **Etiqueta** que se encuentra en otro lugar del procedimiento:

```
Sub Omitir_Errores()
        On Error GoTo Fin:
        Range("A1048577").Activate
        Range("A1") = "Programación en VBA"
        Fin:
        Msgbox "Error en el código"
End Sub
```

31.15 OPERADORES LÓGICOS

Los operadores lógicos permiten evaluar dos o más valores de tipo lógico (booleano). Se suelen utilizar con la estructura IF:

31.15.1 Operador Lógico And

Cuando se utiliza el operador lógico **And** si todas las expresiones tienen el valor verdadero (True), entonces el resultado es verdadero. Si una de las expresiones tiene el valor falso (False), el resultado es falso.

Procedimiento que pide introducir el nombre de un producto, el precio y la cantidad que vamos a comprar. Calcula el importe a pagar, si es mayor de 1000 y además el producto se llama Zapatos, permite introducir un descuento y lo aplica al importe:

```
Sub operadores_logicos_AND()
Dim producto As String
Dim cantidad As Integer
Dim precio, total, descuento, total_descuento As Single
precio = 0
producto = UCase(InputBox("Introduce el nombre del producto", "Producto"))
precio = InputBox("Introduce el precio del producto", "Precio")
cantidad = Val(InputBox("Introduce la cantidad del producto", "Cantidad"))
total = precio * cantidad
Range("b1").Value = producto
Range("a2").Value = "Precio"
Range("b2").Value = precio
Range("a3").Value = "Cantidad"
Range("b3").Value = cantidad
Range("a4").Value = "Total"
Range("b4").Value = total
        If total > 1000 And producto = "ZAPATOS" Then
        descuento = Val(InputBox("Dime el descuento", "Descuento a aplicar"))
            total_descuento = total * (descuento / 100)
            total = total - total_descuento
            Range("a5").Value = "Descuento"
            Range("b5").Value = total_descuento
            Range("a6").Value = "Total con descuento"
            Range("b6").Value = total
        End If
    End Sub
```

31.15.2 Operador Lógico Or

Cuando se utiliza el operador lógico **Or**, si una sola de las expresiones tiene el valor verdadero (True), entonces el resultado es verdadero.

Procedimiento que pide introducir el nombre de un producto, el precio y la cantidad que vamos a comprar. En este caso, calcula el importe, si es mayor de 500 o bien el producto se llama Zapatos, si se cumple cualquiera de las dos opciones, permite introducir un descuento y lo aplica al importe:

```
Sub operadores_logicos_OR()
Dim producto As String
Dim cantidad As Integer
Dim precio, total, descuento, total_descuento As Single
precio = 0
producto = UCase(InputBox("Introduce el nombre del producto", "Producto"))
precio = InputBox("Introduce el precio del producto", "Precio")
cantidad = Val(InputBox("Introduce la cantidad del producto", "Cantidad"))
total = precio * cantidad
Range("b1").Value = producto
Range("a2").Value = "Precio"
Range("b2").Value = precio
Range("a3").Value = "Cantidad"
Range("b3").Value = cantidad
Range("a4").Value = "Total"
Range("b4").Value = total
        If total > 500 Or producto = "ZAPATOS" Then
                descuento = Val(InputBox("Dime el descuento",
"Descuento a aplicar"))
                total_descuento = total * (descuento / 100)
                total = total - total_descuento
                Range("a5").Value = "Descuento"
                Range("b5").Value = total_descuento
                Range("a6").Value = "Total con descuento"
                Range("b6").Value = total
        End If
End Sub
```

31.15.3 Operador Lógico Not

El operador lógico **Not** se utiliza para devolver lo contrario de la expresión.

Procedimiento que utiliza la negación (Not) para evaluar el contenido de la variable precio, si no es cierto que precio es menor o igual a 1000, entonces pide introducir un descuento y lo aplica:

```
Sub operadores_logicos_NOT()
Dim precio, descuento As Integer
precio = 0
descuento = 0
precio = Val(InputBox("Introduce precio", "precio"))
            If Not precio <= 1000 Then
                    descuento = Val(InputBox("Dime descuento", "descuento"))
            End If
Range("b1").Value = precio
Range("b2").Value = descuento
Range("b3").Value = precio * (descuento / 100)
End Sub
```

31.16 DESARROLLO DE FUNCIONES

Excel incluye una multitud de funciones integradas en las hojas de cálculo, aun así, tenemos la posibilidad de crear nuestras propias funciones personalizadas.

Las funciones personalizadas, como las macros, usan el lenguaje de programación Visual Basic.

El diseño de funciones en Excel se distingue del diseño de macros en dos aspectos:

1. Usan procedimientos de función en lugar de procedimientos Sub. Es decir, empiezan con una instrucción **function** en lugar de una instrucción Sub y **End Function** en lugar de End Sub.

2. Realizan cálculos en lugar de tomar decisiones. Ciertos tipos de instrucciones, como las instrucciones que seleccionan y aplican formato a los rangos, se excluyen de las funciones personalizadas.

Vemos algunos ejemplos:

▶ La siguiente función calcula una comisión del 6% sobre la celda indicada:

```
Function Comisión(Num)
        Comisión = Num * 0.06
End Function
```

El resultado es el siguiente:

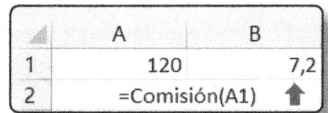

▶ La siguiente función calcula el 21% de IVA sobre la celda indicada:

```
Function Iva(Valor)
        Iva = Valor * 0.21
End Function
```

El resultado es el siguiente:

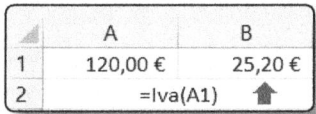

▶ La siguiente función añade el 21% de IVA sobre la celda indicada:

```
Function AñadirIva(Valor)
        AñadirIva = (Valor) + (Valor) * 0.21
End Function
```

El resultado es el siguiente:

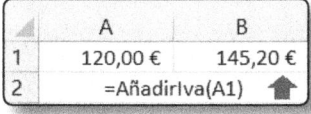

▶ La siguiente función extrae la dirección web de la celda indicada:

```
Function ExtraerDirección(cell As Range) As String
        If cell.Hyperlinks.Count > 0 Then
                ExtraerDirección = cell.Hyperlinks(1).Address
        End If
End Function
```

El resultado es el siguiente:

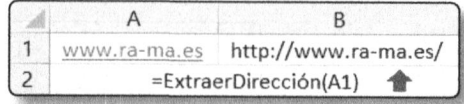

31.17 EJEMPLOS DE PROCEDIMIENTOS

Veamos algunos casos prácticos de procedimientos, utilización de estructuras y funciones de Visual Basic:

31.17.1 Función MsgBox

Procedimiento que pide dos números por teclado y muestra la suma:

```
Sub Mensaje()
Dim var_a, var_b As Integer
        var_a = InputBox("Introduce un número entero", "Valor 1", "Introducir
número", 1, 1)
        var_b = InputBox("Introduce otro número entero", "Valor 2", "Introdu-
cir número", 1, 1)
        MsgBox ("La suma de los números es: " & var_a + var_b)
End Sub
```

31.17.2 Función InputBox

Procedimiento que selecciona un rango de celdas para introducir en ellas 5 nombres utilizando el bucle For y la función InputBox:

```
Sub nombres()
Dim nombre As String
Dim i As Integer
Range("A1:A4").Select
        For i = 0 To Selection.Cells.Count
                nombre = (InputBox("Introduce el nombre", "Nombre"))
                ActiveCell.Offset(i, 0).Value = nombre
        Next i
End Sub
```

31.17.3 Estructura If Then

Procedimiento que pregunta si queremos salir de Excel:

```
Sub salir()
        If MsgBox("¿Salir de Excel?", vbQuestion + vbYesNo) = vbYes Then
        Application.Quit
        End If
End Sub
```

31.17.4 Estructura If Then Else

Procedimiento que pide introducir dos números por teclado. Se asigna su valor a una celda y devuelve qué celda contiene el valor más alto. También nos dice si los números son iguales:

```
Sub numeros()
Dim Importe1, Importe2 As Integer
Importe1 = 0
Importe2 = 0
Importe1 = Val(InputBox("Introducir Importe1", "Entrada de datos"))
Range("A1").Value = Importe1
Importe2 = Val(InputBox("Introducir Importe2", "Entrada de datos"))
Range("A2").Value = Importe2
    If Importe1 > Importe2 Then
            Range("A3").Value = "La celda A1 es mayor que la celda A2"
    Else
            If Importe1 < Importe2 Then
                    Range("A3").Value = "El importe de A2 es mayor que A1"
            Else
                    Range("A3").Value = "La celda A1 es igual que la celda A2"
            End If
    End If
End Sub
```

31.17.5 Estructura For

Procedimiento que pide 5 notas por teclado y calcula la media aritmética:

```
Sub estructura_for()
Dim i, total, valor As Integer
i=0
total =0
valor= 0
        For i = 1 To 5
        Valor = Val(InputBox("Introduce la nota del examen " & i, "Introducir
las Notas", , 50,50))
        ActiveSheet.Cells(i, 1) = Valor
        total = total + Valor
        Next i
        i = i - 1
Range("b1").Value = total / i
End Sub
```

31.17.6 Do While

Procedimiento que recoge valores por teclado hasta que se introduce el valor 0. Termina sumando todos los valores con la función sum y haciendo la media aritmética con la función average:

```
Sub Sumar_Varios_Valores()
Dim Valor As Integer
Dim Celda_Inicial, Celda_Final As String
ActiveSheet.Range("A1").Activate
        Do
        Valor = Val(InputBox("Introducir un Valor (0 Finaliza) ", "Valor"))
                If Valor <> 0 Then
                                ActiveCell.Value = Valor
                                ActiveCell.Offset(1, 0).Activate
                End If
        Loop Until Valor = 0
Celda_Inicial = "A1"
Celda_Final = ActiveCell.Address
ActiveCell.Offset(1, 0).Activate
ActiveCell.Formula = "=sum(" & Celda_Inicial & ":" & Celda_Final & ")"
ActiveCell.Offset(1, 0).Activate
ActiveCell.Formula = "=average(" & Celda_Inicial & ":" & Celda_Final & ")"
End Sub
```

31.17.7 Estructura Case

Procedimiento con la estructura Case que pide introducir 3 notas por teclado, realiza la media aritmética y nos muestra la calificación:

```
Sub Notas_Medias ()
Dim Media As Single
Dim Nota1, Nota2, Nota3 As Single
Range("A1:A3").NumberFormat = "#,##0.00"
Nota1 = Val(InputBox("Introducir Nota1", "Nota1"))
Range("A1") = Nota1
Nota2 = Val(InputBox("Introducir Nota2", "Nota2"))
Range("A2").Value = Nota2
Nota3 = Val(InputBox("Introducir Nota3", "Nota3"))
Range("A3").Value = Nota3
```

(i) NOTA

El cálculo de la Media aritmética se puede hacer de varias formas:

```
Media = Application.WorksheetFunction.Average(Nota1, Nota2, Nota3)
Media = (Nota1 + Nota2 + Nota3) / 3
Range("A4").Value = Media
        Select Case Media
                Case 0 To 2.99
                Range("A5").Value = "La calificación es Muy Deficiente"
                Case 3 To 3.99
                Range("A5").Value = "La calificación es Deficiente"
                Case 4 To 4.99
                Range("A5").Value = "La calificación es Insuficiente"
                Case 5 To 5.99
                Range("A5").Value = "La calificación es Suficiente"
                Case 6 To 6.99
                Range("A5").Value = "La calificación es Bien"
                Case 7 To 8.99
                Range("A5").Value = "La calificación es Notable"
                Case Is >= 9
                Range("A5").Value = "La calificación es Sobresaliente"
        End Select
End Sub
```

31.17.8 Actualizar una tabla dinámica automáticamente

Procedimiento que actualiza la tabla dinámica si se realizan cambios en los datos de los que depende la tabla. Hay que introducir el siguiente código en el objeto WorkSheet del libro que contiene nuestra tabla dinámica:

Objeto WorkSheet

```
Private Sub Worksheet_Activate()
        ActiveSheet.PivotTables("TD1").PivotCache.Refresh
End Sub
```

TD1 es el nombre que tiene la tabla dinámica. Cuando hacemos clic en la hoja donde se encuentra la tabla dinámica estará actualizada.

31.17.9 Utilizar ScreenUpdating en Macros

ScreenUpdating es una opción que se usa en la ejecución de las Macros para que éstas se ejecuten a mayor velocidad. También provoca el "congelamiento de la pantalla", que quiere decir que mientras la macro se ejecuta la pantalla no parpadea. Esto es muy útil con macros que realizan muchos cambios en la hoja de cálculo.

La actualización de la pantalla se desactiva incluyendo la opción **Application. ScreenUpdating = False** nada más iniciar el procedimiento y se deja de nuevo activa con la opción **Application.ScreenUpdating = True,** justo antes de finalizar el procedimiento.

En el siguiente ejemplo se utilizan dichas instrucciones:

```
Sub Pantalla()
        Application.ScreenUpdating = False
        Líneas de Código…
        …
        Application.ScreenUpdating = True
End Sub
```

31.17.10 Activar el modo de pantalla completa

El modo de pantalla completa maximiza la ventana de la aplicación, para que ocupe toda la pantalla. Se ocultan las barras de herramientas, la barra de estado y la barra de fórmulas. Esta opción es muy práctica cuando queremos ver el máximo de contenidos de nuestra hoja de cálculo.

La instrucción para activar el modo de pantalla completa se incluye al principio del procedimiento. Es la siguiente:

Application.DisplayFullScreen = True

Para salir del modo de pantalla completa se presiona la tecla ESC.

31.17.11 Desactivar encabezados de filas y columnas

Esta opción también es muy práctica cuando queremos ver el máximo de contenidos de nuestra hoja de cálculo; ya que se ocultan los encabezados de filas y columnas de la hoja.

En el siguiente procedimiento se activa la "Hoja1" del libro "Factura", a continuación, se desactivan encabezados de filas y columnas:

Workbooks("factura.xlsx").Worksheets("hoja1").Activate

ActiveWindow.DisplayHeadings = False

31.17.12 Incluir avisos en nuestros libros

Cuando tenemos tareas pendientes de realizar podemos incluir instrucciones en los procedimientos para que Excel nos avise.

En el primer procedimiento se incluye la propiedad con la hora de aviso y se llama al siguiente procedimiento "**AVISO**", que incluye el mensaje con la fusión MsgBox:

```
Sub Informe()
        Application.OnTime TimeValue("12:15:00"), "AVISO"
End Sub
```

```
Sub AVISO()
        MsgBox "Faltan 15 minutos para entregar el informe"
End Sub
```

32

ANEXOS

32.1 TRABAJAR CON DIFERENTES HOJAS, FUNCIONES TRIDIMENSIONALES

Excel permite vincular datos de distintas hojas de cálculo de un libro y enlazar con datos de hojas de otros libros, con el objetivo de resumir datos de distintas fuentes.

Podemos crear fórmulas que abarquen distintas fuentes y podemos realizar cálculos utilizando una combinación de información local y vinculada.

32.1.1 Referencias a celdas en otra hoja

Para vincular con una celda de otra hoja de cálculo dentro del mismo libro tenemos que escribir la siguiente fórmula:

='Nombre de la Hoja'!Referencia de celda. Por ejemplo: ='Hoja1'!B4

En la siguiente fórmula se suman celdas de diferentes hojas:

='Año2018'!B4+'Año2019'!B5+'Año2020'!B6

En la siguiente fórmula se utiliza la función suma para sumar rangos de celdas de diferentes hojas:

=SUMA('2018'!B4:B6;'2019'!B4:B6;'2020'!B4:B6)

32.1.2 Referencias a celdas en otro libro

Para vincular con una celda de una hoja de cálculo desde otro libro tenemos que escribir la siguiente fórmula:

='[Nombre del Libro]Nombre de la hoja'!Referencia de celda. Por ejemplo:

='[Enero.xlsx]Primer Trimestre'!C4

En la siguiente fórmula se suman celdas de hojas de diferentes libros:

='[Enero.xlsx]Primer Trimestre'!C4+'[Febrero.xlsx]Primer Trimestre'!C4

En la siguiente fórmula se utiliza la función promedio para calcular la media aritmética de los valores de celdas de diferentes hojas:

=PROMEDIO('[Enero.xlsx]2018'!B4:B15;'[Febrero.xlsx]2019'!B4:B15)

32.1.3 Referencias 3D

Una dirección a la misma celda o intervalo de celdas en varias hojas se denomina **referencia 3D**.

Una referencia en 3D es práctica y fácil de ejecutar para trabajar con varias hojas de cálculo que siguen el mismo patrón. Las celdas de cada hoja de cálculo deben de tener el mismo tipo de datos. La sintaxis es la siguiente:

=Función('Primera hoja: Última hoja'!Referencia de celda).

Por ejemplo, deseamos crear una nueva hoja con el balance de ingresos de diferentes años.

Datos de la hoja '2018':

	A	B	C	D	E
1			2018		
2					
3		INGRESOS	GASTOS	AHORRO	PORCENTAJE
4	Enero	2.000,00 €	500,00 €	1.500,00 €	4%
5	Febrero	2.500,00 €	600,00 €	1.900,00 €	5%
6	Marzo	3.500,00 €	700,00 €	2.800,00 €	7%
7	Abril	5.000,00 €	800,00 €	4.200,00 €	10%
8	Mayo	5.000,00 €	900,00 €	4.100,00 €	10%
9	Junio	5.000,00 €	1.000,00 €	4.000,00 €	10%
10	Julio	6.000,00 €	1.100,00 €	4.900,00 €	12%
11	Agosto	4.500,00 €	1.200,00 €	3.300,00 €	8%
12	Septiembre	2.500,00 €	1.300,00 €	1.200,00 €	3%
13	Octubre	3.697,00 €	1.400,00 €	2.297,00 €	6%
14	Noviembre	4.587,00 €	1.500,00 €	3.087,00 €	8%
15	Diciembre	8.904,00 €	1.600,00 €	7.304,00 €	18%

Datos de la hoja '2019':

▲	A	B	C	D	E
1			**2019**		
2					
3		**INGRESOS**	**GASTOS**	**AHORRO**	**PORCENTAJE**
4	Enero	1.500,00 €	500,00 €	1.000,00 €	1%
5	Febrero	3.000,00 €	700,00 €	2.300,00 €	2%
6	Marzo	4.500,00 €	900,00 €	3.600,00 €	4%
7	Abril	6.000,00 €	1.100,00 €	4.900,00 €	5%
8	Mayo	7.500,00 €	1.300,00 €	6.200,00 €	6%
9	Junio	9.000,00 €	1.500,00 €	7.500,00 €	8%
10	Julio	10.500,00 €	1.700,00 €	8.800,00 €	9%
11	Agosto	12.000,00 €	1.900,00 €	10.100,00 €	10%
12	Septiembre	13.500,00 €	2.100,00 €	11.400,00 €	12%
13	Octubre	15.000,00 €	2.300,00 €	12.700,00 €	13%
14	Noviembre	16.500,00 €	2.500,00 €	14.000,00 €	14%
15	Diciembre	18.000,00 €	2.700,00 €	15.300,00 €	16%

Datos de la hoja '2020':

▲	A	B	C	D	E
1			**2020**		
2					
3		**INGRESOS**	**GASTOS**	**AHORRO**	**PORCENTAJE**
4	Enero	2.000,00 €	500,00 €	1.500,00 €	1%
5	Febrero	4.000,00 €	800,00 €	3.200,00 €	2%
6	Marzo	6.000,00 €	1.100,00 €	4.900,00 €	4%
7	Abril	8.000,00 €	1.400,00 €	6.600,00 €	5%
8	Mayo	10.000,00 €	1.700,00 €	8.300,00 €	6%
9	Junio	12.000,00 €	2.000,00 €	10.000,00 €	8%
10	Julio	14.000,00 €	2.300,00 €	11.700,00 €	9%
11	Agosto	16.000,00 €	2.600,00 €	13.400,00 €	10%
12	Septiembre	18.000,00 €	2.900,00 €	15.100,00 €	12%
13	Octubre	20.000,00 €	3.200,00 €	16.800,00 €	13%
14	Noviembre	22.000,00 €	3.500,00 €	18.500,00 €	14%
15	Diciembre	24.000,00 €	3.800,00 €	20.200,00 €	16%

La fórmula en 3D para sumar los ingresos de enero es:
=SUMA('2018:2020'!B4).

Utilizamos el control de relleno para copiar la fórmula desde la celda A2 hasta la celda A13. El resultado es el siguiente:

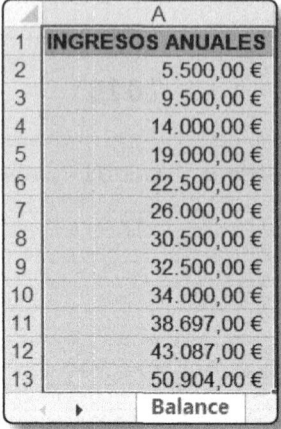

Es importante tener en cuenta que este tipo de fórmula en 3D no admite utilizar todas las funciones estándar existentes, sólo podremos hacerlo con las siguientes: Suma, Promedio, Promedioa, Contara, Maxa, Min, Mina, Producto, Desvest, Desvesta, Desvestp, Desvestpa, Var, Vara, Varp y Varpa.

32.2 SUBTOTALES Y ESQUEMAS

32.2.1 Subtotales

La herramienta **Subtotales** de Excel nos permite crear resúmenes de datos en base a filas, con la facilidad de poder resumir la información con las funciones más usadas en Excel: Suma, Recuento, Promedio, Máx., Mín., Producto, Contar números…

Esta herramienta es muy útil para obtener determinados datos estadísticos de listas de registros agrupados por campos.

Para que la agrupación de los campos sobre los que se desea calcular los subtotales sea correcta, los campos se deberán **ordenar previamente** a la realización de los subtotales, de forma ascendente o descendente. Como mínimo tiene que haber un campo ordenado. En caso de no estar ordenados, la herramienta Subtotal no indicará ningún mensaje de error, pero el resultado no será el correcto.

Por ejemplo, en el siguiente listado:

	A	B	C	D	E	F	G
1	Fecha	Comercial	Provincia	Artículos	Unidades	Precio unidad	Total
2	02/11/2017	Jorge	Madrid	Pasta de dientes	97	3,04 €	294,88 €
3	19/11/2017	María	Barcelona	Gel	77	4,56 €	351,12 €
4	06/12/2017	Jorge	Málaga	Pasta de dientes	60	3,04 €	182,40 €
5	23/12/2017	Jose	Barcelona	Colonia	95	21,74 €	2.065,30 €
6	09/01/2018	Jorge	Valencia	Pasta de dientes	85	3,04 €	258,40 €
7	26/01/2018	Julián	Madrid	Gel	54	4,56 €	246,24 €
8	12/02/2018	Antonio	Málaga	Pasta de dientes	13	3,04 €	39,52 €
9	01/03/2018	Ana	Málaga	Pasta de dientes	22	3,04 €	66,88 €
10	18/03/2018	Rodrigo	Valencia	Pasta de dientes	45	3,04 €	136,80 €
11	04/04/2018	Julián	Madrid	Gel	45	4,56 €	205,20 €
12	21/04/2018	Rosa	Málaga	Pasta de dientes	83	3,04 €	252,32 €
13	08/05/2018	Eva	Madrid	Gel	65	4,56 €	296,40 €
14	25/05/2018	Pablo	Madrid	Gel	97	4,56 €	442,32 €
15	11/06/2018	Julián	Madrid	Pasta de dientes	60	3,04 €	182,40 €
16	28/06/2018	Ana	Barcelona	Desodorante	65	5,75 €	373,75 €
17	15/07/2018	Julián	Madrid	Champú	12	6,74 €	80,88 €
18	01/08/2018	Rosa	Málaga	Gel	83	4,56 €	378,48 €
19	18/08/2018	Julián	Madrid	Colonia	22	21,74 €	478,28 €
20	04/09/2018	Pablo	Madrid	Colonia	41	21,74 €	891,34 €
21	21/09/2018	María	Barcelona	Champú	3	5,75 €	17,25 €
22	08/10/2018	Ana	Barcelona	Pasta de dientes	29	3,04 €	88,16 €
23	25/10/2018	Pablo	Madrid	Champú	26	6,74 €	175,24 €
24	11/11/2018	Jose	Barcelona	Gel	51	4,56 €	232,56 €
25	28/11/2018	Ana	Barcelona	Gel	11	4,56 €	50,16 €
26	15/12/2018	Eva	Madrid	Gel	74	4,56 €	337,44 €
27	01/01/2019	Jorge	Valencia	Gel	39	4,56 €	177,84 €
28	18/01/2019	Ana	Málaga	Champú	79	6,74 €	532,46 €
29	04/02/2019	Antonio	Málaga	Pasta de dientes	80	3,04 €	243,20 €
30	21/02/2019	Eva	Madrid	Colonia	96	21,74 €	2.087,04 €
31	10/03/2019	Jose	Barcelona	Pasta de dientes	14	3,04 €	42,56 €
32	27/03/2019	Jose	Barcelona	Gel	75	4,56 €	342,00 €
33	13/04/2019	María	Barcelona	Desodorante	10	5,75 €	57,50 €
34	30/04/2019	Eva	Madrid	Champú	48	6,74 €	323,52 €

Tenemos la necesidad de realizar una estadística para conocer las ventas de cada comercial. Nos situamos en cualquier celda de la columna B (Comercial) y utilizamos la herramienta ordenar de la A a la Z, en este caso pulsando en el botón **AZ** del grupo **Ordenar y Filtrar** de la pestaña **Datos**:

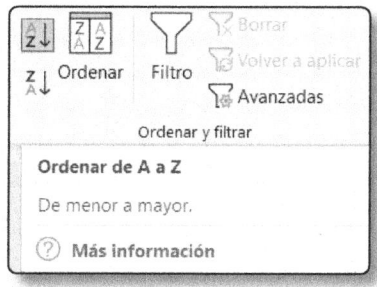

El resultado es:

	A	B	C	D	E	F	G
1	Fecha	Comercial	Provincia	Artículos	Unidades	Precio unidad	Total
2	01/03/2018	Ana	Málaga	Pasta de dientes	22	3,04 €	66,88 €
3	28/06/2018	Ana	Barcelona	Desodorante	65	5,75 €	373,75 €
4	08/10/2018	Ana	Barcelona	Pasta de dientes	29	3,04 €	88,16 €
5	28/11/2018	Ana	Barcelona	Gel	11	4,56 €	50,16 €
6	18/01/2019	Ana	Málaga	Champú	79	6,74 €	532,46 €
7	13/09/2019	Ana	Málaga	Gel	96	4,56 €	437,76 €
8	30/09/2019	Ana	Málaga	Gel	98	4,56 €	446,88 €
9	12/02/2018	Antonio	Málaga	Pasta de dientes	13	3,04 €	39,52 €
10	04/02/2019	Antonio	Málaga	Pasta de dientes	80	3,04 €	243,20 €
11	27/08/2019	Antonio	Málaga	Pasta de dientes	32	3,04 €	97,28 €
12	17/10/2019	Antonio	Málaga	Gel	61	4,56 €	278,16 €
13	08/05/2018	Eva	Madrid	Gel	65	4,56 €	296,40 €
14	15/12/2018	Eva	Madrid	Gel	74	4,56 €	337,44 €
15	21/02/2019	Eva	Madrid	Colonia	96	21,74 €	2.087,04 €
16	30/04/2019	Eva	Madrid	Champú	48	6,74 €	323,52 €
17	02/11/2017	Jorge	Madrid	Pasta de dientes	97	3,04 €	294,88 €
18	06/12/2017	Jorge	Málaga	Pasta de dientes	60	3,04 €	182,40 €
19	09/01/2018	Jorge	Valencia	Pasta de dientes	85	3,04 €	258,40 €
20	01/01/2019	Jorge	Valencia	Gel	39	4,56 €	177,84 €
21	20/06/2019	Jorge	Valencia	Desodorante	61	5,75 €	350,75 €
22	24/07/2019	Jorge	Valencia	Colonia	10	21,74 €	217,40 €
23		ETC					

Situamos el cursor en cualquier celda de la lista y Excel selecciona de forma automática toda la lista sin necesidad de seleccionar el rango.

Accedemos a la ficha **Datos** - grupo **Esquema**, y hacemos clic en el icono **Subtotal**:

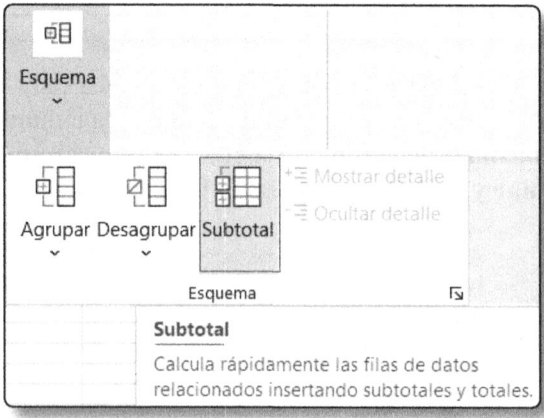

Aparece el siguiente cuadro de diálogo:

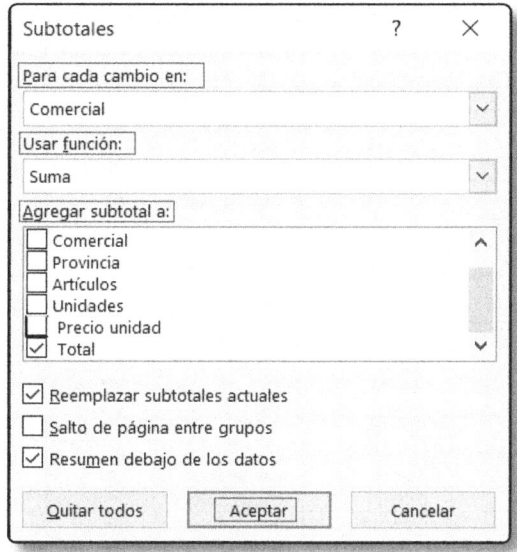

Las opciones de configuración son las siguientes:

▼ **Para cada cambio en**: elegir el campo a agrupar y sobre el cual se quiere realizar el cálculo. Este es el campo que hemos ordenado y que tiene valores repetidos para que Excel los agrupe.

▼ **Usar función**: seleccionar la función estadística a realizar por el subtotal. No se puede seleccionar más de una operación. Si queremos realizar otra operación se hace un segundo subtotal acumulado al primero.

▼ **Agregar subtotal a**: seleccionar la casilla de verificación del campo sobre el que se realizar el cálculo de la función anteriormente seleccionada.

En el ejemplo, se suma el campo **Total** de todos los **Comerciales**. El resultado es el siguiente:

			A	B	C	D	E	F	G
		1	Fecha	Comercial	Provincia	Artículos	Unidades	Precio unidad	Total
		2	01/03/2018	Ana	Málaga	Pasta de dientes	22	3,04 €	66,88 €
		3	28/06/2018	Ana	Barcelona	Desodorante	65	5,75 €	373,75 €
		4	08/10/2018	Ana	Barcelona	Pasta de dientes	29	3,04 €	88,16 €
		5	28/11/2018	Ana	Barcelona	Gel	11	4,56 €	50,16 €
		6	18/01/2019	Ana	Málaga	Champú	79	6,74 €	532,46 €
		7	13/09/2019	Ana	Málaga	Gel	96	4,56 €	437,76 €
		8	30/09/2019	Ana	Málaga	Gel	98	4,56 €	446,88 €
		9		Total Ana					1.996,05 €
		10	12/02/2018	Antonio	Málaga	Pasta de dientes	13	3,04 €	39,52 €
		11	04/02/2019	Antonio	Málaga	Pasta de dientes	80	3,04 €	243,20 €
		12	27/08/2019	Antonio	Málaga	Pasta de dientes	32	3,04 €	97,28 €
		13	17/10/2019	Antonio	Málaga	Gel	61	4,56 €	278,16 €
		14		Total Antonio					658,16 €
		15	08/05/2018	Eva	Madrid	Gel	65	4,56 €	296,40 €
		16	15/12/2018	Eva	Madrid	Gel	74	4,56 €	337,44 €
		17	21/02/2019	Eva	Madrid	Colonia	96	21,74 €	2.087,04 €
		18	30/04/2019	Eva	Madrid	Champú	48	6,74 €	323,52 €
		19		Total Eva					3.044,40 €
		20	02/11/2017	Jorge	Madrid	Pasta de dientes	97	3,04 €	294,88 €
		21	06/12/2017	Jorge	Málaga	Pasta de dientes	60	3,04 €	182,40 €
		22	09/01/2018	Jorge	Valencia	Pasta de dientes	85	3,04 €	258,40 €
		23	01/01/2019	Jorge	Valencia	Gel	39	4,56 €	177,84 €
		24	20/06/2019	Jorge	Valencia	Desodorante	61	5,75 €	350,75 €
		25	24/07/2019	Jorge	Valencia	Colonia	10	21,74 €	217,40 €
		26		Total Jorge					1.481,67 €
		27	23/12/2017	Jose	Barcelona	Colonia	95	21,74 €	2.065,30 €
		28	11/11/2018	Jose	Barcelona	Gel	51	4,56 €	232,56 €

Para cada grupo se obtiene el cálculo de la función seleccionada, así como el total general de la lista que aparece al final:

			A	B	C	D	E	F	G
		51	21/04/2018	Rosa	Málaga	Pasta de dientes	83	3,04 €	252,32 €
		52	01/08/2018	Rosa	Málaga	Gel	83	4,56 €	378,48 €
		53	17/05/2019	Rosa	Málaga	Champú	2	6,74 €	13,48 €
		54		Total Rosa					644,28 €
		55		Total general					14.503,61 €

Para calcular otro subtotal sobre el anterior, debemos repetir los pasos anteriores, **desmarcando** la casilla de verificación **Reemplazar subtotales actuales**, ya que, de no ser así, el nuevo subtotal sustituirá a todos los anteriores.

En el siguiente ejemplo se añade un segundo subtotal, que cuenta (función **Recuento**) el número de Totales que tiene cada comercial. Se podrá contar cualquier campo. En este caso se lo añadimos al Total, para que los subtotales queden lo más agrupados posibles en la ventana:

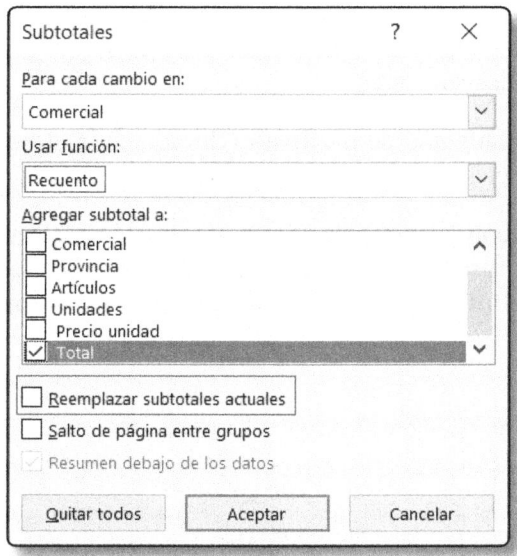

El resultado es:

1 2 3 4		A	B	C	D	E	F	G
	1	Fecha	Comercial	Provincia	Artículos	Unidades	Precio unidad	Total
	2	01/03/2018	Ana	Málaga	Pasta de dientes	22	3,04 €	66,88 €
	3	28/06/2018	Ana	Barcelona	Desodorante	65	5,75 €	373,75 €
	4	08/10/2018	Ana	Barcelona	Pasta de dientes	29	3,04 €	88,16 €
	5	28/11/2018	Ana	Barcelona	Gel	11	4,56 €	50,16 €
	6	18/01/2019	Ana	Málaga	Champú	79	6,74 €	532,46 €
	7	13/09/2019	Ana	Málaga	Gel	96	4,56 €	437,76 €
	8	30/09/2019	Ana	Málaga	Gel	98	4,56 €	446,88 €
	9		**Cuenta Ana**					7
	10		**Total Ana**					1.996,05 €
	11	12/02/2018	Antonio	Málaga	Pasta de dientes	13	3,04 €	39,52 €
	12	04/02/2019	Antonio	Málaga	Pasta de dientes	80	3,04 €	243,20 €
	13	27/08/2019	Antonio	Málaga	Pasta de dientes	32	3,04 €	97,28 €
	14	17/10/2019	Antonio	Málaga	Gel	61	4,56 €	278,16 €
	15		**Cuenta Antonio**					4
	16		**Total Antonio**					658,16 €
	17	08/05/2018	Eva	Madrid	Gel	65	4,56 €	296,40 €
	18	15/12/2018	Eva	Madrid	Gel	74	4,56 €	337,44 €
	19	21/02/2019	Eva	Madrid	Colonia	96	21,74 €	2.087,04 €
	20	30/04/2019	Eva	Madrid	Champú	48	6,74 €	323,52 €
	21		**Cuenta Eva**					4
	...							
	60	21/04/2018	Rosa	Málaga	Pasta de dientes	83	3,04 €	252,32 €
	61	01/08/2018	Rosa	Málaga	Gel	83	4,56 €	378,48 €
	62	17/05/2019	Rosa	Málaga	Champú	2	6,74 €	13,48 €
	63		**Cuenta Rosa**					3
	64		**Total Rosa**					644,28 €
	65		**Cuenta general**					43
	66		**Total general**					14.503,61 €

A la izquierda de la numeración de las filas, se visualizan los niveles del esquema, mediante los cuales se puede esquematizar con más o menos detalles los resultados, en orden descendente.

Pulsando en cada uno de los niveles del esquema, desde 1 al 4, se obtienen diferentes niveles de esquematización y resumen.

Los botones con los símbolos " – " y " + " de cada grupo, tienen la misma función de ocultar o mostrar el detalle de cada grupo, al igual que los iconos **Mostrar detalle** y **Ocultar detalle** del grupo **Esquema** de la ficha **Datos**:

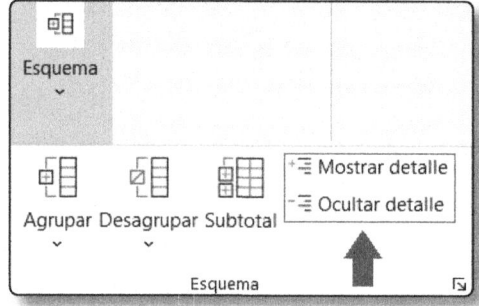

Para el ejemplo anterior el resultado se vería así:

	Fecha	Comercial	Provincia	Artículos	Unidades	Precio unidad	Total
9		Cuenta Ana					7
10		Total Ana					1.996,05 €
15		Cuenta Antonio					4
16		Total Antonio					658,16 €
21		Cuenta Eva					4
22		Total Eva					3.044,40 €
29		Cuenta Jorge					6
30		Total Jorge					1.481,67 €
36		Cuenta Jose					5
37		Total Jose					2.980,34 €
43		Cuenta Julián					5
44		Total Julián					1.193,00 €
49		Cuenta María					4
50		Total Maria					823,53 €
54		Cuenta Pablo					3
55		Total Pablo					1.508,90 €
58		Cuenta Rodrigo					2
59		Total Rodrigo					173,28 €
63		Cuenta Rosa					3
64		Total Rosa					644,28 €
65		Cuenta general					43
66		Total general					14.503,61 €

Si desactivamos la opción "**Resumen debajo de los datos**" del cuadro de diálogo de Subtotales:

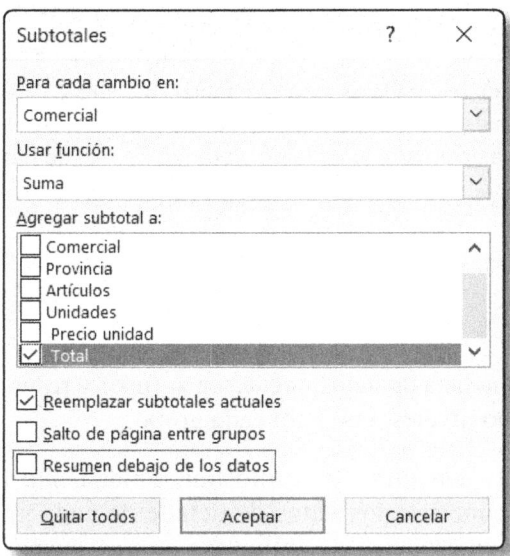

El resumen del subtotal sale por encima del campo agrupado, vemos el resultado:

		A	B	C	D	E	F	G
	1	Fecha	Comercial	Provincia	Artículos	Unidades	Precio unidad	Total
	2		Total general					14.503,61 €
	3		Total Ana					1.996,05 €
	4	01/03/2018	Ana	Málaga	Pasta de dientes	22	3,04 €	66,88 €
	5	28/06/2018	Ana	Barcelona	Desodorante	65	5,75 €	373,75 €
	6	08/10/2018	Ana	Barcelona	Pasta de dientes	29	3,04 €	88,16 €
	7	28/11/2018	Ana	Barcelona	Gel	11	4,56 €	50,16 €
	8	18/01/2019	Ana	Málaga	Champú	79	6,74 €	532,46 €
	9	13/09/2019	Ana	Málaga	Gel	96	4,56 €	437,76 €
	10	30/09/2019	Ana	Málaga	Gel	98	4,56 €	446,88 €
	11		Total Antonio					658,16 €
	12	12/02/2018	Antonio	Málaga	Pasta de dientes	13	3,04 €	39,52 €
	13	04/02/2019	Antonio	Málaga	Pasta de dientes	80	3,04 €	243,20 €
	14	27/08/2019	Antonio	Málaga	Pasta de dientes	32	3,04 €	97,28 €
	15	17/10/2019	Antonio	Málaga	Gel	61	4,56 €	278,16 €
	16		Total Eva					3.044,40 €
	17	08/05/2018	Eva	Madrid	Gel	65	4,56 €	296,40 €
	18	15/12/2018	Eva	Madrid	Gel	74	4,56 €	337,44 €
	19	21/02/2019	Eva	Madrid	Colonia	96	21,74 €	2.087,04 €
	20	30/04/2019	Eva	Madrid	Champú	48	6,74 €	323,52 €

Para eliminar un subtotal pulsar el botón **Quitar todos** del cuadro de diálogo de Subtotales (Excel elimina todos si hay varios establecidos).

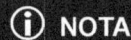 **NOTA**

Los subtotales no son compatibles con las tablas de Excel. El comando subtotales aparecerá atenuado si estamos trabajando con una tabla. Para agregar subtotales en una tabla, primero debemos convertir la tabla en un rango normal de datos y, a continuación, agregar el subtotal.

32.2.2 Esquemas

Si tenemos una lista de datos que desea agrupar y resumir, se puede crear un esquema de hasta ocho niveles, uno para cada grupo.

Los esquemas son útiles para mostrar rápidamente filas o columnas de resumen, o bien para mostrar los datos de detalle de cada grupo. Se puede crear un esquema de **filas**, un esquema de **columnas** o un esquema **de filas y columnas** dependiendo de cómo estén presentados los datos en la hoja.

	A	B	C	D	E	F	G	H	I	J
1										
2	Provincia	Enero	Febrero	Marzo	Total Trimestre 1	Abril	Mayo	Junio	Total Trimestre 2	Semestre
3	Lugo	144,00 €	4.589,00 €	784,00 €	5.517,00 €	784,00 €	670,00 €	781,00 €	2.235,00 €	7.752,00 €
4	Orense	879,00 €	458,00 €	14,00 €	1.351,00 €	456,00 €	567,00 €	237,00 €	1.260,00 €	2.611,00 €
5	Pontevedra	1.259,00 €	459,00 €	478,00 €	2.196,00 €	236,00 €	1.256,00 €	349,00 €	1.841,00 €	4.037,00 €
6	La Coruña	589,00 €	789,00 €	479,00 €	1.857,00 €	569,00 €	2.387,00 €	326,00 €	3.282,00 €	5.139,00 €
7	Total Galicia	2.871,00 €	6.295,00 €	1.755,00 €	10.921,00 €	2.045,00 €	4.880,00 €	1.693,00 €	8.618,00 €	19.539,00 €
8	Ciudad Real	258,00 €	785,00 €	874,00 €	1.917,00 €	1.235,00 €	124,00 €	701,00 €	2.060,00 €	3.977,00 €
9	Toledo	698,00 €	259,00 €	598,00 €	1.555,00 €	563,00 €	568,00 €	234,00 €	1.365,00 €	2.920,00 €
10	Guadalajara	458,00 €	269,00 €	269,00 €	996,00 €	258,00 €	800,00 €	567,00 €	1.625,00 €	2.621,00 €
11	Cuenca	125,00 €	128,00 €	357,00 €	610,00 €	952,00 €	1.200,00 €	480,00 €	2.632,00 €	3.242,00 €
12	Albacete	987,00 €	98,00 €	458,00 €	1.543,00 €	23,00 €	450,00 €	500,00 €	973,00 €	2.516,00 €
13	Total C. Mancha	2.526,00 €	1.539,00 €	2.556,00 €	6.621,00 €	3.031,00 €	3.142,00 €	2.482,00 €	8.655,00 €	15.276,00 €
14	Zaragoza	34,00 €	654,00 €	78,00 €	766,00 €	456,00 €	237,00 €		1.593,00 €	2.359,00 €
15	Teruel	65,00 €	198,00 €	5.454,00 €	5.717,00 €	470,00 €	570,00 €	1.500,00 €	2.540,00 €	8.257,00 €
16	Huesca	678,00 €	765,00 €	84,00 €	1.527,00 €	104,00 €	567,00 €	340,00 €	1.011,00 €	2.538,00 €
17	Total Aragón	777,00 €	1.617,00 €	5.616,00 €	8.010,00 €	1.030,00 €	1.374,00 €	2.740,00 €	5.144,00 €	13.154,00 €
18	TOTAL				25.552,00 €				22.417,00 €	47.969,00 €

32.2.3 Agrupar filas o columnas

Para agrupar los datos por provincia, se seleccionan las filas de las ciudades de cada provincia (Filas 3 a 6) y se ejecuta la opción **Agrupar** del grupo **Esquema** de la ficha **Datos**.

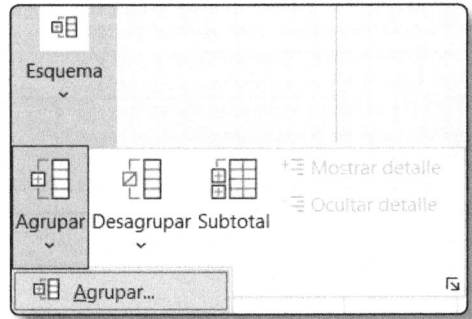

No se pueden agrupar todos los rangos de una vez, por lo que debemos de agrupar las filas de cada ciudad, en el siguiente orden:

- ▼ Se seleccionan las filas 8 a 12 y se agrupan.
- ▼ Se seleccionan las filas 14 a 16 y se agrupan.
- ▼ Se seleccionan las filas 3 a 17 (para el total general) y se agrupan.

El resultado es el siguiente (niveles de esquema de 1 a 4):

	A	B	C	D	E
1					
2	Provincia	Enero	Febrero	Marzo	Total Trimestre 1
3	Lugo	144,00 €	4.589,00 €	784,00 €	5.517,00 €
4	Orense	879,00 €	458,00 €	14,00 €	1.351,00 €
5	Pontevedra	1.259,00 €	459,00 €	478,00 €	2.196,00 €
6	La Coruña	589,00 €	789,00 €	479,00 €	1.857,00 €
7	Total Galicia	2.871,00 €	6.295,00 €	1.755,00 €	10.921,00 €
8	Ciudad Real	258,00 €	785,00 €	874,00 €	1.917,00 €
9	Toledo	698,00 €	259,00 €	598,00 €	1.555,00 €
10	Guadalajara	458,00 €	269,00 €	269,00 €	996,00 €
11	Cuenca	125,00 €	128,00 €	357,00 €	610,00 €
12	Albacete	987,00 €	98,00 €	458,00 €	1.543,00 €
13	Total C. Mancha	2.526,00 €	1.539,00 €	2.556,00 €	6.621,00 €
14	Zaragoza	34,00 €	654,00 €	78,00 €	766,00 €
15	Teruel	65,00 €	198,00 €	5.454,00 €	5.717,00 €
16	Huesca	678,00 €	765,00 €	84,00 €	1.527,00 €
17	Total Aragón	777,00 €	1.617,00 €	5.616,00 €	8.010,00 €
18	TOTAL				25.552,00 €

Los símbolos de esquema son símbolos que se utilizan para cambiar la vista de una hoja de cálculo esquematizada. Se pueden mostrar u ocultar los datos detallados presionando en el signo más, en el signo menos y en los números 1, 2, 3 o 4 que indican el nivel de esquema.

Por ejemplo, si pulsamos sobre el nivel 2 la visualización de los datos es:

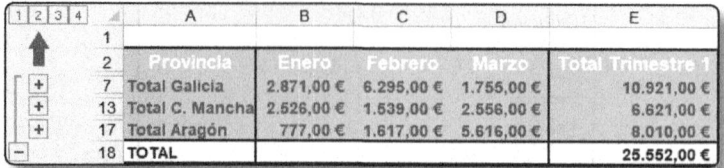

Para resumir por trimestres (columnas):

▶ Se seleccionan las columnas B, C, D. y se agrupan.

▶ Se seleccionan las columnas F, G, H y se agrupan.

▶ Se seleccionan las columnas desde B a I (para el Semestre 1) y se agrupan.

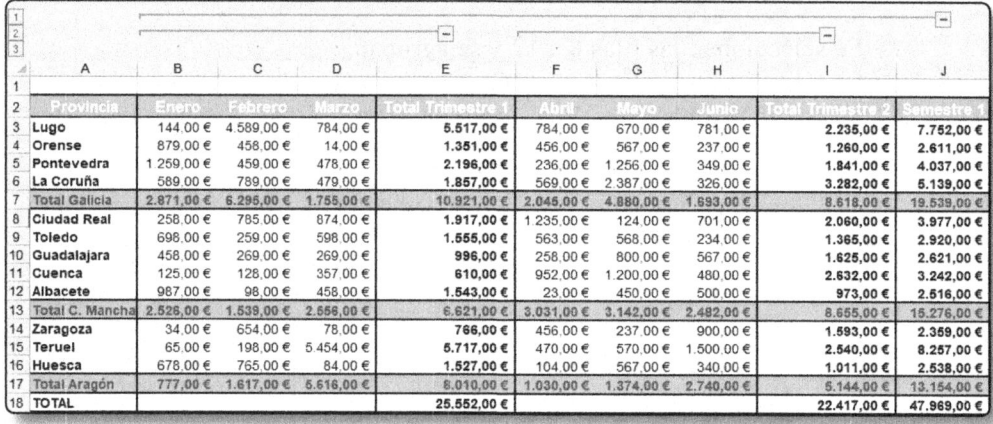

Por ejemplo, si pulsamos sobre el nivel 2 la visualización de los datos es:

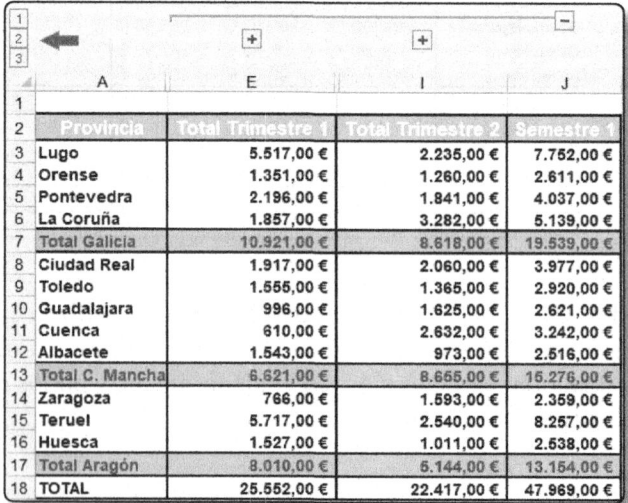

Para ocultar o mostrar el detalle de los grupos, se pulsa en el signo más o menos del esquema del grupo. También podemos seleccionar cualquier celda de un grupo y pulsar las opciones **Mostrar detalle** u **Ocultar detalle** del grupo **Esquemas**.

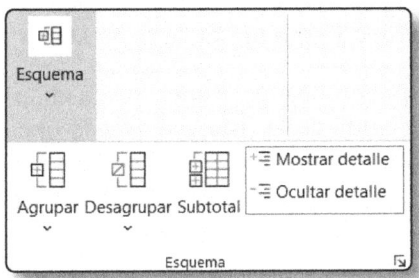

32.2.4 Esquemas automáticos o Autoesquemas

También podemos crear esquemas de forma automática. Excel será quien en este caso genere los niveles de agrupamiento para filas y columnas. Para ello hay que situarse en una celda de la tabla y hacer clic en la opción **Autoesquema** del grupo **Esquema** de la ficha **Datos**:

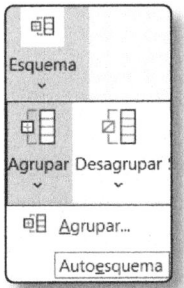

Utilizando la tabla de datos anterior si ejecutamos **Autoesquema** obtenemos el siguiente resultado:

	A	B	C	D	E	F	G	H	I	J
1										
2	Provincia	Enero	Febrero	Marzo	Total Trimestre 1	Abril	Mayo	Junio	Total Trimestre 2	Semestre 1
3	Lugo	144,00 €	4.589,00 €	784,00 €	5.517,00 €	784,00 €	670,00 €	781,00 €	2.235,00 €	7.752,00 €
4	Orense	879,00 €	458,00 €	14,00 €	1.351,00 €	456,00 €	567,00 €	237,00 €	1.260,00 €	2.611,00 €
5	Pontevedra	1.259,00 €	459,00 €	478,00 €	2.196,00 €	236,00 €	1.256,00 €	349,00 €	1.841,00 €	4.037,00 €
6	La Coruña	589,00 €	789,00 €	479,00 €	1.857,00 €	569,00 €	2.387,00 €	326,00 €	3.282,00 €	5.139,00 €
7	Total Galicia	2.871,00 €	6.295,00 €	1.755,00 €	10.921,00 €	2.045,00 €	4.880,00 €	1.693,00 €	8.618,00 €	19.539,00 €
8	Ciudad Real	258,00 €	785,00 €	874,00 €	1.917,00 €	1.235,00 €	124,00 €	701,00 €	2.060,00 €	3.977,00 €
9	Toledo	698,00 €	259,00 €	598,00 €	1.555,00 €	563,00 €	568,00 €	234,00 €	1.365,00 €	2.920,00 €
10	Guadalajara	458,00 €	269,00 €	269,00 €	996,00 €	258,00 €	800,00 €	567,00 €	1.625,00 €	2.621,00 €
11	Cuenca	125,00 €	128,00 €	357,00 €	610,00 €	952,00 €	1.200,00 €	480,00 €	2.632,00 €	3.242,00 €
12	Albacete	987,00 €	98,00 €	458,00 €	1.543,00 €	23,00 €	450,00 €	500,00 €	973,00 €	2.516,00 €
13	Total C. Mancha	2.526,00 €	1.539,00 €	2.556,00 €	6.621,00 €	3.031,00 €	3.142,00 €	2.482,00 €	8.655,00 €	15.276,00 €
14	Zaragoza	34,00 €	654,00 €	78,00 €	766,00 €	456,00 €	237,00 €	900,00 €	1.593,00 €	2.359,00 €
15	Teruel	65,00 €	198,00 €	5.454,00 €	5.717,00 €	470,00 €	570,00 €	1.500,00 €	2.540,00 €	8.257,00 €
16	Huesca	678,00 €	765,00 €	84,00 €	1.527,00 €	104,00 €	567,00 €	340,00 €	1.011,00 €	2.538,00 €
17	Total Aragón	777,00 €	1.617,00 €	5.616,00 €	8.010,00 €	1.030,00 €	1.374,00 €	2.740,00 €	5.144,00 €	13.154,00 €
18	TOTAL				25.552,00 €				22.417,00 €	47.969,00 €

32.2.5 Desagrupar filas o columnas, borrar esquemas

Para desagrupar un grupo de cualquier nivel, seleccionamos las filas o columnas del grupo, las mismas que se seleccionaron para agrupar, y pulsamos la opción **Desagrupar** del grupo **Esquema** de la ficha **Datos**.

Si se quieren eliminar todos los grupos, o sea eliminar todo el esquema, hay que seleccionar cualquier celda de la lista y pulsar la opción **Borrar esquema** del desplegable de la opción **Desagrupar**.

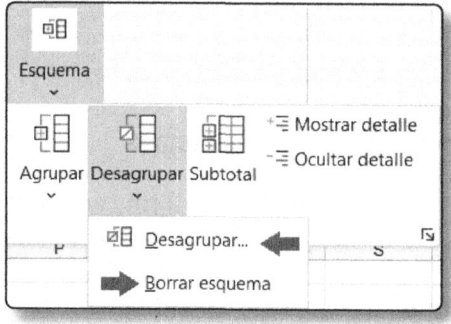

32.3 VALIDACIÓN DE DATOS

La validación de datos se utiliza para restringir el tipo de datos o los valores que los usuarios escriben en las celdas. Uno de los usos más comunes de la validación de datos es **Crear listas desplegables**.

La validación de datos se establece a través de Reglas, para ello vamos al grupo **Herramientas de datos** de la ficha **Datos**, y hacemos clic en el icono **Validación de datos**:

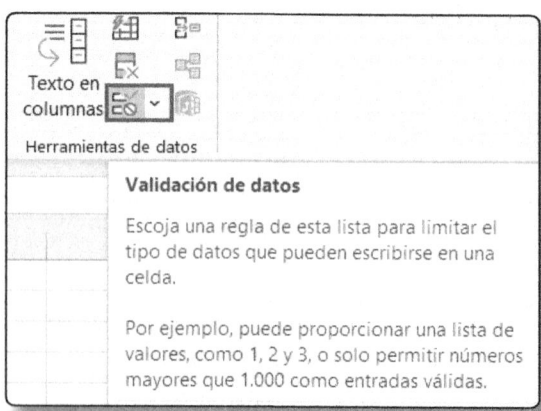

Cuando hacemos clic en el botón **Validación de datos** aparece el siguiente cuadro de diálogo:

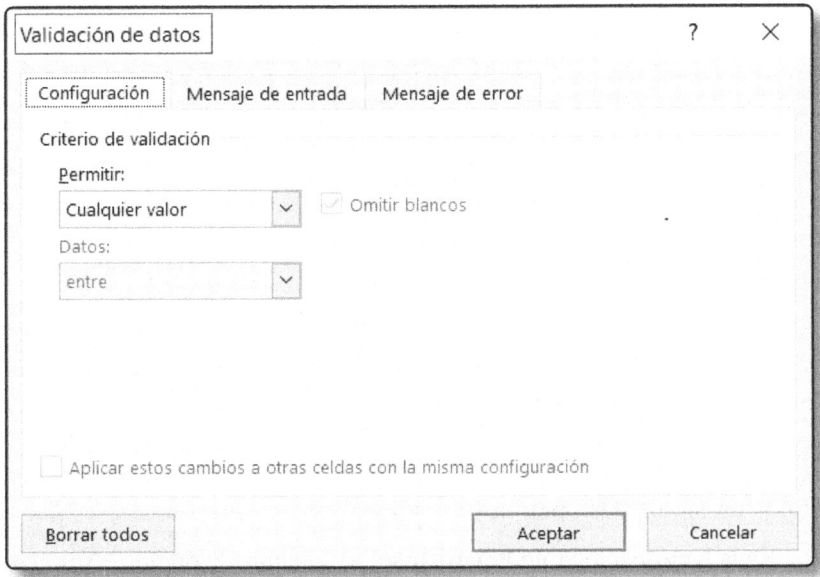

32.3.1 Crear una regla de validación de datos

Las reglas de validación se pueden aplicar a un rango de celdas, columnas, filas o incluso a toda la hoja de cálculo.

Primero seleccionamos el rango de celdas al que aplicar las reglas de validación de datos. Entramos en **Validación de datos** y en la ficha **Configuración**, elegimos el criterio de validación de la lista desplegable **Permitir**.

Los límites que se establecen en cada caso, pueden ser valores numéricos enteros o decimales, listas, fechas, horas, longitud de textos, fórmulas o funciones.

> ###  NOTA
>
> Las reglas de validación no tienen carácter retroactivo, o sea no tienen efecto sobre la información ya existente previamente al establecimiento de las reglas de validación.

Vemos algunos ejemplos:

32.3.2 Regla de validación para datos numéricos

Seleccionamos el rango C2:C10.

A continuación, accedemos al cuadro de diálogo de validación de datos y completamos las siguientes opciones:

- ▼ En la lista desplegable **Permitir** seleccionamos la opción **Número entero**.

- ▼ En la lista desplegable **Datos** seleccionamos la opción **entre**.

- ▼ En el cuadro de texto Mínimo escribimos 50.

- ▼ En el cuadro de texto Máximo escribimos 250.

- ▼ Hacemos clic en **Aceptar**.

Si introducimos un valor en cualquiera de las celdas del rango seleccionado, que no esté entre 50 y 250, Excel muestra un mensaje de error, indicando que el valor no cumple la regla de validación establecida:

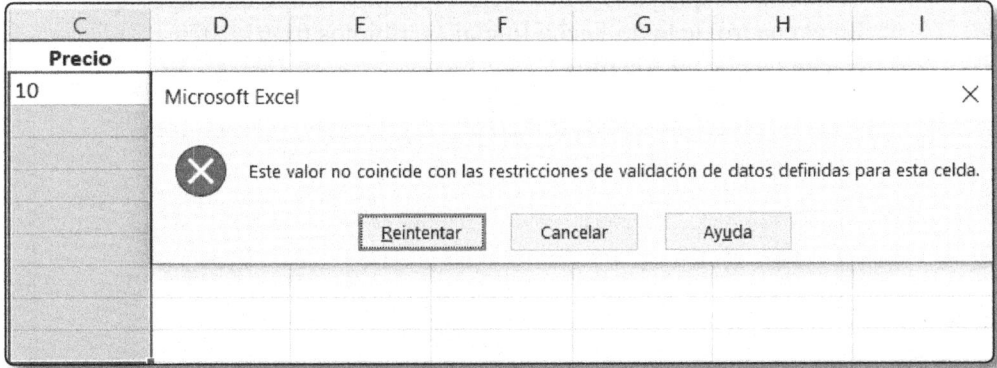

> (i) **NOTA**
>
> Si se introduce un tipo de datos distinto a un número entero Excel muestra el mismo mensaje de error.

32.3.3 Regla de validación para fechas

Seleccionamos el rango D2:D10.

A continuación, accedemos al cuadro de diálogo de validación de datos y completamos las siguientes opciones:

- En la lista desplegable **Permitir** seleccionamos la opción **Fecha**.
- En la lista desplegable **Datos** seleccionamos la opción **mayor que**.
- En el cuadro de texto Fecha Inicial escribimos 01-01-2020.
- Hacemos clic en **Aceptar**.

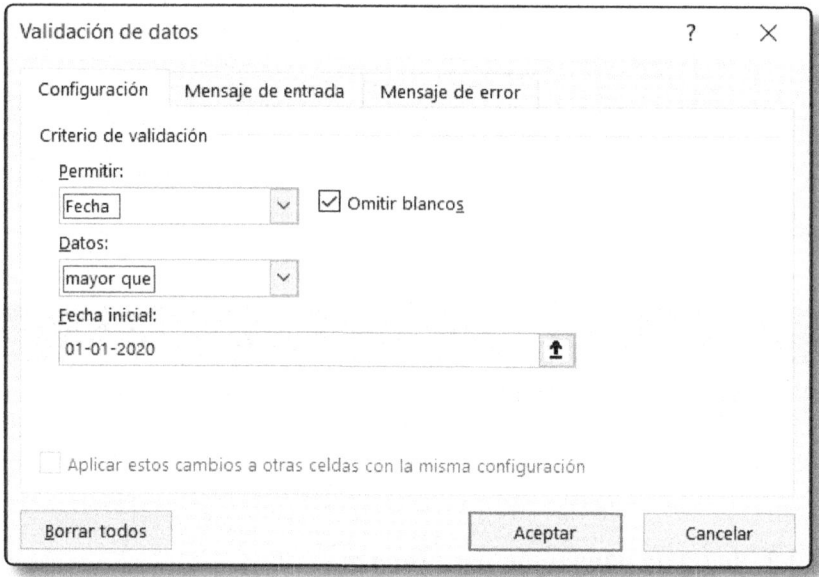

Si introducimos una fecha en cualquiera de las celdas del rango seleccionado, que no sea mayor al 01-01-2020, Excel muestra el mensaje de error, indicando que la fecha introducida no cumple la regla de validación establecida:

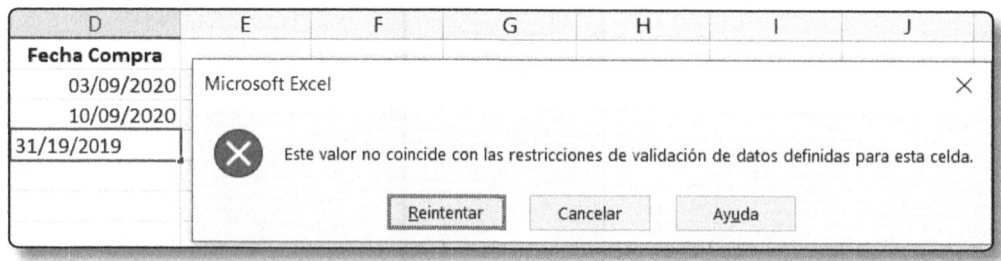

En el siguiente ejemplo las fechas permitidas estarían dentro del periodo desde el 01/01/2020 hasta la fecha actual, para ellos utilizamos la función HOY():

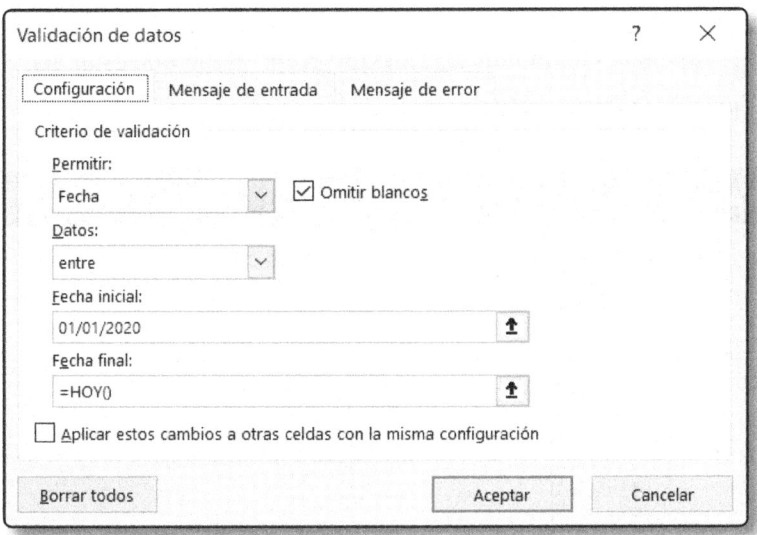

32.3.4 Regla de validación para listas

Las listas permiten insertar los datos en las celdas, seleccionándolos de una lista desplegable. Así no tenemos que escribir los contenidos y ahorramos tiempo.

Las reglas de validación para listas también permiten controlar errores en futuras operaciones con los filtros, las ordenaciones de registros, los subtotales, las tablas dinámicas, al hacer cálculos estadísticos o matemáticos, etc. Nos permiten asegurar que siempre que incluyamos un dato, aparecerá de la misma forma evitando por ejemplo que olvidemos un acento, o cambiemos una letra de sitio.

En las operaciones con listas, no es igual escribir en una celda "Julián" que "Julian". A la hora de filtrar, por ejemplo, si lo hiciésemos usando la primera palabra, no mostraría los resultados donde hubiésemos escrito, por error, la segunda. Con las listas de validación se evitan este tipo de errores.

Para crear una lista seleccionamos el rango B2:B14.

A continuación, accedemos al cuadro de diálogo de validación de datos y completamos las siguientes opciones:

- ▶ En la lista desplegable **Permitir** seleccionamos la opción **Lista**.

- ▶ En **Origen** seleccionamos el rango donde se encuentran los valores de la lista (en el ejemplo el rango es **I2:I11**). También podemos escribir los datos separados por punto y coma (**Ana, Antonio, Eva…**), o bien introducir el nombre del rango (**Comercial**) si lo hemos nombrado previamente.

▸ La opción "**Celda con lista desplegable**" tiene que estar activa.

▸ Hacemos clic en **Aceptar**.

ⓘ NOTA

No olvidar incluir el signo igual al principio en todos los casos.

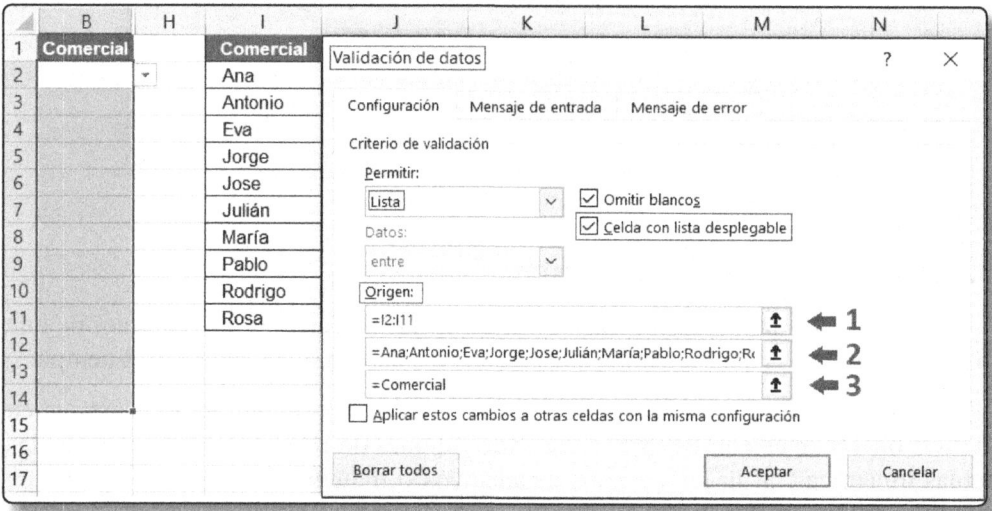

El resultado es el siguiente:

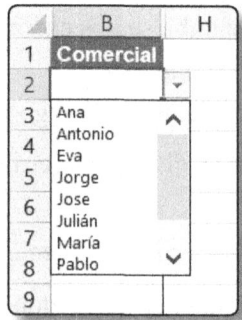

32.3.5 Modificar el origen de listas desplegables

Si tenemos que modificar los valores de la lista, incluir nuevos valores o bien eliminarlos debemos de acceder al cuadro de diálogo de **Validación de datos** y hacer lo siguiente:

- ▶ Si hemos utilizado un rango de celdas, modificar el rango para ampliarlo o bien reducirlo.

- ▶ En el caso de que los valores estén escritos, utilizar la tecla de función F2 para editar los valores y poder incluir los nuevos, modificarlos o bien eliminar el que ya no se quiera.

- ▶ Si para el origen de la lista hemos utilizado un nombre de rango basta con modificar los valores a los que apunta el nombre de rango.

32.3.6 Mensaje de entrada

Cuando se selecciona una celda que tiene una regla de validación, se puede personalizar el mensaje informativo que indica al usuario qué hacer ante la regla de validación. A esto se le denomina **Mensaje de entrada**.

Para personalizar el mensaje, accedemos al cuadro de diálogo de **Validación de datos** y hacemos clic en la pestaña **Mensaje de entrada**.

En el siguiente ejemplo, se advierte al usuario del periodo que tiene que cumplir la fecha de compra que incluyamos en cualquier celda del rango que tiene definida la validación de datos:

El resultado es el siguiente:

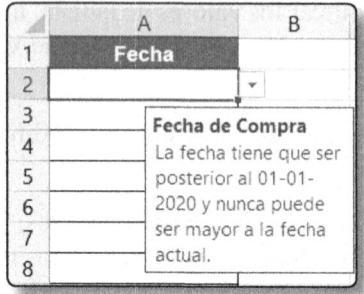

32.3.7 Mensaje de error

Cuando introducimos un dato que no es aceptado por la regla de validación, se puede personalizar el mensaje que avisa e informa al usuario del error cometido. A esto se le denomina **Mensaje de error**.

Para personalizar el mensaje, accedemos al cuadro de diálogo de Validación de datos y hacemos clic en la pestaña **Mensaje de error**.

En el siguiente ejemplo, se advierte al usuario de que la fecha introducida no cumple la regla definida a través de la validación de datos:

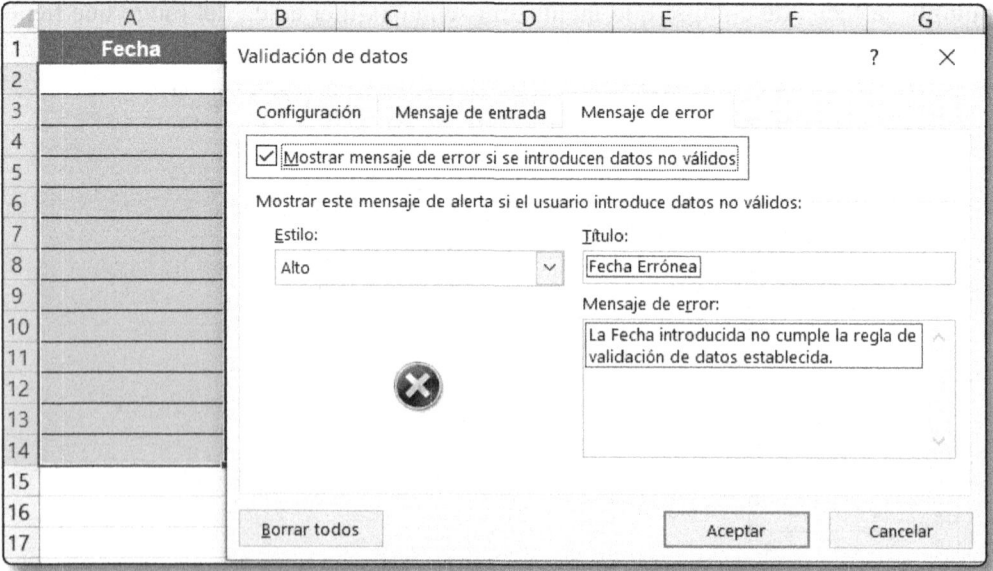

El resultado es el siguiente:

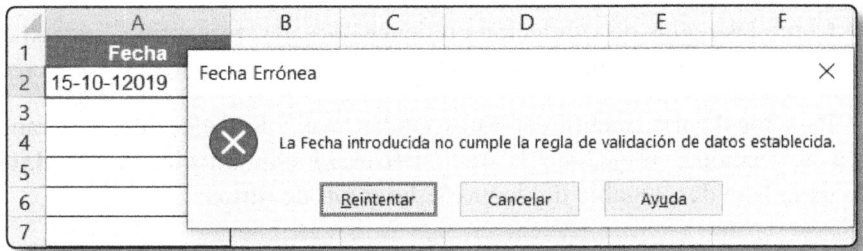

También se puede seleccionar el nivel de seguridad con la opción Estilo:

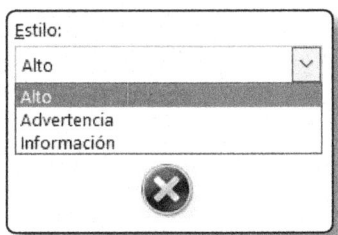

Por ejemplo, si seleccionamos en **Estilo** el nivel de seguridad **Advertencia,** advierte del error, pero no sería tan restrictivo como el anterior y al contestar "Si" en el cuadro de diálogo, nos deja introducir la fecha, aunque no cumpla la regla de validación establecida con solo hacer clic en Sí:

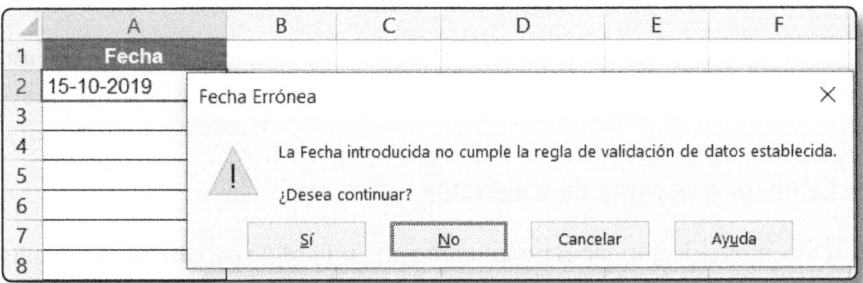

Al seleccionar el estilo **Información**, simplemente se nos avisa del error, pero permite mantener el dato erróneo:

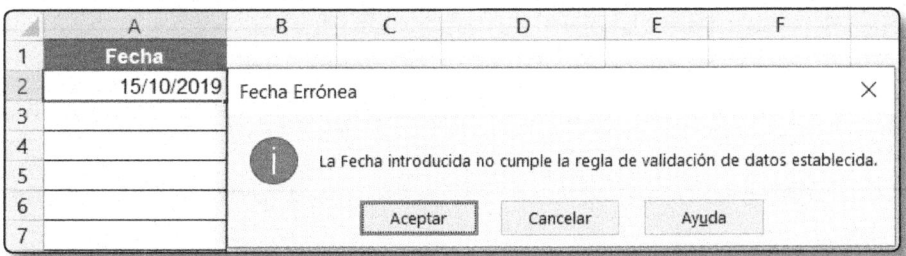

32.3.8 Localizar los datos no válidos

Como las reglas de validación no tienen carácter retroactivo, pueden existir datos ya insertados en las celdas que incumplan las reglas de validación que creemos.

Para localizar e identificar estas celdas, hay que seleccionar el rango de celdas a inspeccionar y ejecutar la opción **Rodear con un círculo los datos no válidos** de la lista desplegable del icono **Validación de datos**:

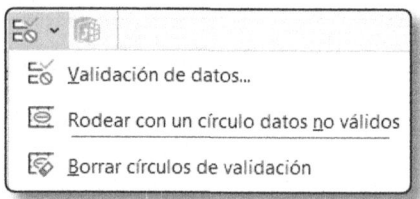

El resultado es el siguiente:

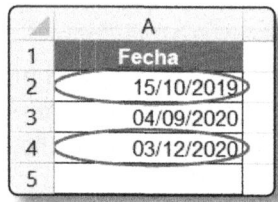

Dichos círculos, se pueden quitar con la opción **Borrar círculos de validación**.

32.3.9 Extender una regla de validación

Debemos seleccionar el rango para aplicar la regla de validación, incluyendo siempre al menos una celda que ya tenga la regla de validación creada.

Al seleccionar la opción **Validación de datos**. Excel presentará el siguiente mensaje:

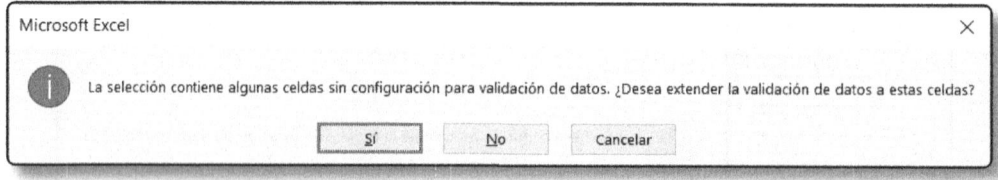

Al hacer clic en **Sí**, se visualizará la regla de validación activa. Con **Aceptar** se aplicará la regla de validación a todo el rango seleccionado.

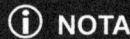 **NOTA**

Si en el rango seleccionado, hay más de una regla de validación, Excel informará de la existencia de más de un tipo de regla de validación, permitiendo al usuario eliminar la configuración actual y continuar.

32.3.10 Copiar una regla de validación

Las reglas de validación se copian igual que los formatos, las fórmulas, los textos, los comentarios, etc.

Para copiar únicamente la regla de validación:

Seleccionamos la celda que tiene creada la regla de validación que queremos copiar, y activamos la opción **Copiar**. Seleccionamos el destino donde queremos establecer la regla de validación y ejecutamos la opción **"Pegado especial…"**. En el cuadro de diálogo que aparece seleccionamos la opción "**Validación**" y hacemos clic en Aceptar:

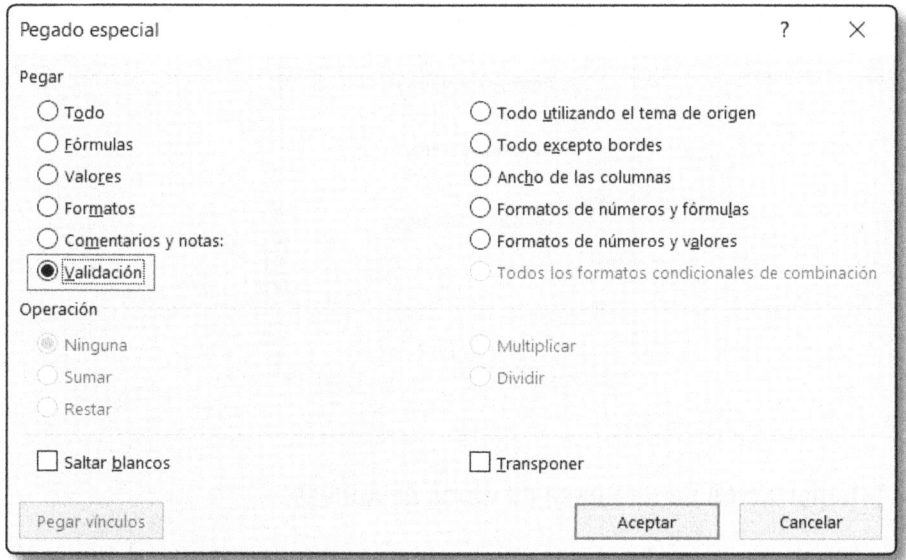

32.4 VINCULAR BBDD CON LA HOJA DE CÁLCULO, DATOS EXTERNOS

Desde Excel podemos acceder a datos que se almacenan en otros archivos que pueden tener diferentes formatos.

Dependiendo de la aplicación con la que se diseñaron los datos que queremos importar, podemos copiar y pegar en una hoja de cálculo dichos datos. Pero esta acción únicamente almacenaría la información, como si se hubiera insertado directamente en la hoja de cálculo, de tal manera que, si los datos de origen se vieran modificados, estos cambios no se reflejarían en los datos pegados.

En cambio, si se importan los datos a través de una conexión de datos con el fichero origen, las modificaciones que se realicen en origen, se podrán actualizar en la hoja de cálculo destino.

Las opciones para importar datos externos están en la ficha **Datos- Grupo Obtener y Transformar Datos:**

32.4.1 Importación de una base de datos de Access

Desde Excel podemos importar tablas o consultas desde al programa de bases de datos **Microsoft Access.**

Desde la hoja de cálculo donde queremos importar los datos, vamos a **Datos-Grupo Obtener y Transformar Datos – Desde una base de datos – Desde una base de datos de Access**:

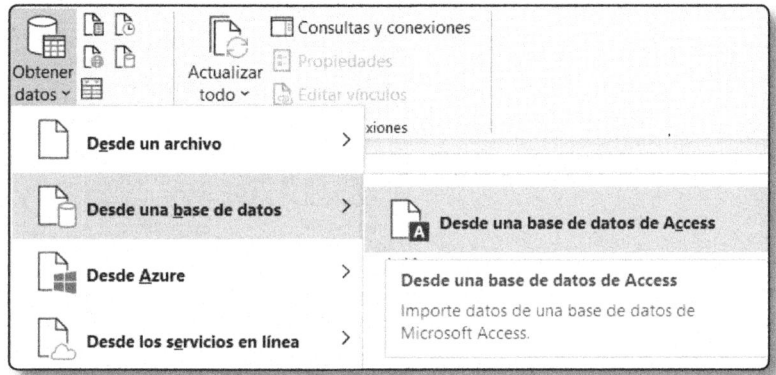

En el cuadro de diálogo **Importar Datos**, seleccionamos la base de datos que contiene los datos que queremos importar y hacemos clic en el botón **Importar**:

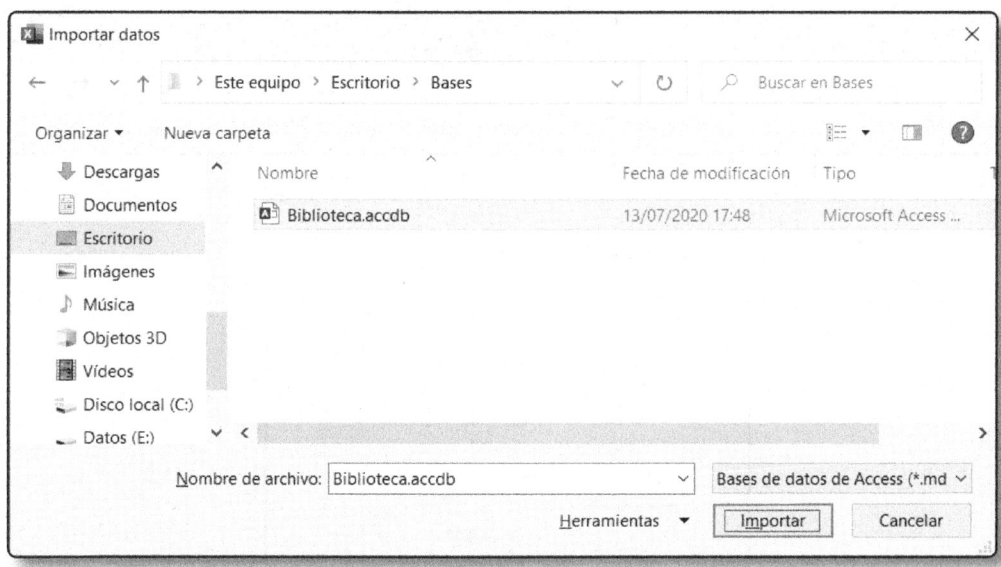

A continuación, en el cuadro **Navegador** seleccionamos el objeto de la base de datos y hacemos clic en la lista desplegable **Cargar** y seleccionamos **Cargar en…**:

Si queremos importar más de un objeto a la vez hay que activar la opción "Seleccionar varios elementos". En el ejemplo se han seleccionado tres tablas de la base de datos Biblioteca: Libros, Préstamos y Socios.

Aparece el siguiente cuadro de diálogo:

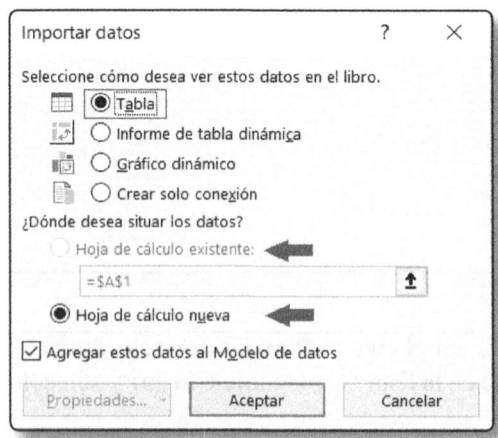

En el cuadro de diálogo **Importar datos**, podemos optar por diferentes formas de mostrar los datos importados; como Tabla, como Tabla dinámica o como Gráfico dinámico. Habitualmente se importan como Tabla.

Cuando se importan varios objetos, se selecciona automáticamente la opción **"Hoja de cálculo nueva"**, y cada tabla o consulta se insertará en hojas de cálculo nuevas. Se crearán automáticamente tantas hojas de cálculo como tablas o consultas se importen.

También se pueden importar los datos del objeto en una celda en concreto seleccionando la opción **"Hoja de cálculo existente"** e indicando la celda deseada.

El resultado es el siguiente:

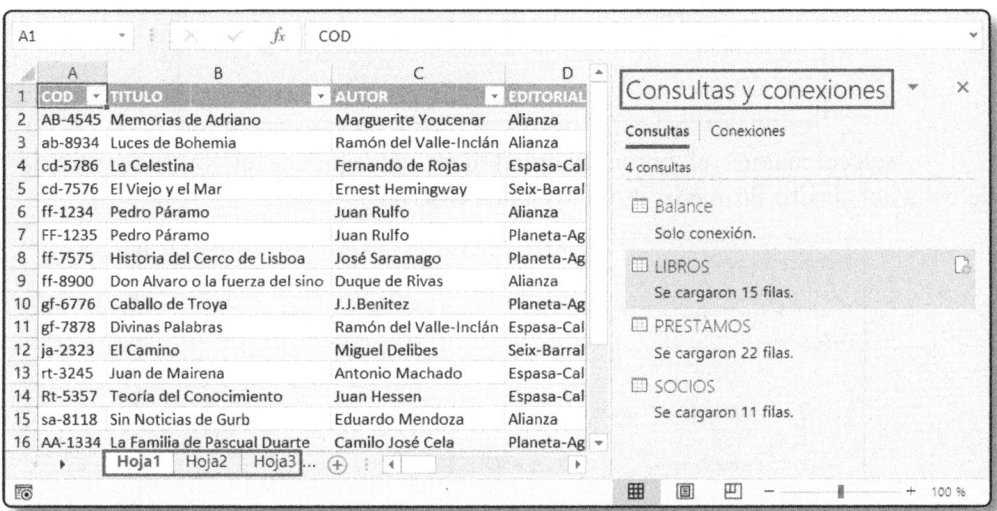

Se crea una hoja de cálculo con los datos de cada uno de los objetos importados y aparece el panel **"Consultas y conexiones"**.

Desde el botón **Propiedades** del grupo **Consultas y conexiones** de la ficha **Datos** podemos configurar algunos parámetros de la conexión, como la configuración del Diseño y formato de los datos, opciones de actualización de los datos, etc.

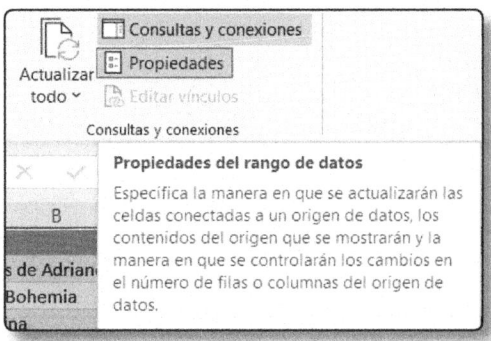

Hacemos clic sobre **Propiedades** y aparece el siguiente cuadro de diálogo:

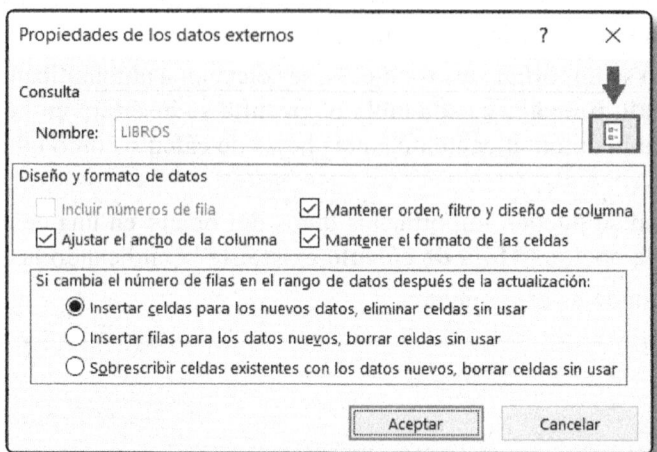

Seleccionamos el botón **Propiedades**, que aparece en la parte superior derecha del cuadro Propiedades de los datos externos:

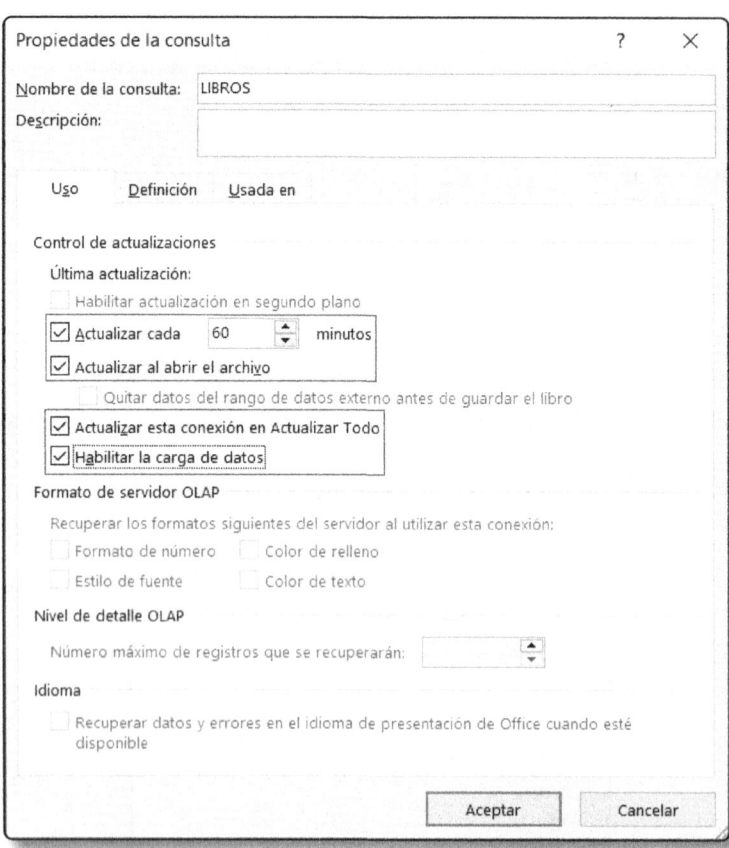

<table>
<tr><td>ⓘ NOTA</td></tr>
</table>

Las tablas que estén relacionadas en su origen se importan con sus respectivas relaciones. Esto permite crear tablas dinámicas utilizando todos los campos de las tablas importadas, ya que las relaciones entre tablas las crea automáticamente Excel.

Las relaciones se pueden ver haciendo clic en el botón **Relaciones**, del grupo **Herramienta de datos**, de la ficha **Datos**:

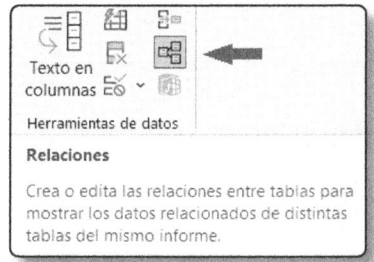

Aparece el cuadro de diálogo **Administrar relaciones**:

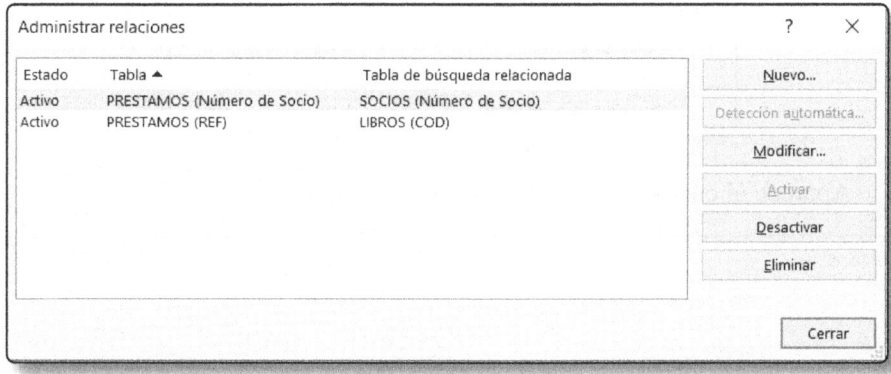

Si hacemos clic en el botón modificar podemos ver la relación y modificarla si fuera necesario:

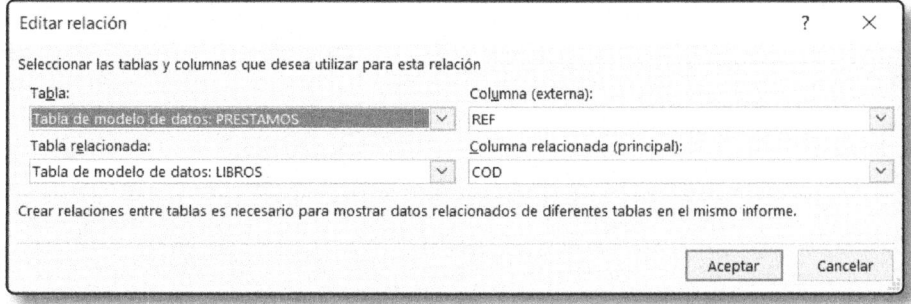

Para actualizar los cambios que se hagan en el origen de datos tenemos que hacer clic en el botón **Actualizar todo** del grupo **Consultas y conexiones** o bien pulsar la combinación de teclas **Ctrl+Alt+F5**:

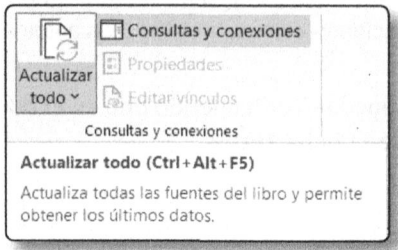

32.4.2 Importación de datos externos sin conexión

Para importar datos de un libro de Excel vamos a **Obtener datos – Desde un archivo – Desde un libro**:

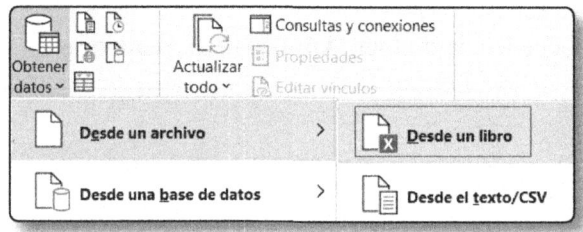

Aparece el cuadro de diálogo **Importar datos**:

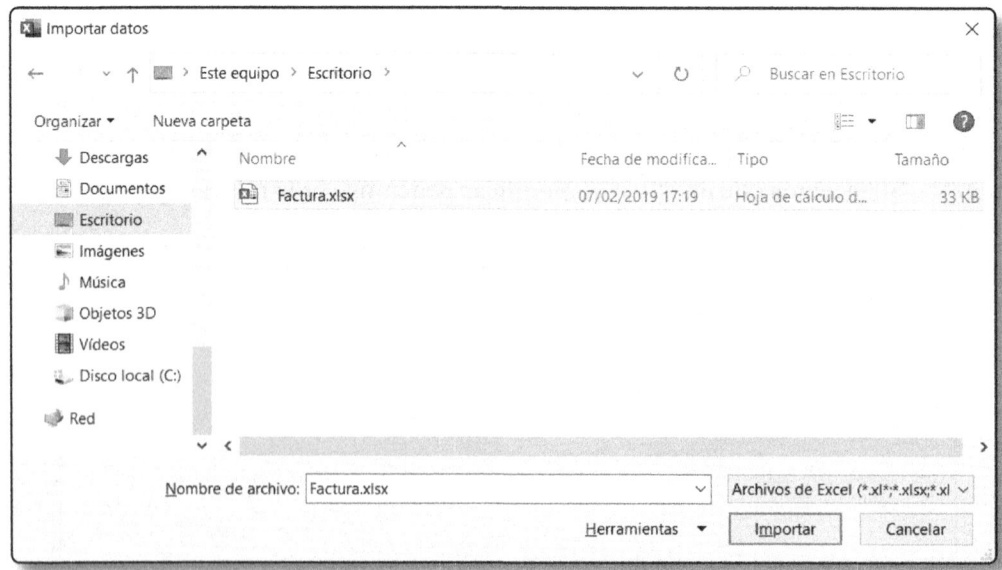

Seleccionamos el libro del que queremos importar los datos y hacemos clic en **Importar**. Excel muestra las hojas que contiene el libro:

Seleccionamos la hoja con los datos y hacemos clic en el botón **Cargar**.

 **NOTA**

En este caso si modificamos el archivo de origen de datos los datos importados no se actualizarán.

ⓘ **IMPORTANTE**

Bibliografía y fuentes

La información y textos del presente manual en sus diferentes unidades didácticas se han basado y extraído, de los diferentes artículos técnicos y ayudas de **MS Excel 365**, redactados y publicados por **Microsoft** ©, en sus diferentes páginas Web.

SÍGUENOS EN INSTAGRAM Y ACCEDE GRATIS A NUESTRA BIBLIOTECA DIGITAL DURANTE 30 DÍAS.

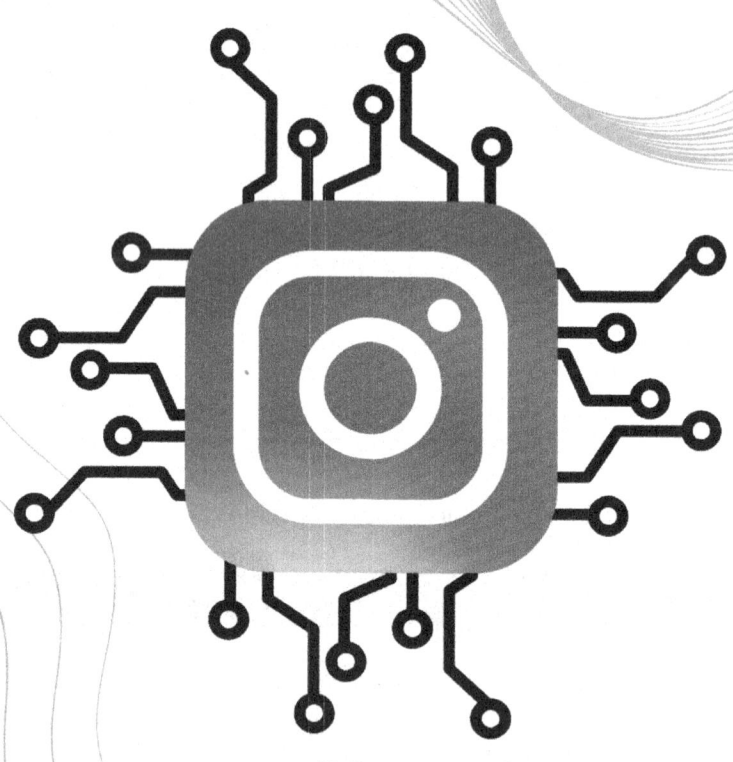

@grupoeditorialrama

¡ENVIANOS TU MAIL POR PRIVADO!